BURGUND

W0172363

 REISE-TASCHENBUCH

In der vorderen Umschlagklappe: Übersichtskarte von Burgund

In der hinteren Umschlagklappe: Stadtplan von Dijon

Norbert Lewandowski

BURGUND

DUMONT

Titelbild: Straßencafés beleben die Altstadt von Beaune
Umschlaginnenklappe vorne: Auxerre zählt nach Dijon zu den schönsten Orten des Landes
Umschlaginnenklappe hinten: Santenay an der Côte d'Or besitzt einen sehenswerten Bergfried
Umschlagrückseite: Château de Tanlay ist mit seinen weitläufigen Parkanlagen und breiten Wassergräben eine der größten Schloßanlagen Burgunds *(oben);* Die burgundische Tracht wird zumeist nur noch zu speziellen Anlässen, hier dem Folklorefest in Dijon, getragen *(Mitte);* Die Kanäle im Burgund laden zu Bootsfahrten ein *(unten)*
Vignette: Weinlese an der Côte d'Or
Abbildung S. 2/3: Landschaft bei St-Christoph-en-Brionnais

Über den Autor: Norbert Lewandowski, geboren 1948 in Hamburg, lebt als freier Autor in München. Für seine journalistischen Arbeiten erhielt er 1980 den Theodor-Wolff-Preis. Zu seinen Veröffentlichungen gehören zahlreiche Reiseführer, u. a. zur Französischen Atlantikküste, zur Bretagne und zum Loire-Tal.

Mein Dank gilt dem ›Comité Régional du Tourisme de Bourgogne‹ in Dijon und hier vor allem Mme. H. Durix für ihre freundliche Unterstützung.

© DuMont Buchverlag, Köln
5., aktualisierte Auflage 1998
Alle Rechte vorbehalten
Umschlaggestaltung: Groschwitz, Hamburg
Satz und Druck: Rasch, Bramsche
Buchbinderische Verarbeitung: Bramscher Buchbinder Betriebe

Printed in Germany   ISBN 3-7701-2721-8

INHALT

LAND & LEUTE

Natur, Wirtschaft, Geschichte

Kultur, Kirche und Kunst

UNTERWEGS
IN BURGUND

Dijon, die Hauptstadt Burgunds

Auf gallorömischen Spuren

Zu den alten Städten Burgunds

Zu den Kirchen und großen Heiligtümern Burgunds

Die Schlösser und Burgen Burgunds

TIPS & ADRESSEN

LAND & LEUTE

»Frankreich hat
keine Gegend, die
Burgund überträfe,
keine auch, die bes-
ser geeignet wäre, in
sich den Norden mit
dem Süden zu ver-
söhnen.«

Jules Michelet

Natur, Wirtschaft, Geschichte

Weinberge in der Côte d'Or bei Pommard

Geographie

Die französische Region Bourgogne ist ein hügeliges Land ohne große Höhenunterschiede mit weiten, z. T. reich bewaldeten Hochflächen, grünen Tälern und Erhebungen bis zu 900 m, eine Übergangslandschaft zwischen dem herben Norden und dem milden Süden. Burgund wird nördlich begrenzt von der Champagne, im Osten von der Franche-Comté und Savoyen, im Süden vom Beaujolais und Lyonnais und im Westen vom Lauf der Loire sowie dem Bourbonnais.

Die Geologie Burgunds weist einen hercynischen Untergrund (Kalk- und Sedimentgestein) von unterschiedlicher Tiefe auf. Über ihm lagern Mergel- und Kalkschichten des Jura, die das hügelige Kalkplateau und den eigentlichen Kern Burgunds bilden; hier befindet sich auch das Quellgebiet der Seine. Dieses Plateau weist ein leichtes Gefälle nach Nordwesten zum Pariser Becken hin auf, nach Osten fällt es stufenförmig zur Saône ab. Auf diese Weise ergeben sich die von der Natur ausgebildeten Terrassen, die besonders im Bereich der Côte d'Or einen idealen Untergrund für die dort gedeihenden Reben abgeben.

Das Kernland Burgunds bildet die Saône-Senke, überragt von dem Höhenzug der Côte d'Or und den Hügeln des Charolais. Die Landschaft des Hochburgund reicht vom Jura im Osten bis zum Gebir-

›Steckbrief‹ Burgund

Fläche: 31 600 km^2
Einwohner: ca. 1 609 000
Hauptstadt: Dijon (ca. 147 000 Einwohner)
Verwaltung: Vier Departements (Côte d'Or, Saône-et-Loire, Nièvre, Yonne), 15 Landkreise (Arrondissements)
Bevölkerungsdichte: ca. 50 Einwohner pro km^2
Religion: ca. 96 % römisch-katholisch, über 35 000 Muslime (Algerier, Marokkaner, Tunesier, Schwarzafrikaner)
Sprache: französisch
Arbeitslosenquote: ca. 10 %
Bevölkerung in Städten über 10 000: ca. 42 %
Bruttosozialprodukt: ca. 135 Mia. FF
Beschäftigte in der Landwirtschaft: ca. 58 000
Beschäftigte in der Industrie: ca. 147 000

ge des Morvan im Westen und dem Plateau de Langres. *La Côte*, die Kalksteinhochebene zwischen Dijon und Autun, ist wohl die bekannteste Region Burgunds: An ihren Hängen ziehen sich die berühmten Weinbaugebiete entlang. Niederburgund, bestehend aus Senonais, Pays d'Othe, Gâtinais und Puisaye, erstreckt sich im Norden und Nordwesten bis zum Pariser Becken; hier bestimmen Wiesen und Wälder das Landschaftsbild.

Im Zentrum Burgunds erreichen die Erhebungen des Granitgebirges Morvan, eines Ausläufers des Zentralmassivs, rund 900 m. Höchster Berg ist der Mont du Roi mit 902 m. Im Morvan liegt auch der Regionalpark der Bourgogne; ausgedehnte Wälder, Seen, einsame Täler und Dörfer, von Buschhecken umsäumte Felder. Im südlichen Beaujolais, das nur bedingt zu Burgund gehört, steigen die Berge sogar auf über 1000 m (Mont St-Rigaud, 1012 m) an. Östlich der Saône liegt die fruchtbare Ebene der Bresse, eine Landschaft der Niederungen und fetten Wiesen.

Burgund ist das Land der Flüsse und Kanäle. Sie verbinden die Provinz mit nahezu allen anderen Teilen Frankreichs. So vernetzt zum Beispiel der Canal du Rhône au Rhin Dijon mit dem Rhein, der Canal de la Marne à la Saône die burgundische Hauptstadt mit der Marne und dem Wirtschaftszentrum Verdun. Über den Canal de Bourgogne und die Yonne ist das Land via Seine mit der Metropole Paris

und dem Ärmelkanal verbunden. Über den Canal du Centre, den Canal du Nivernais sowie den Canal latéral à la Loire ist die schiffbare Loire erreichbar und somit der Atlantik, über die Saône die Rhône und das Mittelmeer, über den Canal de Roanne à Digoin das Industriegebiet von St-Etienne.

Das weitverzweigte Netz der Flüsse und künstlichen Wasserstraßen Burgunds erreicht eine Länge von über 1200 km, besitzt allerdings mehr touristische als industrielle Bedeutung. Das berühmteste Gewässer des Landes ist jedoch ein Fluß, den man eigentlich nur mit der Hauptstadt Paris in Verbindung bringt. Dennoch entspringt die Seine in Burgund: Sie ist ein Geschenk der Bourgogne an Paris, wenn auch ein zunächst sehr mageres. Weniger berühmt, ein Geheimtip für Wassersportler, Schwimmfreunde, Angler und Wanderer sind die Seen des Morvan wie der Lac de St-Agnan, der Lac des Settons, der Stausee Lac de Pannesière-Chaumard oder die Seen von Vaux und Baye.

Klima

In der zentralfranzösischen Region Burgund herrscht kontinentales Klima vor, was bedeutet, daß es ziemlich rauh und feucht werden kann. Die Winter sind kalt und bringen besonders im Morvan viel Schnee, die Sommer in der Regel ziemlich warm; der heißeste Monat ist im

Die Seine-Quelle

Bonjour la Province

Im Archäologischen Museum zu Dijon (s. S. 81) haben wir sie zum ersten Mal gesehen: eine schlanke Mädchengestalt in fließendem Gewand, die in einer Barke einen Flußlauf entlanggleitet. Die keltische Bronzefigur stellt Sequana dar, die Schutzherrin der heiligen Wasser. Sie wurde von den Kelten hoch verehrt, und die Römer nannten den an ihrem Flußlauf ansässigen Volksstamm ›Sequaner‹.Diese Gallier beteten die Bäume und das Wasser an, und ihrer Schutzgöttin schrieben sie wundersame Heilkräfte zu. Wir haben Sequana an ihrem Ursprung besucht, an der Quelle ihres heiligen Flusses, der Seine.

Man mag sich gar nicht vorstellen, daß sich 300 km weiter in den Fluten dieses französischsten aller französischen Gewässer die Silhouetten von Notre-Dame und des Quai d'Orsay spiegeln werden. Unser Weg führt von Chanceaux in ein kleines, ziemlich finsteres Tal, rund 40 km nordwestlich von Dijon. Stände da nicht ein Hinweisschild, wären wir wohl an dem berühmten Ort achtlos vorbeigegangen. So aber lesen wir: »Ville de Paris, Domaine des Sources de la Seine.« Wir stehen also auf Pariser Hoheitsgebiet – Paris hat den Ursprung seiner Seele einfach beschlagnahmt.

Damit die Glorie der *Grande Nation* auch am Beginn ihrer Lebenslinie entsprechend strahlt, hat zur Zeit Napoleons III. der Baron Haussmann der Quelle ein Denkmal gesetzt, das hier unter Tannen freilich ein bißchen deplaziert wirkt. In dem kleinen Tempel sitzt auf einem Sockel ein Nymphchen, ein nacktes Mädchen aus Stein in der gequälten Frivolität jener Zeit. Ist das nun die Seine, die ewige Französin oder Sequana, die altertümliche Gottheit im Stil der *Belle Epoque?*

Im Quellwasser glänzen einige Münzstücke. Das soll Glück bringen, also opfern auch wir einige Centimes. Der Fluß verläßt als winziges Rinnsal seinen Geburtsort, glasklar, wie er später nie mehr sein wird. Einige Kaulquappen tummeln sich glücklich in seinem Wasser, ein paar Kilometer später kommen Forellen dazu. Ungefähr 300 m

Durchschnitt der Juli. Dagegen muß man in den Höhenlagen des Morvan auch während des Sommers mit Niederschlägen rechnen.

Im Gebiet des Departements Saône-et-Loire machen sich bereits mediterrane Klimaeinflüsse bemerkbar. Hier sind Frühjahr und

›Die Seine‹, Kopie der Statue von Jouffroy (1865)

hinter der Quelle liegt ein riesiges, nicht zu betretendes Grabungsgebiet, auf dem die Archäologen gallorömische Tempel, Statuen und Bronzestandbilder fanden. Die meisten sind im Archäologischen Museum von Dijon ausgestellt.

Später schlängelt sich eine schmale Straße oder eher ein Feldweg durch das romantische Seine-Tal. Nach einer sanften Biegung blicken wir auf eine lange, das Tal ausfüllende Wasserfläche: Der Bach wurde gestaut, ein landschaftliches Idyll. Die Herbstsonne spiegelt sich in mattem Gold auf dem Wasser, Eisvögel jagen, manchmal springt ein Fisch, und von den verwilderten Apfelbäumen fallen überreife Früchte mit einem satten ›Plopp‹ in den See. Wir denken gerade an das unvergleichliche Leben des lieben Gottes in Frankreich, als uns der mörderische Lärm zweier tiefffliegender Mirage-Düsenjäger aus den Träumen reißt – *Bonjour la Province*.

Herbst besonders schön und im Vergleich zum restlichen Land sonnenreich. In den Weinbaugebieten der Côte d'Or kann man ebenfalls mit schönen Herbstwochen rechnen. Der goldene Oktober, aber auch der meist milde Novemberanfang sind die schönste Jahreszeit in Burgund: Das Laub der Wälder und Weinberge ist goldgelb bis rot gefärbt – ein herrlicher Anblick, und das Klima ist ideal für Reisen durch das Land.

Flora und Fauna

Wälder bedecken ca. 30 % des Landes, was weit über dem französischen Durchschnitt liegt. In den fruchtbaren Ebenen dagegen finden wir hauptsächlich Weidelandschaft vor. Berühmt sind seit vielen Jahrhunderten die – heute nur noch wenigen erhaltenen – Schilfrohrdickichte am unkanalisierten Lauf der Saône. In einem dieser Röhrichtdschungel entstand das Kloster Cîteaux, benannt nach der altfranzösischen Vokabel für Schilf, Röhricht: *Cistel.*

Zwischen den Weinbergen reifen im Herbst die herrlichsten Brombeeren und Schlehen. Die Anhöhen der Côte d'Or und des Charolais sind mit Laubgehölzen bewaldet. Besonders häufig trifft man auf die wild wachsende Marone (Eßkastanie), die vermutlich von römischen Legionären vor über 2000 Jahren eingeführt wurde. In den Lagen des Morvan, des größten Waldgebiets von Burgund, finden wir bis 600 m Höhe Laubwald und noch oberhalb des Weidegürtels Buche, Eiche, Lärche, Esche, Ahorn, Ulme und Birke. Darüber gedeihen Kiefer, Weiß- und Edeltanne, und auf den Hochebenen Ginster, Heidekraut und Farne.

Die Hügellandschaft Burgunds sowie der Morvan sind beliebte Jagdreviere. Es gibt noch genügend Vorkommen von Rotwild, Mufflons (Wildschafe), Hasen, Wildkaninchen, Rebhühnern, Fasanen, Füchsen, Dachsen, Iltissen, Mardern, Bussarden, Habichten und Sperbern; in einigen Teilen des Morvan sind sogar noch Auerwild und Haselhuhn sowie Wanderfalke und Wildkatze heimisch. Das an Flüssen, Bächen, Kanälen und Seen so reiche Land ist ein Paradies für Angler, was Burgund-Besucher spätestens anhand der Speisekarte feststellen können. In seinen Gewässern tummeln sich Forellen, ja sogar Lachse (Loire), ferner Hechte, Aale, Karpfen, Barsche, Schleien, Flußkrebse und alle möglichen Arten von Weißfischen.

Bevölkerung

In Burgund leben etwa 1,6 Mio. Menschen. Trotz des Zuzugs nordafrikanischer Einwanderer haben sich die Burgunder, stärker als beispielsweise die deutsche Provinzbevölkerung, ihre traditionellen Eigenarten bewahrt. Die Ruhe und Gelassenheit ihres Lebensstils, ihr Gespür für geistige und leibliche Genüsse, ihr großzügiges Zeitgefühl und ihre Freundlichkeit fallen dem Besucher immer wieder auf. Selbst in Dijon, der einzigen Großstadt Burgunds, werden diese Tu-

Petanque-Spieler in Noyers

genden ähnlich wie auf dem Land gepflegt. Die Mittagspause wird weit ausgedehnt, die Geschäfte bleiben dann für zwei bis drei Stunden geschlossen.

Die größte Einwohnerzahl seiner Geschichte hatte Burgund 1866, als 1,71 Mio. Bürger gezählt wurden. Die Anfänge der Industrialisierung und Ausbeutung der Bodenschätze bewirkten einen Zuzug von Arbeitern, Handwerkern und Kaufleuten. Doch nach diesem Datum war die Bevölkerungszahl stets rückläufig. Es kam zunächst zu Abwanderungen in benachbarte oder auch entfernter gelegene Industriegebiete, deren wirtschaftliche Ent-

wicklung günstiger verlief. Die Menschenverluste in beiden Weltkriegen wirkten sich ebenfalls negativ auf die Bevölkerungszahl aus. So verloren zwischen 1910 und 1947 die Departements Nièvre 25,9 %, Saône-et-Loire 17,6 % und Yonne 17 % ihrer Bürger. Diese Entwicklung verläuft seit 1948 aufgrund der verbesserten Wirtschaftslage Frankreichs wieder umgekehrt.

Burgund ist eine Region, die noch genügend Platz für ihre Menschen aufzuweisen hat, was an der überwiegend agrarischen Struktur des Landes liegt. In Gesamtfrankreich – mit 54 Mio. Einwohnern auf 547 026 km^2 immer noch eines der am dünnsten besiedelten Industrieländer in Westeuropa – kommen 94 Menschen auf 1 km^2: In

gibt mit Dijon nur eine Stadt mit über 100 000 Einwohnern, der Rest verteilt sich auf das Land und die kleineren Städte.

Traditionen und Sprachentwicklung

In Burgund wird die Gastfreundschaft über alles geliebt und gepflegt. Das Essen spielt eine herausragende Rolle, für seine Zubereitung und die Einkäufe in Geschäften und Märkten lassen sich die Hausfrauen und Gastwirte ausgesprochen viel Zeit. Sonntags pflegt die burgundische Durchschnittsfamilie den Besuch einer katholischen Messe, dann den Aperitif in einem kleinen Café, und erst danach geht man gemeinsam zum Essen in ein Lokal. Im Sommer spielt das Familienpicknick eine wesentlich größere Rolle als z. B. in deutschsprachigen Ländern. Viele Märkte sind mit einem kleinen Volksfest verbunden, ebenso die zahlreichen Wallfahrten und Prozessionen.

Burgund sind es nur 50. Dabei liegen die Departements Saône-et-Loire (69) und Côte d'Or (52) etwas über, Nièvre und Yonne mit 40 bzw. 36 Einwohnern jedoch noch unter dem Landesdurchschnitt. Von den 15 *Arrondissements* (Kreisen) der Bourgogne hat überraschenderweise nicht Dijon (76), sondern Chalon-sur-Saône (98) die größte Bevölkerungsdichte; die geringste finden wir im Provinzstädtchen Montbard (20).

Insgesamt sind etwa 41 % der Bevölkerung berufstätig, etwas weniger als im französischen Durchschnitt. Der überwiegende Teil, über 65 %, arbeitet in Industrie und Handel, doch ist der Anteil der Landbevölkerung an der Gesamteinwohnerzahl doppelt so hoch wie im übrigen Frankreich, denn es

Natürlich wird in Burgund, dem heutigen Herzland Frankreichs, französisch und meist *nur* französisch gesprochen. Die Sprachentwicklung teilt die Bourgogne in zwei Regionen. Östlich des Laufs der Saône werden noch heute auf dem Lande vereinzelt sog. frankoprovenzalische Dialekte gesprochen. Sie stellen eine Mischung aus dem Französischen und dem Provenzalischen dar, denn dieser

Teil Burgunds war im Mittelalter Teil des burgundisch-provenzalischen Königreiches, des Arelats, und wurde stark von der provenzalischen Kultur und Sprache beeinflußt. Westlich der Saône wird eindeutig der nordfranzösische Dialekt gesprochen. Er entwickelte sich im 14. Jh. aus dem Nordfranzösischen, der *Langue d'Oeil*, die in der Ile de France um Paris gesprochen wurde.

Wirtschaft

Landwirtschaft

Burgund ist eine überwiegend agrarisch geprägte Region, deren Schwerpunkte neben Ackerbau, Viehzucht und Holzwirtschaft vor allem im Weinanbau liegen. Alles in allem stellt Burgund ein begünstigtes Agrargebiet dar, dessen Prosperität auf rentablen und ergiebigen Landwirtschaftskulturen beruht. Einschließlich aller Wälder verfügt die Bourgogne über 2,8 Mio. ha Agrarfläche. Ein Drittel davon dient dem Ackerbau, rund 23 000 ha dem Weinanbau, der Rest der Milch-, Vieh- und Waldwirtschaft.

Die Viehzucht ist über die gesamte Provinz verteilt. Eine besondere Rolle spielt dabei die Landschaft Charolais im Süden der Region, benannt nach dem Städtchen Charolles. Dort züchten die Bauern die weißen Charolais-Rinder, die mittlerweile in den meisten

Das weiße Gold des Charolais

Während unserer Fahrt durch das südliche Burgund sehen wir sie überall, kleine weiße Tupfer auf dem satten Grün der Wiesen. So klein sind sie aus der Nähe betrachtet freilich nicht mehr: Um die 500 kg wiegt ein solches Charolais-Rind, eine Rasse mit kurzen, stämmigen Beinen, einem massigen, gedrungenen Körper, lustigen kleinen Locken auf der breiten Stirn und weißem bis cremefarbenem Fell. Auf den sanft gewellten, fetten Weiden fressen sie sich ihrem Ende im Schlachthaus entgegen.

Doch ohne diesen bitteren Weg gäbe es auch nicht das berühmte Charolais-Steak, ein besonders saftiges und würziges Fleisch der Extraklasse, Feinschmeckern in der ganzen Welt bekannt. Das Fleisch vom Charolais-Rind ist fein marmoriert, was seine unvergleichliche Zartheit garantiert. Die ›Lieferanten‹ werden ja auch fast das ganze Jahr über im Freien gehalten. So paradox es auch klingen mag: Die Bauern lieben ihre weißen Rinder wie Cowboys ihre Pferde. In Saulieu, das allerdings nicht mehr im Charolais liegt, haben sie dem Rindvieh sogar ein Denkmal gesetzt.

Die Tiere bekommen nur bestes, frisches Futter, stets frische Luft und genügend Auslauf. Trotz ihres massigen Aussehens haben sie kaum Fett unter ihrer Decke. Die Züchter achten sorgfältig auf die Eigenschaften der Rinder. So werden Merkmale wie Fellfarbe, Halslänge und -dicke, das breite Maul und die Länge der Hörner in den Zentralcomputer des Charolais-Herdenbuchs in Nevers eingespeist, der über das große Rasse-Register wacht.

Früher gab es diese Tiere nur im Brionnais-Charolais. Heute sind sie in über 65 Ländern heimisch, ein Exportschlager à la Bourgogne. Aber nur dort, z. B. in St-Christophe-en-Brionnais, können wir die Atmosphäre der Viehmärkte erleben, die manchmal den Rinderauktionen im mittleren Westen der USA gleichen. Nur geht es viel gemütlicher zu. Gute Geschäftsabschlüsse werden dann mit einer Flasche Wein und einem saftigen Steak gefeiert – aller Sentimentalität zum Trotz.

Landesteilen zu sehen sind. Ihr Fleisch ist wegen seiner Zartheit besonders begehrt und wird überwiegend auf die Großmärkte von Paris und Lyon geliefert. Zwischen Mai und Oktober werden die bekannten Viehmärkte von Charolles und St-Christophe-en-Brionnais veranstaltet. Leider nimmt die Bedeutung dieser volkstümlichen

Auf dem Viehmarkt in St-Christophe-en-Brionnais wechseln viele Charolais-Rinder den Besitzer

Auktionen immer mehr ab, da viele Viehhändler mittlerweile ihre Ware direkt auf den Bauernhöfen kaufen. Die Pferdezucht spielt in dem berühmten Gestüt von Cluny noch eine außerordentliche Rolle, ist aber sonst in ihrer Bedeutung zurückgegangen. Die Bresse, jene Region zwischen der Saône und Savoyen, ist weit über Frankreichs Grenzen für ihre qualitativ hochstehende Hühner-, Schweine- und Rinderzucht berühmt. Bresse-Geflügel stellt einen Exportschlager Burgunds dar.

Der Getreideanbau, in erster Linie Weizen, konzentriert sich im wesentlichen auf den Norden und Nordwesten des Landes. Nachdem der Ausbau der Weinlagen von der Côte d'Or in die Flußebene zur Saône hin als gescheitert gelten kann, wird dieses Gebiet vornehmlich für den Obstanbau, besonders für den von Johannis- und Himbeeren genutzt. Aus schwarzen Johannisbeeren stellt man den berühmten Likör, den *Crème de Cassis*, her. 80 % der französischen Produktion kommt aus den Destillerien von Dijon.

Die Holzindustrie spielte bereits im 10. Jh. beim Bau der Klöster eine wichtige Rolle. Im Hochmittelalter wurde der Stollenbau der Bergwerke mit Holz aus Burgund versorgt, dabei bediente man sich der zahlreichen Flüsse als Flößerstraßen. Noch im 19. Jh. wurde Paris mit Holzkohle und burgundischem Holz als Brennmaterial beliefert. Heute liegen die waldreichen Gebiete in der mittleren und nördlichen Bourgogne. Allein die Laubwälder des Morvan sind 1000 km² groß. Wegen der größeren Wirtschaftlichkeit pflanzt man in jüngster Zeit immer mehr Nadelhölzer. Das Holz bildet die Basis für die chemische Industrie von Clamecy und Prémery, deren Fabriken Methylalkohol, Formalin und acetathaltige Säuren zur weiteren industriellen Verarbeitung herstellen. Daneben wird auch die traditionelle Möbelindustrie des Departements Yonne mit Holz beliefert.

Weinbau

Kleine Geschichte des Weinbaus

Der burgundische Wein hat seinen Siegeszug um die ganze Welt angetreten, ist – seit Jahrhunderten – das mit Abstand bekannteste Exportgut Burgunds. Und das wird auch so bleiben. Die Rebe kam vermutlich schon mit den Griechen um 600 v. Chr. an die Rhône-Mündung und ins Gebiet um Massilia, dem späteren Marseille. Und von dort gelangte sie über die Saône ins heutige Burgund.

So gehen etliche Geschichtsschreiber davon aus, daß die Römer bei ihrer Eroberung des heutigen Burgund vor über 2000 Jahren bereits Wein vorfanden. Andere Historiker behaupten, daß erst die Römer zwischen 50 und 150 den Weinbau an die Saône brachten. Urkundlich belegt ist, daß sich im Jahre 312 ein Bürger aus Autun beim römischen Kaiser Konstantin beschwerte, die örtlichen Weinstöcke seien völlig überaltert. Wir wissen noch, daß die Reben fast baumhoch gezogen und dann zu Girlanden gebunden wurden, ein römisches Verfahren, wie es noch heute in Südtirol, Süditalien und Portugal anzutreffen ist. Der damalige Wein muß ausgesprochen gut gewesen sein, denn römische Geschichtsschreiber schwärmten von seiner Lagerfähigkeit. Den berühmten Opimian trank man, wenn er 125 Jahre alt war. In der Regel wurden römische Weine erst konsumiert, nachdem sie ein Alter von mindestens zehn Jahren erreicht hatten.

581 schenkte der merowingische König von Burgund, Gunthram, den Mönchen der Abtei St-Bénigne mehrere Weinberge, um die Versorgung mit Meßwein sicherzustellen. Mönche legten 1118 in Chablis die ersten Weinberge an, ihre Glaubensbrüder aus Cîteaux pflanzten die Rebstöcke bei Vougeot. Ähnlich wie Gunthram schenkten Adlige wertvolle Lagen der Kirche, so z. B. die Weinberge in Pommard, Meursault, Savigny, Fixin oder Aloxe.

Als die größten Mäzene des Burgunderweins erwiesen sich die ›Großen Herzöge‹ von Dijon. Philipp der Kühne, der erste Herzog aus dem Hause Valois, kümmerte sich geradezu leidenschaftlich um seine Reben und wetterte gegen die damalige »Unsitte, den Kot von allerlei Getier als Dung« zu verwenden, der Wein werde dadurch »nur gelb und fettig« und zu einer »Gefahr für Leib und Leben«. Wie der Wein damals schmeckte, ist nur einigen recht poetischen Überlieferungen zu entnehmen. Der Burgunder hatte nicht die heutige satte rubinrote Farbe, sondern kam als hellroter, geschmacksintensiver, kräftiger Roséwein auf den Tisch. Shakespeare beschreibt ihn als einen »herrlich durchdringenden Wein, der einem das Blut parfümiert«. Die Weißen waren nach einer anderen Quelle »spritzig, leicht sprudelnd und feinklar«.

Da aber die Winzer des ausklingenden Mittelalters längst die römische Flaschenlagerung und vor allem ihre Verschlußmethode vergessen hatten, wurde sämtlicher Wein nach wenigen Wochen und Monaten direkt aus den Fässern getrunken. Der Konsum lag wesentlich höher als heute, und zudem mußte der Wein rasch weg, wenn ein Faß einmal angestochen war: Zu schnell oxydierte er dann, zu schnell wurde er durch den Kontakt mit Luft sauer und essigartig. Mit Ausnahme des Weins von Nuits-St-Georges, der »bis zum folgenden Jahr lagern muß«, wurden die Burgunderweine ausgeschenkt, sobald »das Winterwetter sie geklärt« hatte. Niemand ahnte, welch

köstlicher Tropfen ihm so entging, nur weil man die kräftigen, festen Rotweine nicht zu lagern und auszubauen verstand.

In der Neuzeit setzte sich eine eigenartige Geschmacksrichtung durch, die wir in deutschsprachigen Ländern auch in den 50er bzw. 60er Jahren kannten: Wein mußte süß und klebrig sein – und wenn möglich auch einen schweren Kopf verursachen. Weil aber die Trauben Burgunds diesen Geschmack beim besten Willen nicht hergaben, wurde im 16. Jh. mit Wasser, Honig und Zucker gepanscht. Angeblich sollen dann niederländische und deutsche Kunden eine Art Reinheitsgebot verlangt haben. Ob es jedoch durchgesetzt wurde, bleibt im Kellerdunkel der Weingeschichte verborgen. Wie dem auch sei: Die Weine wurden wieder besser. Das lag indes weniger am schlechten Gewissen der Panscher als an einer bahnbrechenden ›Wiedererfindung‹.

Der Mönch Dom Perignon, gegen Ende des 17. Jh. Kellermeister des Champagne-Klosters Hautvillers, befaßte sich als einer der ersten mit Flaschenlagerung und Korkenverschluß – für den Wein ein wahrer Segen. Jetzt konnte die wirklich große Entwicklung des Burgunders beginnen. Nach der mönchischen Wiederentdeckung nun zeigte sich, daß in Flaschen abgefüllter und verkorkter Wein wesentlich länger hielt als faßgelagerter. Außerdem reifte er besser und entwickelte Farbe, Duft und

Die »Glorreichen Drei«

Der Höhepunkt
des burgundischen Festkalenders

Ausgerechnet im November, wenn der goldene Oktober von den Morgennebeln längst erstickt und die Großschar der Besucher wieder daheim in Paris oder Frankfurt oder Brighton ist, feiert die Côte d'Or den ausgelassenen Höhepunkt des Jahres, denn im November geht das arbeitsreiche Winzerjahr zu Ende, die Ernte ist eingebracht – Zeit zum Verschnaufen und zum Feiern.

Die Festtage tragen den Namen *Les Trois Glorieuses*, die ›Glorreichen Drei‹. Sie sollen eigentlich an die ›glorreichen drei Tage‹ der Revolution vom 27.–29. Juli 1830 erinnern, doch Weinfeste feiern sich besser im kühlen Spätherbst, wenn alle ein bißchen zusammenrücken müssen. Den Auftakt machen die ›Ordensritter vom Probiernapf‹, die *Chevaliers du Tastevin* (s. S. 197). Am ersten Samstag nach jedem 11. November ziehen sie in ihren traditionellen roten Roben und mit großem Pomp zu ihrem Stammsitz, dem Château Clos de Vougeot, und feiern und zechen.

Der letzte der drei Festtage wird am folgenden Montag im berühmten Weißweinort Meursault zelebriert: *La Paulée*. Man trifft sich zu einem großen Bankett, zu dem freilich jeder seine eigenen Weinflaschen mitbringen muß. Auch ein Literaturpreis ist ausgesetzt. Meist werden Geschichten, die in irgendeiner Weise vom Wein handeln, prämiert. Der Sieger erhält 100 Flaschen vom besten Meursault.

Absoluter Höhepunkt der ›Glorreichen Drei‹ ist jedoch der Sonntag in der bezaubernden Altstadt von Beaune, die Weinversteigerung im Hospiz (s. S. 205). Mittlerweile gehören dem historischen Krankenhaus Weinlagen im Anbaugebiet von neun Gemeinden, die sicherlich prächtig klingen, im Vergleich zu den Gewächsen der Côte de Nuits jedoch nur ›zweite Garnitur‹ sind: Aloxe-Corton, Pernand-Vergelesses, Savigny-lès-Beaune, Beaune, Volnay, Pommard, Monthélie, Auxey-Duresses und Meursault – die *Vins fins* des Hospizes, gut bis sehr gut, doch keineswegs überragend. An jenem Sonntag im November wird die Hospizernte des gleichen Jahres versteigert. Der Erlös fließt wie weiland bei Monsieur Rolin selig den Kranken und Bedürftigen zu, 1987 beispielsweise dem Pariser Pasteur-Institut, das führend in der Aids-Forschung ist.

Versteigert werden jeweils Einheiten von 228 l, *Pièce* genannt. Vorne beim Auktionator brennt eine Kerze. Wenn sie erlischt, hat das letzte Gebot den Zuschlag. Die Hospizversteigerung von Beaune stellt den Höhepunkt eines Auktionsrummels dar, der das ganze Jahr über währt. Dann rollen die Nobelkarossen der renommierten Einzelhändler, der Luxusköche, der Vertreter von Industriekonzernen, der Restaurantbesitzer, der privaten Weinliebhaber und Spekulanten durch die engen Gassen von Beaune.

Die Weine werden bisweilen abenteuerlich überbezahlt. Bei der 127. Versteigerung (1987) kletterte der Preis für ein *Pièce* innerhalb von 17 Minuten von 11 000 auf etwa 140 000 DM, umgerechnet annähernd 600 DM für eine Flasche sechs Wochen jungen Rotweins der ›zweiten Garnitur‹, der noch fünf Jahre liegen muß und von dem man gar nicht weiß, wie er sich entwickeln wird. Hier jedenfalls entwickelt sich die Leidenschaft zum Rausch, der scheinbar keine Gesetze kennt.

Geschmack, wie man sie vorher nicht gekannt hatte. Die Hellroten kamen sehr schnell aus der Mode, jetzt waren schwere, dunkelfarbige und langvergorene Weine gefragt. An der obersten Stelle der Beliebtheitsskala standen die Gewächse der Côte de Nuits, die *Vins de garde*, die lange lagern und reifen mußten.

Die Französische Revolution brachte eine Veränderung in den Weinbau der Bourgogne, die sich heute mehr denn je bemerkbar macht: Die großen Weinberge der Adligen und der Kirche wurden vielen hundert kleinen Weinbauern übereignet. Durch die Regelung, alle Kinder gleichberechtigt erben zu lassen, schrumpften die Besitzungen von Generation zu Generation immer weiter zusammen. Heute gehören beispielsweise Weingärten von 12 ha Größe – für Burgund schon beachtlich – sechs und mehr Besitzern. Diese Zersplitterung auch der großen *Grand Cru*-Lagen ist eine Eigenart Burgunds, die es seinen Winzern nicht gerade leichter macht.

Nach der Revolution jedoch sorgte diese Neuaufteilung endlich für einen gewissen Wohlstand der neuen Besitzer, die ihrem kostbarsten Gut, dem Wein, oft eine bessere Unterkunft boten als sich selbst; zum Wohnen brauchte der Winzer nur die Küche und das Schlafzimmer. Die restlichen Räume seines bescheidenen Hauses dienten der Unterbringung der Arbeitsgeräte, der Presse, des Gärkellers, der

Werkstatt und der Weinlagerung. Auf diese Weise entstanden die typischen Winzerhäuser, die noch heute das Bild der burgundischen Dörfer prägen. Wichtigster Raum des Gebäudes war und ist der Keller.

Die Weine Burgunds, speziell jene der Côte d'Or, entwickelten sich jedenfalls auch in dieser neuen Wirtschaftsstruktur prächtig. Den Beschreibungen nach besaßen sie einen unverfälschten Lagencharakter und starken Ausdruck, waren besonders stark und mächtig. Der Corton 1858 hatte 15,6 % Alkohol, ein Montrachet 1858 14,3 %, ein Volnay 1859 14,9 % und ein Richebourg 1859 14,3 %. Der Burgunder trat seinen Siegeszug durch Europa an – begünstigt durch die neuen Eisenbahnstrecken des Landes. Noch heute behaupten einige Fachleute, daß der spätere Côte d'Or-Wein nie wieder die Klasse jener Jahre erreicht habe.

Ein aus den USA importiertes winziges Insekt, die Phylloxera, verursachte nämlich in der zweiten Hälfte des vergangenen Jahrhunderts die bis dahin größte Katastrophe des europäischen Weinbaus. Die Reblaus vernichtete innerhalb weniger Jahre den Weinbau der Alten Welt fast vollständig. Kaum ein Land kam ungeschoren davon. 1878 hatte das Tierchen Burgund, genauer den Weinort Meursault, erreicht. Es schädigte die Rebstöcke derart, daß die Blätter abfielen und die Weintrauben vertrockneten. Kurze Zeit später waren die berühmten Weinhänge der Bourgogne eine Wüstenei. Ein Großteil der burgundischen Winzer mußte den Beruf aufgeben und in die Industrie abwandern.

Die Reblaus war vermutlich mit amerikanischen Wildreben, die zu Zuchtzwecken dienten, eingeschleppt worden. Gegen sie half kein Kraut – nur Sand. Weinbauern der Ebene setzten verzweifelt ihre Felder unter Wasser – vergeblich. Andere bauten neue Reben auf Sandböden an, doch der Wein war kaum zu genießen. Dann stellte man fest, daß die amerikanischen Reben, die aber andererseits einen fürchterlich schmeckenden Wein ergaben, gegen die Laus immun sind. Schließlich fand man das Mittel gegen die Plage: das Aufpfropfen europäischer Vinifera-Reben auf amerikanische Wurzelstöcke. Damit wurden die Vorteile beider Pflanzen vereint – der Weinbau war gerettet.

Der rasche Wiederaufbau in der Bourgogne glich einem Wunder. Mit der Zeit wurde die Technik des Veredelns immer mehr verfeinert, die Weinqualität steigerte sich erneut. So hatte die Reblaustragödie die burgundischen Winzer auch zu Spitzenleistungen gefordert, die heute wieder entsprechend honoriert werden: Sie tüftelten neue Pfropfarten, neue Schnittechniken aus. Burgunderwein besitzt heute wieder absoluten Weltrang. Das verdankt er sicher seiner Lage, dem Klima, dem Boden, einer revolutio-

när verbesserten Kellertechnik, z. B. auf dem Gebiet der Hygiene, vor allem aber auch dem Können seiner Winzer.

Die Weinbaugebiete

Insgesamt wird im heutigen Burgund auf rund 23 000 ha Wein angebaut, im Vergleich zu den riesigen Rebflächen im Süden Frankreichs nicht eben viel. Die Größe entspricht in etwa dem deutschen Anbaugebiet Pfalz. Man darf sich die Bourgogne auch nicht als durchgehend bewachsenes Weinland vorstellen, denn die Weinberge werden immer wieder durch Hochflächen, Wälder und Ackerland unterbrochen. Durchschnittlich werden im Jahr ca. 120 Mio. Flaschen Wein (Umsatz über 2 Mia. FF) verkauft, wobei etwa 70 Mio. ins Ausland exportiert werden. Davon gehen rund 75 % in die USA, die Schweiz, die Bundesrepublik Deutschland, die Beneluxländer und nach Großbritannien. Diese Zahlen können bei den 88er, 89er und 90er Weinen schwanken, handelt es sich doch bei diesen Ernten um qualitativ außergewöhnliche Jahrgänge.

Grundsätzlich ist der Name ›Burgunder‹ ein Sammelbegriff für Rot- und Weißweine. Es gibt je nach Klassifikation mindestens sieben Anbaugebiete.

Im Norden liegen die Weinberge der **Yonne** im Auxerrois. Hier werden hauptsächlich die Rebsorten

Weinlese in der Côte de Nuits

César (rot) und Sacy (weiß) für einfache Weine mit der Einstufung ›Bourgogne simple‹ angebaut. Daneben wurde um Irancy, Tonnerre, Joigny und St-Bris-le-Vineux die Sauvignon-Traube (weiß) eingeführt und mit großem Erfolg ausgebaut. Gleichzeitig bleibt die Yonne Anbaugebiet des traditionellen weißen Aligoté, der gern mit *Crème de Cassis* zum burgundischen Aperitif ›Kir‹ vermischt wird. In jüngster Zeit hat der Schaumwein aus der Sacy-Rebe einen beachtlichen Absatzmarkt gefunden. In den Kellern von Bailly reift ein *Crémant* (Qualitätsschaumwein) *de Bourgogne*, der in der Hierarchie von Frankreichs perlenden Weinen den zweiten Platz hinter dem Champagner eingenommen hat. Allein die Burgunder trinken jedes Jahr 3–4 Mio. Flaschen.

Etwas nördlich von Auxerre erstreckt sich das 100 000–150 000 hl jährlich produzierende Weinbaugebiet von Chablis, des vielleicht berühmtesten Weines der Welt, der – leider – in letzter Zeit als Synonym für Weißwein schlechthin mißbraucht wird. Die sieben Lagen *Grands Crus* (›große Lage‹) – Blanchot, Les Clos, Valmur, Grenouilles, Vaudésir, Preuses, Bougros – wachsen auf der Nordseite der Serein gegenüber von Chablis. Ihr Bukett beschreibt der Große Weinatlas von Hugh Johnson: »Er ist hart, aber nicht herb, erinnert an Steine und Mineralien, zugleich auch an frisches Heu; solange er jung ist, sieht er grünlich aus, wie viele Weine eigentlich aussehen sollten.«

Die *Chablis Premier Cru* (›erste Lage‹) weisen etwas weniger Alkohol und ein etwas weniger eindrucksvolles Bukett auf; sie dürfen in den Nachbargemeinden Monts de Milieu, Montée de Tonnerre, Fourchaume, in Vaillons, Montmains, Vaulorent, Mélinots, Côte de Léchet, Beauroy, Vaucoupin, Vosgros und Fourneaux angebaut werden. Ein Chablis ohne Lagenbezeichnung entspricht der Ausbauqualität eines *Premier Cru*, wobei jedoch an Eleganz und Kernigkeit Abstriche zu machen sind. Der Rest ist der *Petit Chablis* (›kleiner Chablis‹), hauptsächlich auf dem Plateau über dem Fluß angebaut, der jung getrunken werden sollte und sich nicht nur preislich von den ›Grossen‹ unterscheidet. (Kaufgelegenheit: La Chablisienne, Cave Coopérative, 8, Boulevard Pasteur, 89800 Chablis, ✆ 03 86 42 89 89, Fax 03 86 42 89 90.)

Im Westen Burgunds befindet sich im Tal der Loire die uralte Weinlandschaft des **Nièvre.** Besonders berühmt ist der Weinort Pouilly-sur-Loire. Hier werden Chasselas und Sauvignon angebaut. Chasselas-Weine sind frisch und fruchtig, sie sollten jung getrunken werden. Die Sauvignon der Loire entwickelt ein spezielles Aroma, das Fachleute mit dem einer Grapefruit vergleichen. Die berühmten Weißweine sind sehr alkoholreich und tragen große Namen: Pouilly-Fumé etwa oder Blanc-Fumé de Pouilly. Etwas weiter flußabwärts gedeiht ein weiterer berühmter Sauvignon-Wein, der Sancerre. Seine weiße, fruchtig-herbe Produktion ist in der ganzen Welt bekannt. Heute werden auf den 650 ha des Nièvre 40 000 hl hergestellt.

Im Süden der Bourgogne stoßen wir auf die **Côte Chalonnaise**, gelegen im Departement Saône-et-Loire. Hier werden z. T. sehr gute weiße Chardonnay-Weine erzeugt sowie bekannte Rote (Rully, Mercurey, Givry und Montagny), die durchaus mit einigen Erzeugnissen der etwas nördlich gelegenen Côte de Beaune verglichen werden können. Der besonders tonhaltige Boden gibt den Weinen ein fruchtigeres Bukett, so daß sie etwas früher getrunken werden können.

Südlich der Côte Chalonnaise beginnt das **Mâconnais.** Hier werden überwiegend einfache, ehrliche Weine (rot und weiß) produziert. Die Qualität ist in den letzten Jahren allerdings beachtlich gestiegen. Berühmt geworden sind die weißen Chardonnay-Weine aus Pouilly-Fuissé, die den großen Chablis oder Meursaults manchmal schon sehr nahe kommen. In der direkten Nachbarschaft liegt die relativ neue Appellation St-Veran, die qualitätsmäßig dem Pouilly-Fuissé entsprechen kann.

Das südlichste Anbaugebiet ist dem burgundischen Teil des **Beaujolais** vorbehalten. Hier wird hauptsächlich die Gamay-Noir-Traube gepflegt, die einen fruchtigen, zarten Rotwein ergibt; er sollte frisch und kühl getrunken werden. Die berühmteste Lage ist St-Amour, weitere ›Große‹ sind Julienas, Chénas und Fleurie. Dazu kommt der Beaujolais-Villages von La Chapelle de Guinchay, Romanèche-Thorin, Pruzilly und St-Symphorien-d'Ancelles.

Kommen wir aber nun zum berühmtesten Weingebiet der Bourgogne, der **Côte d'Or.** Ohne die anderen Gewächse herabstufen zu wollen – unter einem Burgunder versteht man gemeinhin einen Wein von der Côte d'Or. Rot sollte er sein, feurig und von einer schweren Tiefe, so die allgemeine Vorstellung. Burgunder der Côte d'Or (8000 ha Anbaufläche) kämpfen mit dem Bordeaux (100 000 ha Anbaufläche) um die Krone des weltbesten Weins. Kein Gebiet also für Weintrinker, die den einfachen, billigen Tropfen schätzen. Eher eine Gegend für Genießer des Weins, der Küche und der herrlichen Landschaft, die im Herbst zu Recht ihren Namen trägt. Kleine Dörfer ducken sich in die farbenprächtigen Rebenhügel: Côte d'Or, der ›Goldene Weinberg‹.

Das Großgebiet der Côte d'Or unterteilt sich noch einmal in drei weitere Bereiche. Von Dijon bis Nuits-St-Georges reicht die **Côte de Nuits**, das edelste Weingebiet Burgunds. Hier wird ausschließlich Pinot Noir (Spätburgunder) angebaut, hier reifen die über 30 *Grands Crus* der Bourgogne. Wie Perlen an einer Kette reihen sich

die berühmten Weinorte von Nord nach Süd. Auf nur wenigen Kilometern konzentrieren sich einige der besten Lagen der Welt auf z. T. winzig klein zerstückelten Parzellen, sog. *Climats*, die tatsächlich ein jeweiliges ›Kleinklima‹ aufgrund besonderer Hanglagen aufweisen können: Fixin, Brochon, Gevrey-Chambertin, Lambrays, Roche, Morey-St-Denis, Les Bonnes Mares, Chambolle-Musigny, Clos de Vougeot, Echézeaux, Richebourg, Romanée, Vosne und La Tâche – das Weinherz Burgunds. Wir werden weiter südlich bis auf eine Ausnahme auf keine Roten dieser höchsten Klasse mehr treffen, wohl aber auf Weißweine, die ihrerseits den Titel des besten Rebensafts der Welt beanspruchen.

Die **Côte de Beaune** schließt sich nahtlos an die Côte de Nuits an. Sie beginnt gleichsam mit einem Paukenschlag: Aloxe-Corton. Hier wächst der legendäre weiße Chardonnay Corton-Charlemagne, der ebenso kostbar wie teuer ist. Aloxe weist auch die einzige *Grand Cru*-Rotweinlage der Côte de Beaune auf. Es folgen nun Orte, die jeder Weinfreund kennt. Zwar wachsen hier ausgezeichnete Tropfen, die meisten der über 200 *Premiers Crus* der Bourgogne, doch die Roten erreichen trotz berühmter Namen nicht mehr die Klasse ihrer Konkurrenten der Côte de Nuits. Wir fahren durch Savigny-lès-Beaune, Beaune, Pommard, Volnay, Monthélie, Meursault (berühmte Weißweine), Auxey-Dures-

Aktivurlaub in Burgund: Radfahrer in der Hügellandschaft westlich von Tournus

ses und Blagny. Und nun kommen wir in die aristokratischen Weißweinlagen von Puligny-Montrachet und Chassagne-Montrachet mit ihren *Grands Crus.* Die Côte de Beaune wird beschlossen mit Santenay und Chagny (s. S. 209).

Im reizvollen bergigen Hinterland von Côte de Nuits und Côte de Beaune liegt die **Haute Côte,** von den Anhöhen des Côte d'Or-Höhenzugs geschützt. Sie bringt auf ihrem stark kalkhaltigen Boden gute, aromatische Pinot Noir-Weine hervor, die freilich nicht an die Klasse der beiden Nachbarn heranreichen. Weiterhin wird der Aligoté-Weißwein angebaut sowie die Gamay-Traube, die, vermischt mit Pinot Noir, den *Bourgogne Passetoutgrains* ergibt, einen fruchtigen, körperreichen Landwein.

Tourismus

Der Abwechslungsreichtum ihrer Landschaften, ihre Kulturschätze, die hervorragende Gastronomie und nicht zuletzt der Wein haben die Bourgogne zu einem gern und viel besuchten Land gemacht, das hingegen bei weitem noch nicht so überfüllt ist wie manche der klassischen Urlaubsländer. Doch mit der Zunahme des Automobilverkehrs hat auch der Tourismus in der Region zugenommen. Die Mobilität der Urlauber und eine geschickte Kampagne des *Comité Régional du Tourisme* in Dijon, die ganz be-

Le Creusot

Der schmerzliche Kontrast

Industrie ist auch im heutigen Burgund kein Fremdwort mehr. Nevers, Chalon-sur-Saône, Bourg-en-Bresse, vor allem aber Dijon haben ihre Fabriken und Industrieanlagen, wie man sie von jeder größeren französischen Stadt kennt. Doch wenn man durch die waldige Hügellandschaft des südlichen Burgund in Richtung Morvan fährt und sich nach dem Überqueren des Canal du Centre die Landschaft öffnet, ist der Schock schon groß: ein schwerindustrielles Fabrikensemble von gigantischem Ausmaß – schmerzlicher Kontast zu der Ruhe und Beschaulichkeit der Umgebung.

Bereits um 1503 begannen die Einwohner des Dorfes Le Creusot mit dem Schürfen von Kohlevorkommen, die sie in ihrer Heimaterde entdeckt hatten. Aber erst Anfang des 19. Jh. wurde in der Nachbargemeinde Blanzy richtiger Steinkohlebergbau betrieben. Daraus ist eine Montanindustrie entstanden, die heute nicht nur Le Creusot, sondern auch die Städte Montceau-les-Mines und Montchanin umfaßt: das Becken von Le Creusot.

Stockwerkartig türmen sich Stahlwerke und Fabriken auf, und die Luft wirkt alles andere als rein und durchsichtig. Die Schmelz- und Walzanlagen, die nach Beschädigungen im Zweiten Weltkrieg wieder aufgebaut und mit moderner Technologie ausgerüstet wurden, gehen auf die Gebrüder Joseph-Eugène und Adolphe Schneider zurück. Die beiden Schmiedemeister gründeten Anfang des 19. Jh. eigene eisenverarbeitende Betriebe.

wußt um den Typus des wohlhabenden, gebildeten Kulturfreunds und Genußreisenden wirbt, haben auch die landschaftlich reizvollen, doch abgelegenen Gegenden erschlossen. 1993 kamen die meisten ausländischen Besucher (338 471) aus der Bundesrepublik. An zweiter Stelle stand Großbritannien mit 272 699, dann folgten Belgien und Luxemburg mit zusammen 232 699 Besuchern.

Industrie

Das bedeutendste Industriegebiet Burgunds, zugleich auch eines der wichtigsten in Frankreich, ist das *Bassin Industriel de Creusot* mit

Die große Nachfrage nach Dampf- und Schiffsmaschinen heizte die Stahlkonjunktur des damals 3000 Einwohner großen Dorfs Le Creusot gewaltig an. 1836 wurde hier die erste französische Lokomotive gebaut. In den expandierenden Schneider-Werken wurde der 100 t schwere Dampfhammer konstruiert und gebaut, der von 1876 bis 1924 in Betrieb war und heute ein Industriedenkmal ist. Schneider produzierte neben Eisenbahnen auch Anlagen für Häfen, ganze Fabriken und Ausrüstungen für große Elektrizitätswerke. Dabei erwies sich die gute verkehrstechnische Anbindung als besonderer Vorteil: Das Gebiet liegt direkt am Canal du Centre, und die Transporte können über die Saône und den Canal latéral à la Loire nahezu jeden Punkt in Frankreich erreichen.

Die Gebrüder Schneider haben es, wie die deutschen Krupps, zu großem Reichtum gebracht. Man sieht es noch heute ihrem feudalen Wohnsitz an, dem Château de la Verrerie an der Place Schneider, in einem herrlichen, 28 ha großen Park gelegen. Das Schlößchen wurde nach den königlichen Kristallwerken benannt, die 1787 von Sèvres nach Le Creusot verlegt worden waren. Heute beherbergt die Villa das ›Ecomusée‹, ein bedeutendes Museum der Industrie- und Technikgeschichte. Seit 1983 bemüht sich eine Organisation, die an industriearchäologischen Denkmälern so reiche Region touristisch zu erschließen. Sie bietet von ihrem Hauptsitz im *Château* aus Führungen an.

Ab 1984 hat man sich mit dem Beginn der europäischen Stahlkrise im Creusot-Becken auch auf andere industrielle Technologien (Verfahrens- und Nukleartechnik, Maschinenbau) umgestellt. An Bedeutung scheint dabei die 33 000-Einwohner-Stadt nicht verloren zu haben. Wichtiges Indiz hierfür ist der TGV-Bahnhof, der es ermöglicht, daß die Manager aus Paris nun ganz schnell mit dem Luxuszug in die Provinz gelangen können – und wieder zurück.

den Städten Le Creusot, Blanzy, Montchanin und Montceau-les-Mines. Es verdankt seine Entstehung den Eisen- und Kohlevorkommen, die jedoch heute keine Rolle mehr spielen. Im *Bassin de Creusot* hat sich überwiegend die Stahlindustrie angesiedelt. Das größte Unternehmen ist die ›Société des Forges et Ateliers de Creusot‹ (früher ›Société de Schneider et Compagnie‹) mit 12 000 Arbeitnehmern. Das Industriezentrum wird durch den Canal du Centre, 1794 eröffnet, verkehrstechnisch angebunden.

Im Departement Nièvre ist chemische Industrie heimisch, bei Autun werden aus asphalthaltigem Schiefer Öle und Brennstoffe gewonnen. In Issy-l'Evêque und beim Heilbad Bourbon-Lancy wird Uran abgebaut.

Dank der tonhaltigen Erde konnte sich überall im Land eine beachtliche Keramikindustrie bilden (Charolais, Nivernais, in der Puisaye und im Departement Yonne). Zwischen den berühmten Weinlagen der Côte d'Or (von Dijon bis Chagny) wird der *Pierre de Comblanchien* gebrochen, ein überaus dekorativer Stein, auch in Deutschland als Comblanchien-Marmor bekannt. Man benutzt ihn als Baumaterial für repräsentative Gebäude, z. B. am Pariser Palais de Chaillot, an der Kirche Sacré-Cœur sowie am Brüsseler Justizpalast.

Chalon-sur-Saône (Kodak-Werk, Textilien, Maschinenbau, beträchtliche mittelständische Industrie) und Dijon sind seit alters her bedeutende Wirtschaftsräume, die sich in den letzten Jahrzehnten vom Handel auf vermehrte Industrieansiedlung verlegt haben. In der Hauptstadt Dijon kann die Lebensmittelindustrie auf eine lange Tradition zurückblicken. Hier wird der Johannisbeerlikör *Crème de Cassis* hergestellt – nicht etwa im gleichnamigen Fischerort bei Marseille. Dijon war auch das Zentrum der französischen Lebkuchenhersteller, die jedoch nach dem Zweiten Weltkrieg größtenteils nach Besançon abgewandert sind. Berühmt in ganz Europa ist Dijon für seine Senfproduktion. Über 30 % des französischen Mostrichbedarfs werden in der alten Herzogsstadt her-

gestellt, wobei immer mehr Senfsorten auch in den Export gelangen. Seit einigen Jahren macht die Nachbarstadt Beaune den Dijonern hier heftig Konkurrenz (s. S. 226 f.).

Das Dijon der 90er Jahre hat sich zu einer modernen Wirtschaftsstadt entwickelt, mit einiger Schwerindustrie, optischen Betrieben, vor allem aber Elektro- und chemischer Industrie.

Umwelt

Burgund ist sicher nicht die heile Welt eines ökologischen Paradieses, verglichen mit anderen Provinzen in Westeuropa hingegen ein relativ intaktes Land, was zu großen Teilen auf die recht geringe Bevölkerungsdichte zurückzuführen sein dürfte. Das Waldsterben schlägt noch nicht so zu Buche wie z. B. in Deutschland, die Bäche und Flüsse des Morvan sind klar und sauber, und dank der Herdenhaltung kommt ein ›Gülleproblem‹ erst gar nicht auf. Die meisten Kanäle, für die professionelle Schifffahrt zu eng und veraltet, bieten eine beschauliche Idylle für Angler und Hobbykapitäne. Der Lachs steigt wieder in den Oberlauf der Loire.

Im Jahre 1991 konnte ein massiver Eingriff in die natürliche Umwelt des oberen Loire-Tales gerade noch verhindert werden. Staat und Energiekonzerne hatten große Staustufen im Flußlauf geplant. Millionen von Anwohnern zogen

vor Gericht – und bekamen Recht. Das Milliarden-Projekt wurde gestoppt. Dieser Vorgang war bis dahin einmalig in Frankreich. Früher ließen sich derartige Eingriffe in die Natur relativ problemlos bewerkstelligen. Doch jetzt hat sich der grüne Widerstand recht massiv formiert. Auch die Macht französischer Anglerverbände kommt mittlerweile der einer deutschen Gewerkschaft gleich. Das Loire-Vorhaben war freilich nicht die einzige Sünde wider die Umwelt:

- Natürlich ist die Luft über Industriestandorten wie Le Creusot oder Clamecy nicht so frisch und rein wie auf den Höhen des Morvan.
- Die Landwirtschaft des Agrarlandes verzichtet keineswegs auf chemischen Dünger.
- Auch in Burgund, wie überall in Frankreich, muß man zunächst die deprimierenden Vorstädte mit ihren Industrian-

siedlungen, Grossomärkten und Möbellagern passieren, bevor man die reizvollen historischen Stadtkerne erreicht.
- Der Weinbau Burgunds versprüht weiterhin sein Gift, von ökologischer Schädlingsbekämpfung halten die Winzer bislang recht wenig. Zu tief sitzt das Trauma von der Reblausplage Ende des vergangenen Jahrhunderts.
- Ausgerechnet beim Heilbad Bourbon-Lancy wird Uran abgebaut.
- Die TGV-Trassen stellen eine erhebliche Lärmbelastung dar, gegen die sich auch Widerstand aus der Bevölkerung manifestiert.
- In Montchanin, 80 km südwestlich von Dijon gelegen, lagern auf einer ›wilden‹ Mülldeponie hochgiftige Substanzen, ein Umweltskand al, der 1990 durch die französische und ausländische Presse ging.

Daten zur Geschichte

130 000– **120 000 v. Chr.**	Das südliche Burgund wird von Jäger- und Sammler-stämmen durchzogen
15 000–12 000 **v. Chr.**	Erste Siedlungen am Felsen von Solutré; steinzeitliche Stämme treffen sich zur gemeinsamen Pferdejagd; erste Grabanlagen (s. S. 116)
8./7. Jh. v. Chr.	Während der sog. Hallstatt-Zeit findet ein reger Kultur-austausch mit den Völkern des Mittelmeerraumes statt (Schatz von Vix, s. S. 95)

Römer

387 v. Chr.	Die Kelten unter ihrem König Brennus erobern und plün-dern Rom (sog. Gallierkatastrophe)
125–122 v. Chr.	Der römische Konsul Domitius Ahenobarbus erobert Gallien von der Provence über das Rhône-Tal bis zum Genfer See und begründet so die römische Herrschaft im Süden des heutigen Frankreich; das Gebiet ist spätestens seit Sulla, etwa seit 80 v. Chr., eine eigenständige Pro-vinz
59–52 v. Chr.	Caesar unterwirft das nördliche Gallien bis zum Rhein
58 v. Chr.	Das Stammesaufgebot der Helvetier wird von Caesar bei Bibracte (heute Mont Beuvray im Morvan) vernichtend geschlagen
52 v. Chr.	Der Avernerkönig Vercingetorix wird von Caesar besiegt (s. S. 96 f.) – der letzte gallische Widerstand ist gebrochen
52 v. Chr.– **4. Jh. n. Chr.**	Das gallisch-keltische Stammland wird von der römi-schen Kultur durchdrungen (Romanisierung); später wird diese Geschichtsepoche gallorömisch genannt; neue Städte entstehen: im Süden Lyon; Autun (Augustodunum) wird Zentralsitz der römischen Verwaltung; im 4. Jh. dringt das Christentum langsam vor, vor allem durch rö-mische Soldaten und ihre Frauen verbreitet
um 413	Im Verlauf der sog. germanischen Völkerwanderung gründen die ostgermanischen Burgunder ein Königreich um Worms
437	Die Hunnen vernichten das Burgunderreich um Worms
443	Der römische Heerführer Aëtius siedelt die Reste der Burgunder im heutigen Savoyen an; sie dehnen sich bis

ins heutige Burgund aus, errichten ein neues Königreich und hinterlassen dem Land ihren Namen

Merowinger und Karolinger

bis 534	Die fränkischen Merowinger dehnen ihren Herrschaftsbereich auf Burgund und die westlichen Teile der heutigen Schweiz aus; sie siegen 532 bei Autun gegen den letzten Burgunderkönig Godomar
561	Nach dem Tode Chlotars, des letzten Herrschers über ein vereintes Merowingerreich, bilden sich die Teilkönigreiche Austrien, Neustrien und Burgund heraus (s. S. 39)
843	Nach langen Erbfolgekriegen wird im Vertrag von Verdun das fränkische Reich unter die Nachfahren Karls des Großen aufgeteilt: Ludwig der Deutsche erhält das Ostfrankenreich, das spätere Deutsche Reich, Karl der Kahle das Westfrankenreich, das spätere Frankreich, Lothar das sog. Mittelreich, das bei weiteren Teilungen unter Ost- und Westfrankenreich aufgeteilt wird; von Burgund fällt der östliche Teil, die heutige Franche-Comté (Freigrafschaft Burgund), an Lothar, der Teil westlich der Saône an Karl
ab etwa 860	Die Normannen fallen wie in ganz Europa auch in Burgund ein; sie fahren auf ihren leichten, wendigen ›Drachenschiffen‹ die Flußläufe hinauf

Die Königreiche

879	Boso von Vienne läßt sich als einer der ersten Nichtkarolinger zum König von Niederburgund wählen (etwa von Lyon bis ans Mittelmeer reichend); sein Bruder Richard der Gerechte (gestorben 921) herrscht über das westfränkische Lehnsherzogtum Burgund mit Hauptstadt Dijon
888	Der Welfe Rudolf I. läßt sich zum König von Hochburgund krönen (östlich der Saône, im wesentlichen Gebiete der heutigen westlichen Schweiz umfassend); somit existieren nun zwei burgundische Königreiche sowie ein Lehnsherzogtum
910	Wilhelm I., der Fromme, Herzog von Aquitanien, gründet die Benediktinerabtei Cluny

Die Burgunder

Geschichte und Dichtung

Im Nibelungenlied, dem berühmten mittelhochdeutschen Versepos, tauchen die Burgunder als stolzes Volk in Worms am Rhein auf. Ihr König Gunther heiratet die isländische Königin Prünhild, seine Schwester Kriemhild den Helden und Königssohn Siegfried von Xanten. Zwischen den beiden Schwägerinnen entbrennt ein Streit, in dessen Verlauf Kriemhild Prünhild durch die Enthüllung demütigt, Siegfried und nicht Gunther habe Prünhild einst bezwungen. Daraufhin läßt Gunther Siegfried von seinem Lehnsmann Hagen von Tronje erschlagen, der auch den sagenhaften Nibelungenhort Siegfrieds im Rhein versenkt. Schließlich fallen alle burgundischen Helden einem Gemetzel am Hofe des Hunnenkönigs Etzel zum Opfer, den Kriemhild geheiratet hat, um ihre Rache an den Mördern Siegfrieds, ihren Brüdern und deren Gefolgsleuten, zu erfüllen.

Die Hauptfiguren des Epos' (Gunther – Gundahar, Kriemhild – Fredegund, Prünhild – Brunichild, Etzel – Attila) sind durchaus historische Persönlichkeiten, und auch Grundzüge der Handlung (Kampf Hunnen – Burgunder, ›Streit der Königinnen‹) wurden von einer eifrigen ›Nibelungen-Forschung‹ immer wieder in Beziehung zu geschichtlichen Ereignissen gesetzt. Zeitlich scheint das Nibelungenlied Vorgänge von der Völkerwanderungszeit (der Sieg der Hunnen über die Burgunder im 5. Jh.) bis zur spätmerowingischen Epoche (Kämpfe der merowingischen Teilreiche Ende 6./Anfang 7. Jh.) widerzuspiegeln.

Der ostgermanische Stamm der Burgunder oder Burgundionen hatte ursprünglich auf der Ostseeinsel Burgundaholm gesiedelt, von wo sie etwa im 1. Jh. n. Chr. ins Oder-Weichsel-Gebiet gezogen waren. Bereits seit etwa dem 3. Jh. am Rhein nachweisbar, überschritten die Burgunder zusammen mit anderen germanischen Stämmen Anfang des 5. Jh. die Rhein-Grenze und gründeten um 413 ein Königreich um Worms – ein nicht besonders mächtiges Reich von Roms Gnaden. Die Römer waren, da sie die früheren Reichsgrenzen an Rhein und Donau nicht mehr halten konnten, dazu übergegangen, die unter dem Druck der Hunnen nach Westen drängenden Germanen als sog. Föderaten auf ehemaligem Reichsgebiet anzusiedeln.

Da die Burgunder den Römern jedoch zu mächtig wurden, ließ der römische Heerführer Aëtius sie von Hunnen des Königs Attila vernichten. In der Schlacht von 437 kamen der burgundische König Gundahar und ein Großteil des burgundischen Volkes um – im Nibelungenlied wurde daraus das Gemetzel an Etzel/Attilas Hof. Um 443 siedelte Aëtius die Reste der Burgunder im heutigen Savoyen an, von wo sie sich bald bis zur Durance im Süden und in die spätere Bourgogne ausdehnten und ein neues Königreich gründeten. Es sollte bis 534 Bestand haben, als die fränkischen Merowinger, die das Burgunderreich schon länger mit neidischen Augen betrachtet hatten, es endgültig eroberten. Die Burgunder hinterließen dem Land nichts außer ihrem Namen und einigen Lehnworten, die in die französische Sprache eingingen.

Nach dem Tode Chlotars, des letzten Herrschers über ein vereintes Merowingerreich, bildeten sich in blutigen und verworrenen Erbfolgekriegen die drei Teilreiche Austrien (Maas-Mosel-Champagne), Neustrien (das westliche Gebiet um Paris und Soissons) und Burgund heraus. Die beiden Grundkonstanten der damaligen Politik waren der Gegensatz Austrien-Neustrien und die Bemühungen von Brunichild, der Witwe Sigiberts von Austrien, die Stellung des Königtums gegen den Adel zu festigen und eine Vereinigung von Austrien und Burgund herbeizuführen. Brunichild, gleichsam die ›graue Eminenz‹ der austrischen und burgundischen Politik, war die treibende Kraft hinter ihrem Mann Sigibert (gestorben 575), ihrem Sohn Childebert II. (gestorben 596), ihren Enkeln Theudebert II. in Austrien (gestorben 612) und Theuderich II. in Burgund (gestorben 613) sowie ihrem Urenkel (!) Sigibert II.

Brunichild, am Hofe ihres Vaters, des Westgotenkönigs Athanagild, unter dem Eindruck römischen Staatsdenkens aufgewachsen, war in ihren Mitteln indes nicht wählerischer als ihre Zeitgenossen, und das hieß, ganz im Stile der Zeit: Meuchelmord, Verrat, nicht enden wollende Kriege und Gewalttaten, eine wahre Chronik der Scheußlichkeiten. In diesem politischen Klima wickelte sich die ›Urgeschichte‹ des Königinnenstreits aus dem Nibelungenlied ab: Chilperich von Neustrien hatte seine Gattin sowie seine Nebenfrau Fredegund (die Kriemhild des mittelhochdeutschen Epos') verstoßen, um die Schwester der schönen Brunichild, Galswinth, zu heiraten. Ihrer überdrüssig geworden, ließ er sie jedoch schon bald, vermutlich auf Anraten der um ihren Platz kämpfenden Fredegund, erdrosseln. Brunichild entfesselte daraufhin einen Krieg im Stile der altgermanischen Blutrache, in dessen Verlauf Chilperich – man darf annehmen, nicht ohne Zutun der Rächerin – durch den Dolch eines Mörders nun seinerseits den Tod fand.

Auch im historischen ›Modell‹ liegt also, ganz wie später in der literarischen ›Bearbeitung‹, ein Ehe- und Familienstreit den Verwicklungen der ›hohen‹ Politik, den Erbfolgestreitigkeiten, Verträgen und Kriegen, zugrunde. Im Nibelungenlied ist es schließlich Kriemhild, die, von Hildebrand enthauptet, ein gewaltsames Ende findet. In der Geschichte war dies Brunichild beschieden, die 613 durch Verrat in die Hände von Chlotar II., dem Sohn ihrer Erzfeindin Fredegund, fiel. Der ließ die nunmehr alte Dame drei Tage lang foltern, mit Schimpf und Schande auf einem Kamel herumführen und, an den Schwanz eines wilden Pferdes gebunden, zu Tode schleifen.

947   Unter Konrad von Hochburgund werden die beiden Königreiche vereinigt

1026   Otto Wilhelm, der Begründer der sog. Freigrafschaft Burgund (Franche-Comté), stirbt: Das Gebiet mit den Hauptorten Dôle und Vesoul erstreckt sich zwischen Saône und Jura

1033   Nach dem Tod Rudolfs III. (1032), des Sohnes Konrads und letzten der burgundischen Dynastie der Rudolfinger, fällt das Königreich Burgund, auch Arelat nach der Hauptstadt Arles genannt, durch Erbfall an Kaiser Konrad II. und somit an das Deutsche Reich; ein Jahr zuvor hat Robert, der Bruder des französischen Königs Heinrich I., die kapetingische Nebenlinie im Herzogtum Burgund begründet (bis 1361), die jedoch keine große Eigenständigkeit von der französischen Krone erlangt

1090–1153   Lebenszeit Bernhards von Clairvaux (s. S. 168 f.); 1146 ruft er die Herrscher der christlichen Welt in Vézelay zum Zweiten Kreuzzug auf

1098   Robert von Molesme gründet in Cîteaux den Zisterzienserorden

1295   Otto IV., der Graf der Franche-Comté, leitet durch die Heirat seiner Tochter mit dem späteren französischen König Philipp V. die Vereinigung von Herzogtum (Duché) und Freigrafschaft Burgund ein

1361   Philipp von Rouvres, der letzte der kapetingischen Seitenlinie auf dem Herzogsthron von Burgund, stirbt

Die ›Großen Herzöge‹ (1363–1477)

1363–1404   Der französische König Johann II. aus dem Hause Valois gibt seinem Sohn **Philipp dem Kühnen** das freigewordene Herzogtum Burgund; er legt damit den Grundstein für eine unter den folgenden Herzögen immer weiter ausgedehnte Territorialmacht, die bald der französischen Krone selbst gefährlich werden sollte; unter Philipp umfaßt Burgund das Herzogtum und die Franche-Comté, so daß der Herzog Lehnsmann der französischen und der deutschen Krone ist; die glanzvolle, eine im spätmittelalterlichen Europa einzigartige kulturelle Blüte hervorbringende Dynastie der *Grands Ducs d'Occident* wird schon bald eine Politik verfolgen, der deutlich der Gedanke zugrunde liegt, das lotharingische Mittelreich (s. S. 37) wiedererstehen zu lassen; begleitet wird die Herrschaftszeit der ersten drei Herzöge durch die Wirren des Hundertjährigen Krieges (1339–1453) zwischen Frankreich und dem aufgrund von Erbansprüchen ebenfalls die französische Krone anstrebenden England

1369   Philipp der Kühne heiratet in Gent die Erbin von Flandern, Margarete; der Schwerpunkt des burgundischen Reiches verlagert sich im folgenden in den wirtschaftlich starken niederländischen Raum; dessen florierende Tuchindustrie, die die ökonomische Grundlage der burgundischen Macht bildet, fordert politische Rücksichtnahme auf den Hauptabnehmer, England

1384   Mit dem Tode Ludwigs von Maele, des Grafen von Flandern, tritt der Erbfall ein; zahlreiche flämische Künstler kommen in der Folgezeit nach Dijon: Blüte des burgundisch-flämischen Stils

1404–1419   Nach dem Tode Philipps des Kühnen, des Begründers der burgundischen Macht, fällt die Herrschaft an seinen Sohn **Johann Ohnefurcht**, unter dem sich Burgund endgültig mit England gegen Frankreich verbünden wird

1407   Johann läßt seinen Widersacher, den Herzog von Orléans, ermorden, was einen Bürgerkrieg zwischen Burgundern und ›Armagnaken‹, den Erben Orléans, nach sich zieht

1414   Johann schließt einen Bündnisvertrag mit Heinrich V. von England, der die französischen Truppen bei Azincourt (1415) vernichtend schlägt

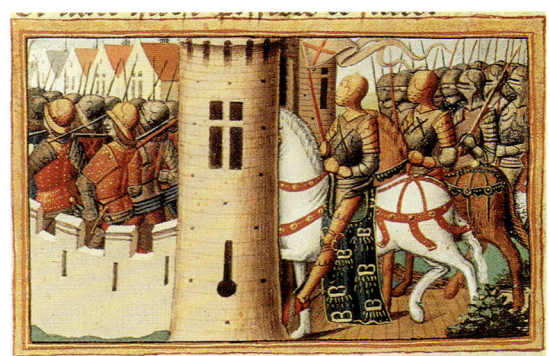

Bürgerkrieg gegen die Armagnaken: Einzug der Burgunder in Paris 1418

1418   Johann erobert Paris und richtet ein Blutbad unter den Armagnaken an; neuer Führer der antiburgundischen Partei wird der Dauphin, der spätere Karl VII.

1419   Trotz begonnener Versöhnungsverhandlungen mit dem Dauphin wird Johann auf der Brücke von Montereau von Anhängern des Dauphin ermordet

1419–1467 Aus Rache tritt sein Sohn und Nachfolger **Philipp der Gute** nun endgültig ins englische Lager über; unter seiner Herrschaft konsolidiert sich Burgund zu einem straff organisierten Territorialstaat, der bald bis zur Nordsee ausgreift (1429 Namur, 1430 Brabant und Limburg, 1433 Holland, Seeland, Friesland und Hennegau, 1442 Luxemburg und Vogtei über das Elsaß); sein Hof wird zum tonangebenden Zentrum der späthöfischen Adelskultur im ›Herbst des Mittelalters‹ (Gründung des Ordens vom Goldenen Vlies 1430 anläßlich von Philipps Heirat mit Isabella von Portugal)

1420   Im Vertrag von Troyes wird der Dauphin wegen des Mordes an Johann Ohnefurcht enterbt und Heinrich V. von England aufgrund seiner Heirat mit der französischen Königstochter Katharina als Thronerbe anerkannt; Heinrich V. und Philipp der Gute sollen Frankreich gemeinsam regieren; der unentschlossene Dauphin kontrolliert Teile des südlichen und mittleren Frankreichs (sog. *Roi de Bourges*)

1422   Der geisteskranke französische König Karl VI. und Heinrich V. sterben

Karl der Kühne

Der letzte der ›Großen Herzöge‹

Unter der Herrschaft Karls des Kühnen, des letzten der *Grands Ducs d'Occident*, der ›Großen Herzöge des Abendlandes‹, besaß Burgund, seit dem Frieden von Arras (1435) unabhängiges Herzogtum, seine größte Ausdehnung und Macht. Karls Regierungszeit war politisch von dem Bemühen bestimmt, die von seinem Vater Philipp dem Guten ererbten südlichen Gebiete (Herzogtum Burgund, Franche-Comté) mit den nördlichen Landen (Luxemburg, Flandern, Hennegau, Holland, Seeland, Brabant) zu verbinden. Seine Expansionspolitik richtete sich dementsprechend auf diejenigen Herrschaften, die eine territoriale Verbindung der beiden bis dahin getrennten Blöcke geschaffen hätten: auf Lothringen und das Elsaß.

Es ist von daher kein Zufall, daß die Entscheidungsschlacht von Nancy, die Karls Tod und das Ende des burgundischen Zwischenreichs brachte, auf lothringischem Boden ausgefochten wurde (1477). Als Suche nach einer seine zahlreichen und so heterogenen Herrschaften einigenden ›Klammer‹ ist auch das Ringen Karls um eine Königskrone zu verstehen. Der Herzogstitel bot im europäischen Mächtespiel keine ausreichende Legitimation, war auch für die Machtfülle der burgundischen Herrscher letztlich unterdimensioniert.

Karl, am 11. November 1433 in Dijon geboren, wurde von seinem Vater schon früh in die politischen Geschäfte eingeführt und erhielt den Titel eines Grafen von Charolais, vergleichbar dem des englischen Prince of Wales. Der designierte Nachfolger, der seine Jugend vorwiegend im flandrischen Raum verbrachte, erhielt eine ausgezeichnete Bildung, die auch das Studium klassischer Autoren einschloß, und beherrschte mehrere Sprachen. Die zeitgenössischen Chronisten beschreiben ihn einhellig als heftigen, willensstarken und durchsetzungsfähigen Menschen, dessen hervorstechendes Merkmal die Maßlosigkeit gewesen sei.

Sein cholerisches Temperament, vielleicht ein Erbe seiner Mutter Isabella von Portugal, verschaffte ihm schon früh den Beinamen: *Le Téméraire* muß eigentlich mit ›der Tollkühne‹, ›der Verwegene‹, übersetzt werden. Seine Prunk- und Ruhmsucht waren ebenfalls sprichwörtlich. Gerne sah er sich selbst nach dem Vorbild antiker Schriften als einen neuen Alexander. Die Bevorzugung militärischer Mittel zur

Bewältigung politischer Konflikte, die sich unschwer in dieser Selbststilisierung erkennen läßt, sollte denn auch zum Untergang des burgundischen Reiches entscheidend beitragen.

Ganz anders in der Wahl seiner politischen Mittel – und letztlich damit auch erfolgreich – zeigte sich Karls großer Gegenspieler und Todfeind, König Ludwig XI. von Frankreich (1461–1483). Geschickt und skrupellos wob diese ›Königliche Spinne‹, wie zeitgenössische Chronisten ihn genannt haben, seine aus Diplomatie, Intrigen und Bestechungen gebildeten Netze, die dem Burgunderherzog dann schließlich jegliche Bewegungsfreiheit nehmen sollten.

Die gescheiterten Verhandlungen von Trier mit dem deutschen Kaiser Friedrich III. leiteten den Niedergang der burgundischen Herzogsmacht ein. Von Ende September bis November 1473 versuchte Karl der Kühne in einer höfischen Prunkschau von gigantischen Ausmaßen, den Kaiser zu beeindrucken: 15 000 Gefolgsleute, Fußsoldaten, Ritter und prächtig gekleidete Pagen und Höflinge brachte der Herzog mit sich, Turniere, Bankette und Empfänge lösten einander ab. Parallel verliefen die Geheimverhandlungen, in denen Karl die Königswürde für sich zu erlangen suchte; als Gegenleistung bot er die Hand seiner Erbtochter Maria für Friedrichs III. Sohn und Nachfolger Maximilian.

Die Zurschaustellung der burgundischen Macht scheint jedoch auf den Kaiser eine im wahrsten Sinne des Wortes ›überwältigende‹ Wirkung gehabt zu haben, und überdies taten die Geheimgesandten und Bestechungsgelder Ludwigs XI. ihr Werk. Obwohl das Datum für die Krönung Karls schon auf den 25. November festgesetzt, der Dom St-Maximin für die Feierlichkeiten geschmückt war, reiste Friedrich bei Nacht und Nebel am Vorabend der Krönung aus Trier ab und erklärte die Verhandlungen für gescheitert. Karl der Kühne stand vor den Augen von ganz Europa als der Düpierte da – vor Wut soll er das gesamte Mobiliar seines Zimmers zertrümmert haben.

Durch seine Ausdehnungspolitik am Oberrhein (1469 hatte Karl der Kühne die Pfandschaft über das Elsaß und den Breisgau erworben) und in Savoyen (Herzogin Jolantha von Savoyen war seine Verbündete) geriet Burgund in Gegensatz zu den elsässischen Städten und schließlich zu den Schweizer Eidgenossen, die sich mit Karls Erzfeind Ludwig XI. verbündeten. Diese Konstellation sowie das eigene unkluge, wenig flexible und von Rachegedanken bestimmte Verhalten sollten Karl letztlich zum Verhängnis werden.

Am 2. März 1476 fügen ihm die Eidgenossen in der großen Schlacht bei Grandson eine vernichtende Niederlage zu – bei der Flucht der

Karl der Kühne als Graf
von Charolais, Gemälde,
Rogier van der Weyden

Burgunder fällt den Schweizern das gesamte Lager mit allen Waffen und Kriegsmaschinen, unermeßliche Kunstschätze wie z. B. die berühmte Juwelensammlung des Herzogs in die Hände. Die Beute wird in alle Welt verstreut. ›Der Toskaner‹ beispielsweise, ein gelblicher Diamant von 139 Karat, wird 1955 in Amerika zum Verkauf angeboten; danach verliert sich seine Spur. Karls Selbstbewußtsein ist erheblich angeschlagen, der ›Große Herzog‹ wütet darüber, von einer Horde von Bergbauern geschlagen worden zu sein. Er läßt sich den Bart nicht mehr scheren, bis ›seine Ehre wiederhergestellt ist‹.

Am 22. Juni desselben Jahres wird er in Murten erneut von den ›wilden Bergbauern‹ geschlagen, eine Niederlage, die sich vor den Augen Europas nun endgültig nicht mehr als ›Betriebsunfall‹ kaschieren läßt. »Bei Grandson das Gut, bei Murten den Mut, bei Nancy das Blut« – dieses Sprichwort charakterisiert treffend die Triade von Niederlagen, die schließlich den Untergang des mächtigen burgundischen Herzogtums bewirkt. Immer noch wäre indes nicht alles verloren, zöge der Herzog sich nun zurück, verhandelte, rüstete sich erneut. Doch Karl handelt nicht mehr rational, Karl handelt nach dem Moralkodex des Rittertums, will ›sich stellen‹ und ›seine Ehre wiedergewinnen‹.

Vor Nancy das Blut: Am 5. Januar 1477 stellt sich das durch Desertion geschwächte und zahlenmäßig dreifach unterlegene burgundische Heer den verbündeten Schweizern, Lothringern und Elsässern. Karl der Kühne verliert Schlacht und Leben. Seine Leiche wird erst zwei Tage später aufgefunden, mit dem Gesicht halb in einer Eislache festgefroren, von Wölfen angefressen, ausgeplündert – ein armseliges Ende für den ›Großen Herzog des Abendlands‹. Dem aufgebahrten Toten erweist sein Gegner, René II. von Lothringen, nach ritterlicher Sitte seine Ehrerbietung. 1550 werden Karls Gebeine von seinem Enkel, Kaiser Karl V., von Nancy nach Brügge überführt und dort zur diesmal letzten Ruhe gebettet. Ob die dort bestatteten Gebeine allerdings wirklich die des letzten Burgunderherzogs sind, wird man wohl nie mit Sicherheit bestimmen können.

1429	Jeanne d'Arc, die ›Jungfrau von Orléans‹, hebt die englische Belagerung von Orléans auf; ihr entschiedenes, charismatisches Auftreten für den legitimen Thronfolger Karl VII. hat eine überwältigende Wirkung auf alle Schichten der französischen Bevölkerung; obwohl sie schon ein Jahr später von den Engländern in Rouen als Häretikerin öffentlich verbrannt wird, stellt ihr Eingreifen und die dadurch bewirkte Entstehung eines französischen Nationalgefühls die eigentliche Wende im Kriegsgeschehen dar
1435	Auch Philipp der Gute trägt der für Frankreich günstig verlaufenden Entwicklung Rechnung und versöhnt sich im Frieden von Arras mit Karl VII.; Burgund wird als Sühne für den Mord an Johann Ohnefurcht aus der Lehnsabhängigkeit von Frankreich entlassen und steht auf dem Gipfel seiner Macht
1467–1477	**Karl der Kühne** folgt seinem Vater auf den Herzogsthron; sein maßloser Ehrgeiz und der letztlich vergebliche Versuch, in der Epoche der sich konsolidierenden Nationalstaaten ein eigenständiges Königreich zwischen Frankreich und Deutschland zu etablieren, führen ihn in Auseinandersetzungen mit den Schweizer Eidgenossen; in der Schlacht von Nancy verliert er das Leben; das burgundische Erbe zerfällt

Von der französischen Provinz zur Region Bourgogne

1477	Französische Truppen besetzen das Herzogtum Burgund, das König Ludwig XI. als erledigtes Lehen einzieht; Karls des Kühnen Erbtochter Maria heiratet Maximilian von Habsburg, den späteren deutschen Kaiser, der sich der übrigen ehemals burgundischen Gebiete, vor allem der späteren Beneluxländer und der Franche-Comté, bemächtigt; deren Entwicklung verläuft hinfort getrennt vom Herzogtum Burgund in eigenen Bahnen
1493	Im Vertrag von Senlis muß Maximilian der Abtretung des Herzogtums und der Picardie an Frankreich zustimmen; die Bourgogne kann im folgenden eine gewisse Eigenständigkeit von der französischen Krone wahren; so tagt weiterhin in Dijon ein Parlament, das regionale Befugnisse, z. B. in der Gerichtsbarkeit, besitzt

1601   Die Bourgogne gewinnt die östlichen Gebiete Bresse, Bugey und Valromy dazu

1631–1789   Bis zur Französischen Revolution regieren die Fürsten von Condé als Gouverneure der Bourgogne

1789   In der Französischen Revolution wird die historische Provinz Burgund in Departements zerschlagen und geht nun restlos im französischen Mutterland auf; zahlreiche burgundische Kirchen und Schlösser werden von den Revolutionären mutwillig zerstört

19. Jh.   Die burgundischen Weine treten ihren Siegeszug durch die ganze Welt an; die Gebrüder Schneider (Le Creusot),industrialisieren das Land; die ersten Eisenbahnen fahren

1870   Im deutsch-französischen Krieg erobern die Truppen Max von Badens Dijon

1878   Die Reblausseuche bringt unvorstellbare Not über die burgundischen Weinbauern; alle Weinberge müssen mit resistenten Reben neu bepflanzt werden

1940–1944   Während des Zweiten Weltkriegs erobern deutsche Truppen Frankreich; südlich der Linie Autun – Lonsle-Saunier liegen die Gebiete des sog. Vichy-Frankreich; 1942 marschieren die Deutschen auch in diesen bislang unbesetzten Teil ein

1958   Gründung der Fünften Französischen Republik; Charles de Gaulle wird ihr erster Staatspräsident

1972   Frankreich wird – neben der weiterhin bestehenden Departementalordnung – in 22 Regionen gegliedert; die Region Bourgogne entspricht im wesentlichen wieder der historischen Provinz des *Ancien Régime*

1982   Der französische Superschnellzug TGV fährt zum ersten Mal durch Burgund; die Strecke führt von Paris nach Lyon

1998   900-Jahr-Feier zur Gründung der Abtei Citeaux, der Wiege des Zisterzienser-Ordens

Kultur, Kirche und Kunst

Die Burg La Rochepot

Kelten und Römer

Mit der keltischen Besiedlung des heutigen Burgund (ab etwa 6. Jh. v. Chr.) beginnt die eigentliche Kulturgeschichte des Landes. Zu dieser Zeit schickten sich die Kelten an, die Herren Europas zu werden. Sie eroberten bis zum 3. Jh. v. Chr. nicht nur das heutige Frankreich, Britannien und Irland, sondern stießen auch bis nach Portugal, Italien und Griechenland vor. Ihr Vorsprung in der Eisenverarbeitung garantierte ihre Überlegenheit über die einheimischen Völker (zum Schatz von Vix s. S. 95 f.).

Archäologische Grabungen am Mont Beuvray im Morvan

Mit dem Sieg Caesars bei Alesia (52 v. Chr.) hatten die Römer für beinahe ein halbes Jahrtausend die Herrschaft über das gallische Burgund gewonnen. Sie brachten auch ihre überlegene Kultur mit ein, die bald von den gallischen Stämmen aufgenommen und in ihre keltischen Traditionen integriert wurde (Romanisierung). Rom baute an den Orten, wo schon die Gallier bedeutende Siedlungen hatten, neue Städte. So ließ Caesar nach dem Sieg von Alesia anstelle des dortigen gallischen Oppidums in ›Rekordzeit‹ eine komplette Stadt mit Straßen, Villen und Tempeln anlegen (s. S. 99).

Auf dem Mont Beuvray im Morvan lag die alte Hauptstadt der Häduer, Bibracte. Auf Befehl Kaiser Augustus' wurde nur wenige Kilometer vom Berg entfernt, als ›Kon-

kurrenzstadt‹ gleichsam, Augustodunum (Autun) angelegt, das bald zur größten römischen Siedlung im damaligen Burgund aufstieg und sich als Rivalin von Rom verstand.

Wie in allen romanisierten Gebieten verstanden die Römer es, einheimische Gottheiten mit den römischen zu verschmelzen bzw. altbestehende Kulte unter dem Namen vergleichbarer römischer Götter weiterbestehen zu lassen. So sieht man bei Augustodunum noch die Überreste eines gallorömischen Janus-Tempels, in dem die Häduer ihre heimischen Götter weiter verehrten. Unmittelbar neben der Seine-Quelle befindet sich heute ein Ausgrabungsgelände mit Tempel, Bronzefiguren und ungewöhnlichen Holzskulpturen: Hier wurde – auch noch in römischer Zeit – Sequana verehrt, die keltische Göttin der Gewässer und Heilkräfte.

In der Nähe des Herzogspalastes in Dijon stand die 273 erbaute gallorömische Festung Castrum Divionese, und im heutigen Fontaines-Salées bei St-Père-sous-Vézelay erholten sich Römer und Gallier gemeinsam – wie man annehmen darf – in den von Heilquellen gespeisten Thermen.

Übrigens haben die Gallier zuerst von römischen Soldaten von der neuen christlichen Religion erfahren, die sie dann allmählich annahmen. Ein Zeugnis dieser frühen Christianisierung stellt der weiße Marmorsarkophag des hl. Andoche in der gleichnamigen Kirche in Saulieu dar (4. Jh.). Der Legende nach waren es freilich Lazarus, der durch Christus von den Toten Erweckte, Martha, Maria Jakoba, Maria Salome und Maria Magdalena, die nach dem Tode Jesu die Christianisierung Galliens eingeleitet haben sollen, eine Überlieferung, die allerdings historisch nicht zu erhärten ist.

Die Entwicklung der Kirche

In der kulturellen Entwicklung Burgunds spielte die Kirche die zentrale Rolle; hier war in der Merowinger- und Karolingerzeit vor allem der Orden der Benediktiner von Bedeutung. Ihr Tagesablauf war streng geregelt: Die Zeit von sechs Uhr morgens bis acht Uhr abends war der körperlichen Arbeit in der klösterlichen Landwirtschaft gewidmet; dazu kamen vier Stunden Gebete und Gottesdienste sowie vier Stunden theologische Lektüre. Die wichtigsten Gebote waren den Benediktinern Ortsgebundenheit, Armut, Gehorsam und Keuschheit. Von der Baukunst der Benediktiner blieb in Flavigny-sur-Ozerain noch die untere der beiden karolingischen Krypten aus dem 9. Jh. erhalten, das früheste Zeugnis mittelalterlicher Monumentalarchitektur in Burgund.

Gegen Ende der Karolingerepoche herrschte auch im damaligen Burgund ein rauhes politisches und soziales Klima. Der Beginn der Feudalherrschaft zeichnete sich ab, die königliche Macht war erschüttert. Viele Menschen flohen vor dieser weltlichen Unbill in die Klöster. In dieser Zeit gründete der Herzog von Aquitanien 909 in der Nähe von Mâcon das Benediktinerkloster Cluny, das mit den Prinzipien dieses Ordens wieder stabilisierend auf die Region und ihre Menschen wirken sollte. Das Programm der Mönche hatte sich mittlerweile zu noch mehr geistiger und geistlicher Arbeit hin gewandelt, und Cluny entwickelte sich schnell zu einer bestimmenden theologischen Instanz und zum Ausgangspunkt einer monastischen Erneuerung, der sog. cluniazensischen Reformbewegung. Die Abtei war von ihrer Gründung an autonom, nur der Papst besaß ihr gegenüber Weisungsbefugnis.

Die Benediktiner oder Cluniazenser, wie man sie bald nannte, ordneten von ihrem Mutterkloster aus die katholische Welt neu: Zu Beginn des 12. Jh. hatten sie in Frankreich, Deutschland, Spanien, Italien und England über 3000 Klöster gegründet. Allein in Burgund besaß Cluny so bemerkenswerte Tochterklöster wie St-Germain von Auxerre, Paray-le-Monial, St-Etienne in Nevers oder La Charité-sur-Loire. Für fast 200 Jahre war Cluny das geistige und zu großen Teilen auch politisch bestimmende Zentrum der katholischen Welt.

Doch Macht korrumpiert auch geistliche Fürsten. Sie umgaben sich mit den Insignien ihres Anspruchs, mit einem Luxus und einer Herrschaftlichkeit, die immer weniger der Regel des hl. Benedikt entsprachen, die immer weiter vom einstigen reformatorischen Ideal abwichen. In dieser Zeit gründete Robert von Molesme ein Kloster in den Schilfniederungen der Saône (1098). Es sollte wieder ein Ort der Entsagung und einer weiteren monastischen Erneuerungsbewegung werden: Cîteaux. Und ein Mann vor allem sollte diesen Orden der Zisterzienser zu der nächsten großen kirchlichen Reformbewegung machen: Bernhard von Clairvaux.

Architektur

Romanik

Die Architektur des frühen Mittelalters unterlag im wesentlichen zwei kulturellen Einflüssen: der Kirche und der römischen Baukunst. In Burgund wie im ganzen Gallien waren ja Kirche wie auch Baukunst römische ›Importe‹, und ›Importe‹ waren auch die Techniken, die später, um die Jahrtausendwende, gallische Baumeister und Handwerker in Italien, vornehmlich in der Lombardei, lernten, weshalb man diese frühromanische Stilentwicklung in Frankreich auch ›lombardischen Stil‹ nennt.

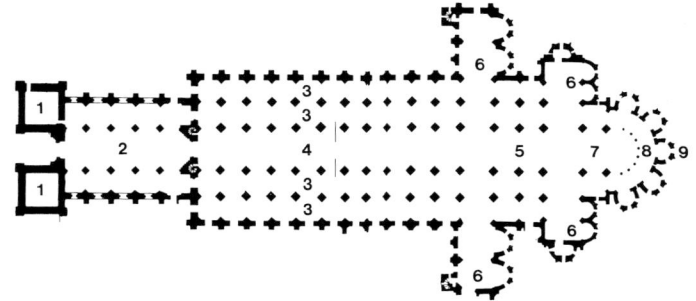

Die Basilika von Cluny III 1 Westtürme   2 Narthex (Vorhalle)   3 Seitenschiffe
4 Mittelschiff   5 Vierung   6 Querschiffe   7 Chor   8 Chorumgang   9 Apsis mit
Kapellenkranz

Die Romanik, die im 11. und 12. Jh. in Burgund zu solch hoher Blüte reifen sollte, bevorzugte – wie beinahe die gesamte abendländische Kirchenarchitektur – als Bautyp die Basilika, die sich gemäß den Bedürfnissen der urchristlichen Kirche aus der römischen Basilika, der Markthalle, entwickelt hatte. Die Basilika blieb sich seit urchristlicher Zeit im wesentlichen gleich: ein Langhaus mit Vorhalle, meist mit offenem Dachstuhl, diente als Hauptsaal, in dem sich die Gemeinde versammelte, dazu parallel lag links und rechts jeweils ein schmaleres Seitenschiff, niedriger als das Mittelschiff und von diesem durch Arkaden getrennt; den meist halbrunden Abschluß des Hauptgebäudes bildete die Apsis. Unter ihr lag oft, über einen Treppengang erreichbar, die Confessio oder Krypta, das Grab des Heiligen oder Märtyrers, dem die Kirche geweiht war; bei größeren Bauten stand im Halbrund der Apsis auch der Stuhl oder Thron des Bischofs, die Kathedra, woraus der Begriff Kathedrale abgeleitet wurde.

Etwa im 9. Jh. kam dann das Querschiff hinzu, und wo dieses das Langschiff durchdrang, entstand die sog. ausgeschiedene Vierung. Insgesamt besaß der basilikale Grundriß also nun Kreuzform, eine wichtige architekturale Symbolik. Ungefähr seit dem 11. Jh. wurde der bis dahin meist offene oder verbretterte Dachstuhl eingewölbt: Die romanische Basilika in ihrer charakteristischen Ausprägung war geboren.

Die ersten bedeutenden frühromanischen Großbauten in Burgund entstanden etwa ab dem Jahr 1000: die Abteikirche St-Philibert in Tournus und die Kirche St-Bénigne über dem Grabmal des hl. Benignus in Dijon. Sie weisen gewaltige Kryp-

53

ten auf. Ein ebenfalls einflußreicher Bau dieser frühromanischen Stilphase, schon ab der Mitte des 10. Jh. entstanden, war die heute nicht mehr existierende Abteikirche Cluny II, Vorbild für zahlreiche andere Klosterkirchen. Alle diese Bauwerke, meist aus dem reichlich vorhandenen lokalen Kalkstein gefertigt, haben trotz erheblicher Unterschiede die ›Schnörkellosigkeit‹ ihres Baustils gemeinsam, die geometrische Präzision und die geplanten Lichteffekte der frühen, strengen Romanik.

Diese schlichte Baukonzeption hatte allerdings nicht lange Bestand. Die wachsende Macht Clunys sollte nun auch die entsprechende architektonische Repräsentation erfahren. So entstand von 1088 bis 1130 der gigantische Bau von Cluny III: Die Gesamtlänge der Kirche betrug schließlich 177 m. So wurde eine burgundische Bauschule der prunkvollen Ausgestaltung entwickelt, die in Widerspruch zur benediktinischen Regel von der mönchischen Einfachheit geriet: Cluny III wurde unter Abt Hugo von Semur (1049–1109) zu einem großartigen Bau mit fünf Schiffen, zwei Querschiffen, fünf Türmen, Chorumgang, fünf Radialkapellen und einer mächtigen Vorhalle, die als Außenkirche diente, versehen mit Rundbögen, üppigem ornamentalem Schmuck und einer reich gestaffelten, mit zahllosen Apsiden gebildeten Chorpartie.

Dieses Gotteshaus setzte den Maßstab für weitere bedeutende romanische Kirchen wie in Parayle-Monial, der ›ältesten Tochter Clunys‹, St-Lazare von Autun, La Charité-sur-Loire, Beaune und schließlich auch Vézelay.

Doch nirgendwo wurden die Dimensionen von Cluny III erreicht. Auch machte sich im Orden der Benediktiner, speziell bei den Zisterziensern, Kritik an der ›Anmaßung‹ dieses Baustils breit.

Die Klöster der Zisterzienser, die sich ab 1100 mit kaum vorstellbarer Geschwindigkeit von Burgund aus in Europa verbreiteten, verkörperten einen ganz anderen spätromanischen Baustil. Die Askese, das Urbekenntnis der Benediktiner, dominierte erneut. So entstand Cîteaux, dann in rascher Reihenfolge Tochterabteien wie La Ferté, Morimond, Pontigny oder Clairvaux. Für die Rückkehr zu schlichter, prunkabgewandter Bauweise sorgte ein Mann, der zuvor schon den üppigen Lebensstil seiner Brüder mit harschen Worten gegeißelt hatte: Bernhard von Clairvaux. Beispiellos ist noch heute sein Hauptwerk, die nahezu unbeschädigte Abtei von Fontenay.

Bernhard verteufelte jeglichen Bauschmuck als ›Monstrositäten der Steinmetzen‹, die nur vom Gebet ablenken wollten, von der stillen Zwiesprache mit Gott. Figurale Kapitelle, Mosaikböden, das schmuckreiche Triforium (Laufgang über den Arkaden des Mittelschiffs), bunte Glasfenster, Emporen, Wandmalereien und zunächst sogar Wölbungen und Rundbögen fielen unter sein Verdikt, ebenso der Bau von Türmen – nur ein hölzerner Glockenstuhl war gestattet. Diese Abkehr vom reichen cluniazensischen Stil brachte am Ende der burgundischen Romanik eine große, für manche Kunsthistoriker sogar die größte Architekturepoche Burgunds hervor. Die strengen Gebote der mönchischen Askese formten einen ganz eigenen, noch heute zeitlos ästhetischen Baustil aus: klare Linien und Grundrisse, nichts Überflüssiges, nichts Ablenkendes – nur steingewordene Einkehr und Meditation.

Gotik

Die romanische Epoche war das Goldene Zeitalter der burgundischen Architektur gewesen, und die Gotik des französischen Nordens drang zunächst nur sehr zögerlich in das Herzogtum ein. Der Süden war von beeindruckenden romanischen Bauten nach dem Vorbild Clunys oder Fontenays so übersät, daß kein Bedarf nach neuen Kirchen bestand. Der Norden hingegen zeigte sich dem Einfluß der Gotik aus der Ile de France gegenüber offener, und so entstanden hier die ersten der neuen ›himmelstrebenden‹ Kathedralen. Obwohl Burgund nie ein klassisches Land der Gotik wurde, besitzt es doch einige der schönsten gotischen Gotteshäuser Frankreichs.

Bereits 1130 hatten die Arbeiten an der gotischen Kathedrale von Sens eingesetzt, fast gleichzeitig mit denen an der Grablege der französischen Könige, der Abteikirche von St-Denis. Sens kann sich somit rühmen, eine der ältesten Kathedralen der französischen Gotik zu besitzen. Mit dem Bau der Kathedrale St-Etienne im nordburgundischen Auxerre, dem wohl eindrucksvollsten Bauwerk der burgundischen Gotik, wurde um 1215 begonnen. Es sollte nicht das einzige bleiben: Auch die wenigen gotischen Gotteshäuser Burgunds, die den Revolutionsterror überstanden, sind heute allesamt sehenswert: St-Thibault bei Dijon (Chor), St-Père-sous-Vézelay, die Abtei St-Seine-l'Abbaye, Notre-Dame in Semur-en-Auxois und vor allem die berühmte Notre-Dame in Dijon. Bei einigen von ihnen sind noch heute spezifisch burgundische Stileigenarten erkennbar, z. B. das Festhalten an der in der Romanik weitverbreiteten Vorhalle.

Eine weitere Blütezeit erfuhr die burgundische Architektur in der Zeit der Spätgotik (Flamboyantstil), beginnend etwa im letzten Viertel des 14. Jh., als durch die Verbindung mit Flandern dortige Künstler von Philipp dem Kühnen an den Herzogshof geholt wurden. Das Hospiz von Beaune, der Turm sowie die große Küche des Herzogspalastes von Dijon und in der Sakralarchitektur die Kartause von Champmol legen Zeugnis von diesem flämischen Einfluß ab.

Die Adligen und im Dienst der Burgunderherzöge Emporgestiegenen ließen sich überall auf dem Lande Schlösser und Herrensitze wie Berzé-le-Châtel errichten. Meist wurden hier, wie auch im Falle des später rekonstruierten La Rochepot, trutzige Befestigungsanlagen des 12. Jh. im spätgotischen Stil umgebaut und den gestiegenen Ansprüchen der herrschenden Schicht an Wohnkomfort und Bequemlichkeit angepaßt. Der sehenswerte Herzogspalast in Nevers spiegelt dagegen bereits den Übergang vom Spätmittelalter zur Renaissance.

Renaissance und Klassizismus

Der Einfluß der italienischen Renaissance machte sich zunächst, ähnlich wie der der Gotik, nur im Norden des Landes bemerkbar. Diesmal waren jedoch weniger kirchliche als vielmehr höfische Kreise die Auftraggeber: Der burgundische Hochadel, längst nach Paris orientiert, ließ sich im 16. Jh. prächtige Renaissanceschlösser bauen wie Sully, Ancy-le-Franc oder Tanlay, meist dem Vorbild der berühmten Loire-Schlösser nachempfunden. In Dijon wurde das imposante Parlamentsgebäude, der heutige Justizpalast, im Renaissancestil errichtet, und das Rathaus von Paray-le-Monial erhielt eine bemerkenswerte Fassade.

Schon im späten Mittelalter hatten sich die reichen Bankiers, Kaufleute und Beamten, die von der enormen wirtschaftlichen Blüte des Herzogtums profitiert hatten, repräsentative und komfortable Stadthäuser in Dijon bauen lassen, z. B. das Hôtel Chambellan. Diese Tradition adliger und bürgerlicher Stadtpalais erfuhr ihre größte Blüte im 16. Jh., als in der Stadt zahlreiche Renaissancehäuser wie das Hôtel Fyot-de-Mimeure entstanden. Hugues Sambin, der neben dem letzterwähnten Stadtpalais auch das Portal des Justizpalastes (heute im Musée des Beaux-Arts) schuf, war der ›Modearchitekt‹ der damaligen Stadtaristokratie. Die Renaissance gab auch dem holzverarbeitenden Handwerk neue Impulse: Viele Kirchen erhielten ein neues Chorgestühl, Schlösser die berühmten Kasettendecken.

Der bedeutendste Sakralbau dieser Epoche ist St-Michel in Dijon, 1524–1570 nach Plänen von Hugues Sambin gebaut. Das Langhaus gehört noch ganz der Spätgotik an, während die Fassade, eine der ungewöhnlichsten von Frankreich, zwar einerseits reine Renaissanceformen aufweist, andererseits jedoch in ihrem Aufbau mit den drei Portalen und den beiden flankierenden Türmen noch eindeutig gotische Strukturen zeigt.

Barock oder Rokoko spielten in Burgund keine besondere Rolle, doch brachte der von Versailles und Paris ausstrahlende Klassizis-

Kathedrale St-Etienne in Auxerre

mus einige schöne Platzanlagen hervor, z. B. die im 17. Jh. nach Plänen des berühmten Hardouin-Mansart, des Architekten von Versailles, entstandene Place Royale (heute Place de la Libération) in Dijon. Darüber hinaus wurden, besonders in Dijon (Hôtel de Vogüé), Autun und den reichen Weinstädtchen der Côte d'Or, Stadtpalais und auf dem Lande einige reizende Schlösser wie Talmay oder Commarin im klassizistischen Stil errichtet.

Bildhauerkunst

Die mittelalterliche burgundische (und europäische) Plastik stand, wie auch die Sakralarchitektur, im Zeichen der Kirche: Sie allein vergab die Aufträge, sie entschied über die Art der Gestaltung, religiöse Themen waren die überwiegend dargestellten. Wir finden frühe, noch ganz archaisch wirkende Gestaltungsformen in den Krypten von St-Bénigne in Dijon und St-Germain in Auxerre sowie in St-Philibert zu Tournus. Antiker Einfluß ist an den Blattkapitellen abzulesen – das früheste Zeugnis hierfür befindet sich in der karolingischen Krypta von Flavigny-sur-Ozerain. Aber auch profane Darstellungen fanden ihren Platz in der romanischen Plastik, wenn auch nicht in zentraler Position. Sie ›würzen‹ an fast allen burgundischen Sakral-

bauten die biblischen Motive, so die Tierkreiszeichen und Monatsarbeiten, die das Tympanon von Autun rahmen.

Zur biblischen Unterweisung der Gläubigen, die in ihrer überwiegenden Mehrzahl Analphabeten waren, wurden vorzugsweise Portale und die Säulenkapitelle im Mittelschiff geschmückt. Gegen Ende des 11. Jh. war Burgund – und hier besonders Cluny III – eines der europäischen Zentren der romanischen Skulpturkunst. Leider wurden auch die meisten dieser Zeugnisse während der Französischen Revolution zerstört, nur einige kunstvolle Säulenkapitelle sind noch vorhanden. Da aber die umliegenden Kirchen der Region stilgetreu das große Vorbild Cluny in verkleinertem Maßstab kopierten, kann man sich auch heute noch eine Vorstellung von der hohen Blüte und Qualität der romanischen Bildhauerei machen.

Allein diese Portalplastik ist eine Rundreise zu den burgundischen Gotteshäusern wert. Bedeutende Kunstwerke finden wir an den Kirchen von Charlieu, Avallon, Saulieu und Anzy-le-Duc (wird in Paray-le-Monial ausgestellt) und vor allem an der berühmtesten Wallfahrtskirche des burgundischen Mittelalters, in Vézelay, deren Tympanon eine der größten bildhauerischen Leistungen des europäischen Mittelalters darstellt (s. S. 160). Einen weiteren Höhepunkt burgundischer Plastik finden wir in Autun über dem Hauptportal der Kathe-

›Eva‹ (Detail) von Meister Gislebertus, Musée Rolin, Autun

drale St-Lazare. Gislebertus, einer der größten Bildhauer des Mittelalters, hat hier eine Darstellung des Jüngsten Gerichts geschaffen, die noch heute den Beschauer in ihren Bann schlägt (s. S. 92).

Die Qualität der gotischen Bildhauerei steht der romanischen kaum nach. Die Figuren werden nun, wie ja allgemein im Zuge der gotischen Stilentwicklung zu beobachten, ›naturgetreuer‹ dargestellt. So finden wir am Nordportal der Kirche von St-Thibault im Auxois vier Großplastiken, lebensecht wirkende, porträthafte Darstellungen der Kirchenmäzene. Auch die Portale von St-Etienne in Auxerre, dem Zentrum der burgundischen Gotik, weisen reichen Figurenschmuck mit realistischen Stilmerkmalen aus der Zeit der ersten Bauphase (Anfang 13. Jh.) auf.

Ihre zweite Blütezeit nach der romanischen erreichte die burgundische Bildhauerkunst zur Zeit der großen Valois-Herzöge vom Ende des 14. bis ins 15. Jh. Dieser burgundisch-flämische Stil wurde, wie auch die Baukunst jener Epoche, aus dem Norden importiert, aus dem neuen burgundischen Besitz Flandern und aus den Niederlanden. Philipp der Kühne holte die Bildhauer Jean de Marville, Claus Sluter, Claus de Werve, aber auch Jean de la Huerta aus Aragon und Antoine le Moiturier aus Avignon an den Hof von Dijon. Sie arbeiteten am bedeutendsten Denkmal dieser Zeit, an der Kartause von Champmol, die als Grablege für das Herzogshaus der Valois gedacht war. Vor allem tat sich dabei Claus Sluter, der Meister des Mosesbrunnens und des Grabmals von Philipp dem Kühnen, hervor.

Während der Renaissance entstand in Bourg-en-Bresse ein weiteres großes Kunstwerk der Bildhauerei. In der Kirche des ehemaligen Klosters Brou schuf eine Künstlergruppe um den flämischen Bildhauer Jean de Bruxelles die höchst beachtenswerten Grabmäler von Herzog Philibert, Marguerite de Bourbon und Margarete von Österreich sowie das bemerkenswerte Chorgestühl.

Nach der Französischen Revolution wurde der Bildhauer François Rude (1784–1855) aus Dijon durch seine heroisch bewegten, den steifen Klassizismus überwindenden Skulpturen und durch seine Begeisterung für die Taten Napoleons berühmt. Er schuf unter anderem das Bronzedenkmal »Napoleon erwacht zur Unsterblichkeit« im Parc Noisot in Fixin (Côte de Nuits) und das Relief »La Marseillaise« am Arc de Triomphe in Paris. Anläßlich der 200-Jahr-Feier zur Französischen Revolution widmete ihm seine Heimatstadt ein Museum in der ehemaligen Kathedrale St-Etienne, heute die Handelskammer.

Der Tierbildhauer François Pompon aus Saulieu (1855–1933) ist in seiner burgundischen Heimat immer noch sehr populär. Nach seinem Debüt 1879 verlegte er sich bald ausschließlich auf die Darstellung von Tieren, doch der Erfolg ließ lange auf sich warten. So mußte sich Pompon etliche Jahre als Handlanger in den Pariser Ateliers berühmterer Kollegen durchschlagen – dabei arbeitete er auch bei Auguste Rodin, dem größten französischen Bildhauer der Neuzeit. Der eigentliche künstlerische Durchbruch gelang Pompon 1922 mit seiner Skulptur »Der Eisbär«. Heute werden die Werke François Pompons im Musée des Beaux-Arts in Dijon ausgestellt, und seine Heimatstadt Saulieu benannte nach ihm das Museum im Rathaus.

Malerei

Die Malerei Burgunds tritt zwar im Vergleich zu den Höchstleistungen auf dem Gebiet der Architektur und Skulptur etwas zurück, doch gibt es auch hier eine ganze Anzahl großartiger Werke. So haben bereits während der Spätsteinzeit die Menschen im Tal der Cure, in der Nähe des heutigen Arcy-sur-Cure, Höhlenzeichnungen angefertigt, die frühesten Werke burgundischer Kunst (s. S. 232). Die nächsten Zeugnisse sind aus dem 9. Jh., der Karolingerzeit, erhalten. Wir finden monumentale Wandmalereien in der weitläufigen Krypta der Abtei St-Germain in Auxerre. In der Krypta des romanischen Vorgängerbaus der Kathedrale St-Etienne, ebenfalls in Auxerre, kann man eine frühromanische Wandmalerei aus dem 11. Jh. bewundern.

Auch die Malkunst des 12. Jh. wurde maßgeblich von Cluny geprägt. Über große Partien war die riesige Abteikirche mit Szenen aus dem Alten und Neuen Testament ausgemalt – die Fresken im für die Malerei Clunys typischen byzantinisch beeinflußten Stil wurden in der Französischen Revolution zerstört. Einen Eindruck dieser Kunstwerke vermitteln heute, gleichsam eine cluniazensische Kopie in verkleinertem Maßstab, die ebenfalls byzantinisch beeinflußten Fresken in den Kirchen von Anzy-le-Duc und Berzé-la-Ville.

Eine regelrechte Blüte erlebte das Kunsthandwerk der Glasmalerei im 13. Jh., in der Zeit der Gotik. In Auxerre entstanden Werkstätten für Glasfenster, und einige Fenster, die die Jahrhunderte überdauert haben, kann man noch im Chorumgang der Kathedrale St-Etienne bewundern. Ihr hervorstechendstes Merkmal ist das wunderbar intensive Rot. Die gotische Kirche Notre-Dame in Semur-en-Auxois ist ein weiteres Ziel für Freunde der gotischen Glasmalerei. Neben den Glasfenstern des 13. Jh. in der Marienkapelle, die religiöse Themen darstellen, zeigen die Fenster der Kapellen des nördlichen Seitenschiffs aus dem 15. Jh. die Fertigkeiten der verschiedenen Handwerkszünfte; so werden hier z. B. Metzger und Tuchmacher bei der Arbeit abgebildet.

Die sog. burgundisch-flämische Spätgotik stellt den Höhepunkt der burgundischen Malerei dar. Herzog Philipp holte die Maler Jean de Beaumetz, Melchior Broederlam, Jean Malonel und Henri Belledore an seinen Hof. Rogier van der Weyden, einer der bedeutendsten Maler des europäischen Spätmittelalters, fertigte in der ersten Hälfte des 15. Jh. für den Kanzler Nicolas Rolin das bekannteste Gemälde der Region an, ein Jüngstes Gericht für seine Stiftung, das prächtige Hôtel-Dieu von Beaune.

Van der Weyden brachte seinen Bruder mit nach Dijon, und beide wurden auch mit höfischen und politischen Aufgaben betraut; die Gebrüder van Eyck, auch sie bedeutende Maler, schickte der Herzog z. B. als Diplomaten nach Portugal und Spanien. Heute befinden sich indes die meisten Werke van der Weydens in Paris, in Dijon blieb nur ein Porträt von Herzog Philipp dem Guten mit der Ordenskette vom Goldenen Vlies, das seiner Schule zugeschrieben wird. Ein weiterer beachtenswerter Maler aus Dijon war Pierre Spicre, der die Vorlagen für die Tapisserien von Notre-Dame in Beaune zeichnete.

Literatur und Geistesleben

Das kulturelle Leben des Mittelalters konzentrierte sich ausschließlich auf die Kirche, und hier vor allem in den Klöstern. Die Abtei von St-Germain in Auxerre, im Zuge der sog. karolingischen Renaissance unter Karl dem Großen gegründet, war ein solches Zentrum der Gelehrsamkeit. Etwas später stellte natürlich das mächtige Kloster Cluny ein Zentrum des mittelalterlichen Geisteslebens dar. Mit Bernhard von Clairvaux trat im 12. Jh. der erste überragende Vertreter des Wortes auf (s. a. S. 168ff.). Er verfaßte dogmatische und moraltheologische Werke wie »De diligendo Deo« (»Über die Liebe zu Gott«), »De gradibus humilitatis et superbiae« (»Über die Stufen der Demut und des Stolzes«), eine teils

Romain Rolland
Der radikale Pazifist

»Ich glaube nicht, daß irgendein anderer Künstler unserer Tage eine so reinigende, so stärkende und beseelende Wirkung auf so viele Menschen gehabt hat wie Romain Rolland«, schrieb der deutsche Schriftsteller Stefan Zweig über seinen großen französischen Kollegen. Die Pariser Kritiker sahen den burgundischen Dichter hingegen nicht immer so positiv. Seine radikale pazifistische Grundhaltung, auch hinsichtlich des alten ›Erzfeinds‹ Deutschland, war unbequem und in Frankreich nicht sonderlich populär.

Romain Rolland wurde 1866 in Clamecy geboren. Er setzte sich schon früh schriftstellerisch für den Gedanken der Völkerversöhnung ein, als Frankreich noch die ›Schmach‹ der Niederlage gegen die Deutschen (1870/71) zu verdauen hatte. Dennoch war der Dichter kein strenger Moralist, ganz im Gegenteil – dafür war er zu sehr Burgunder. In seiner Erzählung »Meister Breugnon« zeichnete er die Figur eines pfiffigen Holzschnitzers, der im beginnenden 17. Jh. in seinem Haus thront wie in einer Burg. Er liebt Essen und Trinken, sein Handwerk, das deftige Gespräch mit den Nachbarn. (Als Quellen für diese lebendigen Bilder aus dem burgundischen Alltag zog Rolland alte Chroniken und lokale Legenden, Brauchtums- und Sprichwörtersammlungen heran.)

Rolland schrieb Dramen, Biographien (Beethoven, Michelangelo, Tolstoi etc.), politische Essays, Feuilletons. Sein großes Werk aber ist der zehnbändige Romanzyklus »Johann Christof«, den er zwischen 1904 und 1912 fertigstellte. Es ist die Geschichte des genialen deutschen Musikers Johann Christof Krafft, der in einer kleinen Stadt am Rhein aufwächst und sich gegen die kleinbürgerliche Enge seiner Umgebung leidenschaftlich wehrt. Nach dem verhängisvollen Totschlag an einem Offizier muß er fliehen, geht nach Paris und erlebt dort die

mit beachtlichem Humor geschriebene Anleitung zum richtigen Mönchsleben, sowie seine Hauptschrift »De Consideratione libri V ad Eugeniam Papam III« (»Fünf Bücher über die Betrachtung an Papst Eugen III.«) ein ›Handbuch des vollkommenen Kirchenfürsten‹ für seinen früheren Schüler und nunmehrigen Papst Eugen III.

Weltlicher geht es in dem altfranzösischen Versepos aus dem

Vorkriegsgesellschaft der Jahrhundertwende. Schließlich landet der Musiker nach entbehrungsreichen Jahren und schweren Schicksalsschlägen in Rom und findet endlich zu sich selbst und zu einer abgeklärten Weltsicht.

Das Werk, ein Credo der Toleranz, Individualität und Friedensliebe, war außergewöhnlich erfolgreich. Da brach 1914, zwei Jahre nach Erscheinen des Buchs, der Erste Weltkrieg aus. 1915 erhielt Rolland für den »Johann Christof« den Nobelpreis für Literatur. Dennoch wurde er von der französischen Öffentlichkeit aufgrund der aktuellen Kriegsereignisse heftig kritisiert und zeitweise sogar als Vaterlandsverräter angefeindet.

Auch nach Kriegsende trat der Schriftsteller weiterhin für die Aussöhnung der Nationen ein. Daß er dabei noch mit den Kommunisten sympathisierte, machte ihn politisch in seiner Heimat nicht beliebter. Der radikale Pazifist muß 1941 den neuerlichen Einmarsch deutscher Truppen in seine französische Heimat als persönliche Tragödie empfunden haben. Der Friedensfreund, nun von den Deutschen und seinen Landsleuten gleichermaßen tabuisiert, zog sich in den Pilgerort Vézelay zurück, wo er 1944 starb. Seine Vision von einem friedlichen Europa der nachbarlichen Freundschaft erlebte er nicht mehr.

Thomas Mann urteilte über Rolland: »Ich habe in dem Dichter des ›Johann Christof‹ den Baumeister eines großen Werkes zu ehren. Nichts darf mich hindern, die Reinheit und Güte seines Menschentums zu empfinden und mich davor zu beugen.« 1951 wurde die ›Gesellschaft der Freunde Romain Rollands in Deutschland e. V.‹ gegründet. In ihrer Grundsatzerklärung von 1972 heißt es: »Wenn heute mit politischen Mitteln versucht wird, die Länder Europas wirtschaftlich zusammenzuschließen, so ist dies eine vordergründige und realistische Fortsetzung der völkerverbindenden Idee von Romain Rolland.«

Lassen wir dem Dichter selbst das Schlußwort: »Und so sehr wir sie verfluchen, wir danken der Zeit, daß sie für unendliches Leid uns auch das Glück gegeben, daß die Flamme, die eine Welt verzehrte, auch ein reines Kunstwerk schuf: diesen Menschen.«

12. Jh. zu, dem »Girart de Roussillon«, dessen Schauplätze wie Châtillon-sur-Seine und Vézelay auf burgundischem Boden liegen. Die historische ›Vorlage‹ gab der gleichnamige Gründer der Abtei von St-Père-sous-Vézelay ab. Die Valois-Herzöge beschäftigten im ausgehenden Mittelalter Geschichtsschreiber, die ihre Dynastie verherrlichen und die burgundische Politik rechtfertigen sollten:

Georges Chastellain, Philippe de Commynes und Olivier de La Marche sind die bekanntesten.

Im 17. Jh. publizierte der Prediger Jacques Bénigne Bossuet seine ätzenden »Grabreden« (1656–1687), die ihn in ganz Frankreich berühmt machten. Der 1664 in Dijon geborene Dichter und Dramatiker Crébillon wurde nach einem gigantischen Theatermißerfolg 1721 derart von Voltaire verhöhnt, daß er bis zu seinem Tod 1762 kaum seine Wohnung verließ. Übrigens soll Casanova bei ihm Französisch gelernt haben. Crébillons Sohn, auch er ein Schriftsteller, wurde mit seinen schlüpfrigen amourösen Histörchen recht bekannt und zog alsbald nach Paris, wo er als frivoles *Enfant terrible* galt und von Salon zu Salon ›weitergereicht‹ wurde. Auf einer großen Gesellschaft soll Crébillon jun. jedem der anwesenden Adligen sein baldiges Ende unter der Guillotine vorausgesagt haben – ein Schicksal, das auch ihn im Jahre 1791 ereilte.

Jean Bouhier, Parlamentspräsident in Paris, verfaßte im 18. Jh. das große volkskundliche Standardwerk »Brauchtümer in Burgund«. Charles de Brosses (1709–1777), sein Amtskollege in Dijon, ist hier noch heute als eleganter, leicht frivoler Dichter populär, der in seinen Reisegeschichten besonders die pikanten und erotischen Abenteuer süffisant beschrieb. Literaturwissenschaftler vergleichen sein Werk gern mit dem Casanovas. Außerdem veröffentlichte de Brosses bemerkenswerte Berichte von seiner Entdeckungsreise in den Pazifik. In diese Epoche gehören auch Georges-Louis Leclerc de Buffon aus Montbard (s. S. 134f.) mit seinen großen naturwissenschaftlichen Werken und der bekannte Novellist Restif de la Bretonne (1734–1806) aus Sacy bei Vermenton, dessen Hauptwerk, die umfangreiche Autobiographie ›Monsieur Nicolas‹, neben aufklärerisch-philosophischen und amourösen Inhalten eine wertvolle Sittengeschichte der ›kleinen Leute‹ im 18. Jh. darstellt.

Im 19. und 20. Jh. brachte Burgund einige große Dichter und Romanschriftsteller hervor: Alphonse de Lamartine aus Mâcon (s. S. 113ff.), den Erzähler Gaston Roupnel aus Nuits-St-Georges, die Dichterin Marie Noël aus Auxerre und die berühmte Romanschriftstellerin Colette (1873–1954). Von ihren zahlreichen Frauenromanen (»Sido«, »Chérie«, »Gigi«) erfreuten sich die Claudine-Geschichten, leicht frivole Erzählungen aus ihrer Schulzeit, weltweiter Beliebtheit. Sidonie-Gabrielle Colette führte ein ereignis- und spannungsreiches Leben. Als erste Frau in Frankreich erhielt sie ein Staatsbegräbnis. Die beiden größten Literaten des Landes kamen in Clamecy zur Welt: Claude Tillier (»Mein Onkel Benjamin«) und der Nobelpreisträger Romain Rolland.

UNTERWEGS
IN BURGUND

»Dieses Land ist
von einer sanften
und zärtlichen
Schönheit,
die einem das Herz
weit macht.«
Stendhal

Dijon, die Hauptstadt Burgunds

Geschichte

Die Innenstadt rund um den Herzogspalast

Das Viertel um St-Bénigne

Die Kartause von Champmol

Rue de la Liberté in Dijon

Spaziergänge durch die zweitausend Jahre alte Hauptstadt von Burgund, geprägt von den mächtigen Herzögen des Mittelalters. Der Herzogspalast und einzigartige Kunstschätze sind noch heute Zeugnisse einer prachtvollen Vergangenheit. Doch Dijon ist auch eine Stadt der Kirchen und Kathedralen – und leiblicher Genüsse wie Wein und Senf.

Dijon, die alte historische Metropole Burgunds, ist noch heute mit 146 700 Einwohnern die größte Stadt der Region. Sie liegt am Canal de Bourgogne sowie an der Ouche und ist die Hauptstadt des Departements Côte d'Or und der Region Bourgogne. Dijon verdankt seine auch heute noch herausragende Bedeutung seiner verkehrsstrategisch günstigen Lage. Hier kreuzen sich die Strecken Frankfurt – Basel – Rhône-Tal, Paris – Rhône-Tal und Paris – Genf. Sie gehören zu den meistfrequentierten Straßen des europäischen Kontinents. Das gleiche gilt für die wichtigsten Eisenbahntrassen. Die Stadt besitzt daher eine der größten Bahnhofsanlagen Frankreichs.

Die unmittelbare Nähe zu den berühmten Weinlagen der Côte d'Or sowie die bekannte Senfproduktion haben Dijon seit etlichen hundert Jahren zu einem bedeutenden Handelsplatz gemacht. Diese Produktpalette wurde im Laufe der Zeit durch Dijoner Spezialitäten wie Cassis, einen Likör aus schwarzen Johannisbeeren, Johannisbeer-

konfitüren und *Pain d'épice au miel*, einen Lebkuchen, erweitert.

Nach Kriegsende wurde die heimische Industrie systematisch aufgebaut, so daß Dijon eine überaus positive wirtschaftliche Prosperität erlebte. Die Produkte – Flugzeuge, Autos, Papier, Schuhe, Aluminium, Maschinen und chemische Erzeugnisse – werden in fast alle EU-Länder exportiert.

Am wichtigsten erscheint jedoch Dijons Ruf als Kulturmetropole. Es ist Bischofsstadt, Sitz einer Universität sowie einiger wissenschaftlicher Akademien und zahlreicher bedeutender Museen. Seine historische Bausubstanz sowie die hervorragende Küche und die Weine aus der Nachbarschaft verleihen der Stadt ein Flair, das in ganz Frankreich gerühmt wird. So ist es kein Wunder, daß der Tourismus in Dijon zunehmend an Bedeutung gewinnt.

Die Kirche St-Michel

Geschichte

In gallorömischer Zeit war Dijon (Divio oder Castrum Divionese genannt) eine ziemlich unwichtige römische Niederlassung an der Straße von Lyon (Lugdunum) nach Mainz (Mogontiacum) und Trier (Augusta Treverorum). Diese Siedlung wurde um 270 von den Römern zum Schutz gegen Germanenüberfälle befestigt. 525 gründeten Mönche die Abtei St-Bénigne (die heutige Kathedrale). Der Legende nach soll hier der Märtyrer Benignus begraben worden sein. Es entstand ein früher Kult um das angebliche Grab des Benignus, und als die Kirche die ›unautorisierte‹ Verehrung des Märtyrers untersagen wollte, erschien gerade noch rechtzeitig der Heilige dem Bischof von Langres, auch der weltliche Herr über Dijon, im Traum und befahl ihm, über seinem Grab eine Kirche zu bauen. So geschah es denn auch. Um die Abtei entstand eine kleine Vorstadt.

Die Herrschaft der Bischöfe von Langres über Dijon hielt sich auch während der karolingischen Zeit. 1016 wurde die Stadt vom französischen König Robert dem Frommen gekauft und dem Herzogtum Burgund angegliedert. 1137 brannte Dijon bis auf seine Vorstadt St-Bénigne nieder. Der Wiederaufbau umfaßte dann auch diese Siedlung. Die Kapetinger machten Dijon zur Residenz- und Hauptstadt ihres Herzogtums Burgund.

Sie wurden 1364 vom Geschlecht der Valois abgelöst, und nun begann unter der Herrschaft der vier ›Großen Herzöge‹ für ein Jahrhundert die größte Epoche Dijons. Nach dem gewaltsamen Tod des letzten Herzogs, Karls des Kühnen, 1477 wurde Dijon königliche Provinzstadt mit dem Sitz des Parlaments, der Ständevertretung Burgunds. Eine neue Blütezeit begann für Dijon im 18. Jh., als die Stadt Bischofssitz wurde, eine Universität und Kunstakademie gründete und das reiche Bürgertum sowie der schöngeistige Adel sogar mit den Pariser Salons konkurrierten. Mit dem Bau der Eisenbahn und etlicher Kanäle wuchs auch die wirtschaftliche Potenz der Stadt.

1870 und 1941 wurde Dijon von deutschen Truppen erobert. 1944 mußten sich die Streitkräfte der Besatzungsmacht nach heftigen Kämpfen an der Côte de Nuits zurückziehen. Von 1945 bis zu seinem Tode 1968 amtierte Kanonikus Felix Kir als Oberbürgermeister von Dijon, nachdem er sich bereits während der Besatzungszeit wiederholt durch Widerstand gegen die Deutschen hervorgetan hatte. Weltweite Berühmtheit erlangte er als Erfinder und Namengeber für den Aperitif Kir, ein Mischgetränk aus Cassis (Johannisbeerlikör) und weißem Aligoté-Wein.

Die Innenstadt – rund um den Herzogspalast

Auf einer Fläche von weniger als 1 km² konzentrieren sich die meisten Sehenswürdigkeiten Dijons (Stadtplan s. hintere Umschlagklappe innen). Wir beginnen unseren Rundgang an der **Place de la Libération,** dem Mittelpunkt der Stadt. Das beeindruckende halbrunde Ensemble im Stil des Klassizismus, vor der Revolution der ›Königsplatz‹, liegt direkt vor dem ehemaligen Herzogspalast und heutigen Hôtel de Ville. Die Platzanlage wurde 1686 von Jules Hardouin-Mansart, dem Architekten von Versailles, entworfen. In den Arkadengängen sind heute Geschäfte und Restaurants untergebracht.

Von der Place de la Libération aus brauchen wir nur die Rue de la Liberté zu überqueren, und schon stehen wir in der gigantischen Gebäudeanlage des **Herzoglichen Palastes.** Seine mittelalterlichen Teile wie die Tour Philippe-le-Bon wurden auf den römischen Grundmauern eines Kastells errichtet. Unter den Valois-Herzögen wurde der Komplex geradezu majestätisch umgebaut und ergänzt. Die Salle des Gardes im Mitteltrakt wurde errichtet, die Tour de Bar im östlichen Bereich, etwas südlich davon die riesige mittelalterliche Küchenanlage.

Überragt wird die Anlage vom 46 m hohen Turm, der Tour Philippe-le-Bon aus dem 15. Jh. Man sollte die 316 Stufen bis zu seiner Aussichtsplattform nicht scheuen, denn von hier oben bietet sich ein grandioser Ausblick über den gesamten Palast und die Stadt. Daß der Palast, von der Place de la Libération aus betrachtet, ein so einheitliches Bild ergibt, liegt an den Umbauarbeiten von Hardouin-Mansart und seines Schülers Martin de Noirville. Die spätmittelalterliche Bausubstanz wurde weitgehend im Stil des 17. Jh. verändert. Der König, der bei Burgund-Aufenthalten stets im Palais logierte, wollte die feudale Pracht von Versailles auch in Dijon nicht missen.

Wir betreten die Anlage durch die Gitterpforte des Hauptportals und stehen auf der zentralen Cour d'Honneur, dem Ehrenhof. Auf der linken Seite liegt die Salle des Etats, der ehemalige Sitzungssaal der burgundischen Landstände. Dahinter befindet sich die Chapelle des Elus. Die links sich anschließende Salle de Flore mit einer Ausstellung von Schlachttrophäen begrenzt nach Norden den linken großen Innenhof, die Cour de Flore.

Im rechten Bereich gelangen wir durch ein Tor in die Cour de Bar mit der Herzoglichen Küche, der Freitreppe (Escalier Bellegarde) und einer Sluter-Figur von Henri Bouchard (1875–1960). Auch dieser Teil wurde nachträglich umgestaltet. In der Tour de Bar, die bereits Herzog Philipp der Kühne gegen Ende des 14. Jh. errichtet hatte, schmachtete unter Philipp dem Guten ein prominenter Gefange-

Felix Kir

Der legendäre Bürgermeister

Jenseits der Grenzen Frankreichs ist Kir ein Getränk. Kaum jemand kennt den Mann, der es irgendwann einmal als erster Mensch gemixt hatte: Man nehme ein Weinglas, gieße einen Fingerbreit des Johannisbeerlikörs Cassis hinein und fülle mit weißen Aligoté-Wein auf – fertig ist der Kir. So und nicht anders wird er gemacht. Nicht mit Elsässer Riesling, nicht mit Muscadet und schon gar nicht mit Champagner, wie es irgendwelche Parvenüs als ›Kir Royal‹ schlabbern. Angesichts eines solchen Stilbruchs hätte sich Monsieur Kir mit Entsetzen abgewendet, so wie sich viele seiner politischen Gegner gegen Ende seiner Karriere von ihm abgewendet haben.

Felix Kirs Glanztat war keineswegs die Erfindung des Apéritifs, sondern die politische Führung der Stadt Dijon, der er auf dem Höhepunkt seiner Karriere wie ein alttestamentarischer Patriarch vorstand. 23 Jahre war er Oberbürgermeister. 1968 starb er im Alter von 93 Jahren. Ganz Burgund trauerte um den großen Alten, der in seinem Leben kaum eine Verrücktheit ausgelassen hatte. Felix Kir war katholischer Geistlicher, eine gedrungene, wuchtige Figur wie Don Camillo, mit drastischem Wortschatz, gewaltiger Rhetorik und mächtigem Stimmvolumen. Doch im Gegensatz zur Romanfigur gab sich der Pfarrer nie mit seinem geistlichen Amt zufrieden, er wollte auch die weltliche Macht. Chanoine Kir einte Don Camillo und Peppone in seiner eigenen Person.

Der junge Theologe war von seinem Bischof nach Dijon geholt worden. Wegen seiner außergewöhnlichen journalistischen Begabung leitete er das katholische Schrifttum. Schließlich wurde er zum Gemeindepfarrer von Notre Dame ernannt. Der Kanonikus Kir wurde einer der prominentesten Geistlichen Dijons. 1941 besetzten deutsche Truppen die Stadt. Die Verwaltung war Hals über Kopf geflohen, so daß es Pfarrer Kir als seine heilige Pflicht ansah, in dieser schweren Stunde ins Rathaus zu gehen, in dem die deutschen Besatzungsoffiziere bereits warteten. Fortan verhandelte Kir mit den Deutschen, das heißt, er führte sie an der Nase herum, so gut er konnte. Allein 5000 französischen Kriegsgefangenen soll er zur Flucht aus dem Lager verholfen haben. Er wurde verhaftet, zum Tode verurteilt und begnadigt. Kir hörte jedoch nicht auf, gegen die Besatzungsmacht zu arbeiten. Er organisierte nun den aktiven Widerstand und wurde in seiner Küche von einem Überfallkommando niedergeschossen. Freilich lehnte er später diese Wortwahl ab: »Ich blieb stehen, als mich die Kugeln trafen.« Trotzdem konnte er vor der Gestapo fliehen.

Nach dem Abzug der Deutschen wurde Kir, der Nothelfer der Bevölkerung, schlechthin das Symbol für Führungsqualität, Zivilcourage und persönliche Opferbereitschaft, triumphal gefeiert und einstimmig zum Oberbürgermeister gewählt. Doch so listig er während des Krieges gegen die Deutschen gekämpft hatte, so vehement betrieb er nun die Wiederversöhnung, was viele Franzosen, auch Dijoner, nicht verstanden. Kir, mittlerweile auch Abgeordneter in Paris, hatte erkannt, daß die Feindbilder in Europa abgebaut werden müssen. Er trat als erster für Städtepartnerschaften ein und ›jumelierte‹ Dijon mit Mainz. Das reichte ihm freilich bei weitem nicht. Er sah die ganz große neue, europäische Ordnung, und er sah sie gemeinsam mit der damaligen Sowjetunion. Er strebte eine Städtefreundschaft zwischen Dijon und Stalingrad an, die allerdings nie offiziell wurde. Da vermochten ihm seine politischen Freunde nicht zu folgen. Die sowjetische Delegation durfte Kir nicht innerhalb der Stadtmauern von Dijon empfangen, sondern 30 km außerhalb in Longvic, wo auch Nikita Chruschtschow auf dem Weg nach Paris Kir kennenlernte. Die beiden Männer, der Kommunist und der Geistliche in der Soutane, mochten sich auf Anhieb.

Mit Charles de Gaulle verband Felix Kir dagegen so gut wie nichts. Als der französische Staatspräsident zu Besuch in Dijon war, herrschte zwischen beiden Männern ein eisiges Klima. Kir unterstützte schließlich auch nicht de Gaulles Nachfolger Pompidou, sondern stimmte für den Sozialisten Mitterrand, der seinerseits auch mit den Stimmen der französischen Kommunisten rechnen konnte. Das haben ihm seine Parteifreunde nicht verziehen. Der alte Mann verlor sein Abgeordnetenmandat.

Dieser legendäre und widersprüchliche Mann hat nicht nur die Geschichte seiner Stadt bereichert und der Welt einen wunderbaren Drink gegeben, sondern seinen Bürgern ein Naherholungsgebiet hinterlassen, das er noch in seiner Amtszeit gegen viel Widerstand mit der ihm eigenen Autorität durchboxte. Vor den Toren der Stadt liegt der Lac Kir, ein künstlicher See, den heute kein Dijoner mehr missen mag. Ein schilfumsäumtes Naturparadies, eine Landschaft des Friedens, dem ihr Erbauer sein Leben lang gedient hatte.

ner: René d'Anjou, Herzog von Bar und Lothringen, Graf der Provence, der ›gute König René‹; er gab dem Turm seinen Namen.

Alle Gebäudeteile östlich der Cour de Bar gehören zum **Musée des Beaux-Arts,** dem Museum der Schönen Künste, nach dem Louvre in Paris das bedeutendste in Frankreich. Die Exponate sind auf 70 Säle verteilt (Mi–Mo 10–18 Uhr).

Im Erdgeschoß werden die Werke bekannter burgundischer Bildhauer ausgestellt, von Hugues Sambin, Jean-Baptiste Carpeaux und seinem Lehrmeister François Rude (s. S. 60). Über Saal C erreichen wir die sehenswerte mittelalterliche Küche der Herzöge, in der an sechs Kaminen für die prunkvol-

Blick auf die Place de la Libération

len Feste der ›Großen Herzöge‹ gebraten und gebrutzelt wurde. Der Dijoner Oberbürgermeister Felix Kir (s. S. 72) empfing hier gern hohe Gäste der Stadt.

Das 1. Obergeschoß ist überwiegend der Malerei gewidmet, darunter italienische Meister des 14.–16. Jh. und frühe flämische Malerei wie die »Anbetung der Hirten« des Meisters von Flémalle, der richtig Robert Campin hieß. Wir finden weiter Exponate der französischen Schule von Fontainebleau (16. Jh.), den Saal der Statuen mit dem Deckengemälde »Glorifizierung Burgunds« von Pierre-Paul Prud'hon, kostbare Goldschmiede-, Elfenbein- und Emailarbeiten (6.–16. Jh.) sowie den Renaissancetürflügel des Dijoner Palais de Justice von Hugues Sambin, einem Schüler Michelangelos.

Aber kommen wir nun zum Herzstück des Museums, ebenfalls im 1. Obergeschoß. In der Salle des Gardes, in der die burgundischen Herzöge einst prächtige Feste feierten, sind die berühmten Grabmäler der Valois-Herrscher ausgestellt (s. S. 83). Sie standen vor der Revolution in der Kartause von Champmol. Das bedeutendste ist das von Philipp dem Kühnen, an dem gleich drei berühmte flämische bzw. niederländische Bildhauer gearbeitet haben: Jean de Marville, Claus Sluter und Claus de Werve. Die Grabmäler von Herzog Johann Ohnefurcht und seiner Frau Margarete von Bayern wurden

überwiegend von Antoine Le Moiturier, einem Künstler aus Avignon, hergestellt.

Außerordentlich sehenswert sind auch die beiden Altaraufsätze mit Schnitzereien von Jacques de Baerze (1391) und Gemälden des Flamen Melchior Broederlam (1393–1399). Die Kunstwerke in der 23 m langen Salle des Gardes gehören zu den wertvollsten in ganz Frankreich. Allein ihretwegen lohnt der Besuch des Museums. Im 2. Obergeschoß werden antike Keramik, Fayencen, Gläser und Waffen gezeigt. Eine kleine Treppe führt zu einem Studio mit ausgesuchten Werken des berühmten burgundischen Tierbildhauers François Pompon aus Saulieu (geöffnet 10–18 Uhr, Di und feiertags geschlossen).

Schräg gegenüber vom klassizistischen Theater steht die **ehemalige Kirche St-Etienne,** die eine barocke Fassade aus dem 18. Jh. schmückt. Einst war sie eine der wichtigsten und ältesten Kirchen Dijons, heute ist hier der Sitz der *Bourse de Commerce,* der Handelskammer. Die ältesten Teile von St-Etienne wurden auf den Resten der römischen Stadtbefestigung aus dem 3. Jh. errichtet. 1077 wurde die Kirche geweiht. 1731 bis zur Revolution war sie sogar als Kathedrale Sitz des Bischofs von Dijon. In Chor und Querschiff ist jetzt das **Musée Rude** untergebracht mit Werken des Bildhauers François Rude (Eingang 8, Rue Vaillant; geöffnet 10–12 und 14–17.45 Uhr, Di geschlossen).

Unser nächstes Ziel ist die nur wenige Meter entfernte **Kirche St-Michel,** eines der imposantesten Gotteshäuser Frankreichs, dessen Fassade Renaissanceformen und einen noch weitgehend spätgotischen Aufbau harmonisch verbindet. Der Bau wurde 1497 im spätgotischen Stil (Innenraum) begonnen, jedoch erst im 17. Jh. beendet. Die zahlreichen Fassadenskulpturen stellen Szenen aus der Bibel und antiken Mythologie dar. Das Tympanon über dem Mittelportal, das Jüngste Gericht, wurde von Nicolas de la Cour, einem flämischen Künstler, geschaffen.

Links von der Kirche liegt die **Rue Vannerie** mit schönen alten Stadthäusern. Nr. 39 und 41, Hôtel Chartraire de Montigny und Hôtel du Commandant militaire, stammen aus dem 18. Jh. Nr. 66 ist ein sehenswertes Renaissancegebäude mit einem Turm, der von Hugues Sambin stammen soll.

Von der Place des Ducs de Bourgogne auf der Rückseite des Herzogspalastes erkennen wir sehr gut den von außen noch ganz mittelalterlichen Charakter der Salle des Gardes. Die **Rue des Forges,** eine Straße mit prächtigen Gebäuden aus dem Mittelalter, ist heute, wie viele Straßen und Gassen im Kernbereich der Innenstadt, für den privaten Autoverkehr gesperrt. Man kann also alle Rundgänge ganz bequem zu Fuß erledigen.

In der Rue des Forges besaßen die reichen Adelsgeschlechter und Handelsherren ihre Stadtwohnsitze. Hausnummer 34, das **Hôtel Chambellan,** bietet ein schönes Beispiel für den spätgotischen Flamboyantstil. Der reiche Tuchhändler und Bürgermeister Henri Chambellan ließ dieses Stadtpalais mit dem ungewöhnlich schönen Innenhof und einer Wendeltreppe, die zu einem Türmchen führt, im 15. Jh. bauen. Eine Winzerfigur, aus deren Bütte mächtige Rebstöcke wachsen, bildet den Abschluß der Treppe. In Nr. 38 finden wir das **Hôtel Jean Maillard,** auch **Hôtel Milsand** genannt, das eine beeindruckende Fassade aus dem 16. Jh. und ebenfalls einen prächtigen Innenhof aufweisen kann. Baumeister soll der Renaissancekünstler Hugues Sambin gewesen sein, Auftraggeber war Jean Maillard, ebenfalls ein Bürgermeister von Dijon.

In Nr. 40 steht das **Hôtel Aubriot;** es wurde im 13. Jh. vom ersten Bankier Dijons errichtet und 1908 restauriert. Besonders sehenswert sind hier die gotischen Arkaden sowie die allegorischen Figuren über dem Portal. Der Pariser Ortsvorsteher und Baumeister der Bastille, Hugues Aubriot, ein enger Vertrauter König Karls V. (1364–1380), wurde in diesem Haus geboren. Im 19. Jh. wohnte hier der Schriftsteller Stephan Liégeard, der den Begriff *Côte d'Azur* geprägt hat.

Nr. 52–56, das **Hôtel Morel-Sauvegrain,** besitzt eine bemerkenswerte Fassade aus dem 15. Jh. Das Stadtpalais wurde von Jean Morel gebaut; seine Ehefrau Simo-

Senf – eine Spezialität aus Dijon

ne Sauvegrain war 1433 die Amme des letzten Burgunderherzogs, Karls des Kühnen.

Links von der Rue des Forges erheben sich die schlanken Konturen der **Kirche Notre-Dame,** eines der bedeutendsten gotischen Bauwerke Burgunds, zwischen 1229 und 1250 errichtet. Eine architektonische Besonderheit stellen die filigranen, zweistöckigen Säulenarkaden über den Hauptportalen an der Westseite dar. Diese Fassade verdeckt die beiden Türme, von denen nur ganz oben die Glockentürmchen sichtbar sind. Neben dem rechten dieser Türme steht oben der Jacquemart, eine Bronzefigur, die mit einem Hammer seit über 600 Jahren alle Viertelstunde die Zeit anschlägt. Er ist ein Beutestück Herzog Philipps des Kühnen und wurde 1382 nach dem Sieg über die rebellische Stadt Courtrai (Kortrijk) von Flandern hierher gebracht. Die Bürger gewöhnten sich sehr schnell an Jacquemart, so daß sie ihm schließlich 1610 eine Frau gaben und dann, 1714 und 1881, noch zwei Kinder: einen Sohn Jacquelinet und eine Tochter Jacquelinette.

Im Kircheninnern finden wir beachtenswerte Glasfenster aus dem 13. Jh. In der Chorkapelle Notre-Dame-de-Bon-Espoir (Unsere liebe

Frau der guten Hoffnung) befindet sich die berühmte hölzerne Sitzfigur aus dem 11. Jh., die ›Schwarze Muttergottes‹, Schutzpatronin Dijons. Sie soll die Stadt zweimal, 1513 (vor den Schweizern) und 1944 (beim Abzug der Deutschen) vor der Zerstörung bewahrt haben. Beide Male fiel der ›Wundertag‹ auf den 11. September. Ein moderner Gobelin im linken Querschiff schildert die beiden Geschichten.

Wir biegen nun in die **Rue de la Chouette** ein, die ihren Namen der häßlichen Eule, einer Figur an der Nordseite von Notre-Dame, verdankt. Abergläubische berühren sie beim Vorübergehen, angeblich soll das Glück bringen. Die Hausnummer 10 ist das **Hôtel de Vogüé**, ein berühmtes Dijoner Stadtpalais, das 1614 für Etienne Bouhier, den

Präsidenten des burgundischen Parlaments, gebaut wurde.

Wir gehen weiter bis zur Kreuzung **Rue Verrerie** und achten in dieser Straße auf die Fachwerkhäuser Nr. 8, 10 und 12 aus dem 15. Jh. Ein Stückchen weiter schwenken wir nach rechts in die **Rue Chaudronnerie** mit etlichen Bürgerhäusern aus der Renaissance. Nr. 28 ist die **Maison des Cariatides** mit zwölf Karyatiden.

Der **Palais de Justice,** das frühere burgundische Parlament, wurde 1477 errichtet. Während der vergangenen Jahrhunderte wurde an dem Gebäudekomplex ständig gebaut. Die Renaissancefassade hinter der säulengetragenen Vorhalle ist ein Werk von Hugues Sambin. Beim Gang durch das Gebäudeinnere schauen wir uns die Salle des Pas-Perdus mit ihrem getäfelten Gewölbe an, die Chapelle du St-Esprit mit den holzgeschnitzten Chorschranken von Sambin, die Salle des Assises aus dem 19. Jh., die jedoch mit einer kostbaren holzgeschnitzten Decke aus dem 17. Jh. ausgestattet ist, sowie die Chambre dorée, den alten Sitzungssaal des burgundischen Parlaments. Die reiche Innenausstattung stammt größtenteils noch aus dem 16. Jh.

In der Rue J. B. Liégeard stoßen wir auf das **Hôtel Liégeard** mit einer bemerkenswerten Renaissancefassade und vier Erkertürmchen. Der Hof (zur Rue Vauban) ist klassizistisch gestaltet. Nur wenige Schritte weiter steht in der Rue de l'Amiral-Roussin 23 das **Hôtel Fyot-de-Mimeure,** dessen Renaissancefassade im Innenhof vermutlich auch von Hugues Sambin entworfen wurde.

In der Rue Ste-Anne präsentiert das **Musée d'Art Sacré** Kirchenschätze aus Dijon und von der Côte d'Or, u. a. Plastiken und wertvolle Gemälde vom 14.–19. Jh. (geöffnet 9–12 und 14–18 Uhr, Di geschlossen). Direkt daneben erwartet Sie im **Musée de la Vie bourguignonne Perrin de Puycousins** eine Ausstellung zur burgundischen Volkskultur. Gezeigt werden neben Trachten und bäuerlichem Arbeitsgerät auch traditionelle Einrichtungen von Winzerhäusern (geöffnet 9–12 und 14–18 Uhr, Di geschlossen).

Das ehemalige **Jesuitenkolleg Les Godrans** mit einer Kapelle aus dem 17. Jh. wurde im 16. Jh. von der gleichnamigen Dijoner Familie gegründet. Heute ist in dem Gebäude die **Stadtbibliothek** untergebracht. Sie beherbergt kostbare Handschriften aus dem Kloster Cîteaux, die Bibel von St-Bénigne sowie ein Gemäldemuseum mit der Abteilung ›Granville‹, einer Schenkung mit Werken u. a. von Picasso, da Silva und Stael (geöffnet 9–12 und 14–19 Uhr, So, Mo geschlossen).

In der Rue des Bons Enfants befindet sich das **Musée Magnin** im ehemaligen Hôtel Lantin aus dem 17. Jh. Dort ist eine weitere beachtenswerte Gemäldesammlung französischer und europäischer Meister untergebracht (geöffnet 9–12 und 14–18 Uhr, Mo geschlossen).

Das Viertel um St-Bénigne

Unseren zweiten Rundgang durch das historische Dijon beginnen wir an der Place St-Bénigne mit der **Kathedrale St-Bénigne,** dem ersten Eindruck nach ein dreischiffiger gotischer Bau, 1281–1325 errichtet. Das alte Tympanon über dem Mittelportal wurde von Revolutionären zerstört und später durch das der säkularisierten Kirche St-Etienne ersetzt. Es zeigt das Martyrium des hl. Etienne (Stephan). Der Vierungsturm ragt 93 m in die Höhe. Er stammt aus dem 19. Jh., da der

Krypta von St-Bénigne

alte 200 Jahre nach Fertigstellung der Kirche zusammengestürzt war.

Die Ursprünge von St-Bénigne sind jedoch wesentlich älter als die gotischen Mauern. Bereits um 525 errichteten Mönche eine Krypta über dem Grab des hl. Benignus, die später in eine merowingische Kirche einbezogen wurde. Um 870 wurde der Bau völlig erneuert, bis schließlich der Abt Wilhelm von Volpiano im Auftrag der Bischöfe von Langres von 1001 bis 1016 jene in ganz Burgund berühmte romanische Kirche aufführen ließ, vornehmlich von italienischen Handwerkern aus der Lombardei. An die fünfschiffige Basilika schloß sich im Osten eine dreigeschossige Ro-

tunde an, deren Vorbild vielleicht die Grabeskirche in Jerusalem war. Von dieser Rundkirche blieb nur die gewaltige Krypta erhalten. Die Eiferer der Revolution hatten 1792 die oberen Stockwerke abgerissen.

In der Krypta mit den vielen stämmigen Säulen und den rätselhaften, archaischen Kapitellen (Tierköpfe, Fratzen, Monster etc.) wurde während Ausgrabungsarbeiten im vergangenen Jahrhundert der Sarkophag des hl. Benignus gefunden, der im 3. Jh. in Burgund den Märtyrertod fand.

Neben der Kathedrale stehen an der Rue Docteur-Maret die Reste der alten Benignus-Abtei, die 1137 zerstört und 1280–1325 von Benediktinern wiederaufgebaut wurde. Ein beeindruckender 70 m langer Schlafsaal (13. Jh.) mit gotischem Kreuzgewölbe sowie romanische

Keller beherbergen heute das **Archäologische Museum** mit Funden aus der keltischen, gallorömischen und merowingischen Epoche Burgunds, darunter auch Skulpturen aus dem Gebiet der Seine-Quelle. Das Erdgeschoß ist ganz der burgundischen Bildhauerkunst der Romanik, Gotik und Renaissance gewidmet. Wertvollstes Ausstellungsstück ist neben den romanischen Tympana aus St-Bénigne der Christuskopf, der einzige Rest des Kalvarienberges über dem Mosesbrunnen in der Kartause von Champmol. Der niederländische Hofbildhauer Claus Sluter hat ihn geschaffen (s. S. 83; geöffnet 9–12 und 14–18 Uhr, Di geschlossen).

Rechts neben der gotischen Kathedrale steht die im Ursprung romanische Kirche **St-Philibert.** Das schlichte Gotteshaus, das erst nach dem großen Stadtbrand von 1137 entstand und daher eines der letzten romanischen Großbauwerke Burgunds ist, wurde im 15. Jh. weitgehend gotisch verändert. Auf dem Vorplatz der Kirche wurden im 16. Jh. die Bürgermeister Dijons nach ihrer Wahl ausgerufen.

Wir gehen nun rechts von St-Philibert die Rue Danton entlang und stoßen bereits nach wenigen Metern auf eine weitere Kirche, diesmal mit sehenswerten spätgotischen Fenstern. **St-Jean** stammt aus dem 15. Jh., Herzog Philipp der Gute war der Bauherr. Die Kirche wurde nach der Revolution säkularisiert, und heute finden hier Theateraufführungen statt. Vor der Kirche öffnet sich die weite **Place Bossuet,** von etlichen *Hôtels parlamentaires* umgeben, den Stadtvillen der mittelalterlichen Parlamentsmitglieder. Auf Nr. 12 steht das Geburtshaus des berühmten Predigers und Theologen Jacques Bénigne Bossuet (1627–1704) mit einem Denkmal des Geistlichen. Er wurde in St-Jean getauft und hat in der gleichen Kirche auch etliche seiner aufsehenerregenden Kanzelansprachen gehalten.

Tip: An der Place Bossuet liegt gegenüber von St-Jean das **Restaurant ›Le Vinarium – La Dame d'Aquitaine‹.** Man steigt die Stufen hinunter und steht plötzlich in einem beeindruckenden Kellergewölbe aus dem 13. Jh., in dem vorzügliche burgundische Menüs serviert werden. Wir folgen der Rue Bossuet und erreichen den **Coin du Miroir** im quirligen Geschäftszentrum von Dijon. Der Platz verdankt seinen etwas seltsamen Namen (›Spiegelecke‹) einigen Häusern, die heute nicht mehr existieren. An ihren Fenstern konnte man früher herannahende Prozessionen beobachten.

Der Coin du Miroir wird von der Fußgängerzone der **Rue de la Liberté** gekreuzt, der Haupteinkaufsstraße Dijons mit vielen Geschäften. Eines ist besonders interessant: Der Senfladen mit seiner enormen Auswahl. Am Abend benutzen jugendliche Scater die leicht abschüssige Straße als Piste. Wir aber wenden uns nach links und sehen schon von weitem den

Triumphbogen der **Porte Guillaume** aus dem 18. Jh., der zu Ehren eines Prinzen Condé, eines Gouverneurs von Burgund, an Stelle des mittelalterlichen Stadttores (eines von elf) errichtet wurde.

Hinter der Porte Guillaume erstreckt sich der **Square Darcy,** der beliebteste Platz von Dijon mit Straßencafés, Häusern aus der *Belle Epoque,* mehreren Wasserbassins und viel, viel Grün. Am Eingang des Parks steht der ›Ours blanc‹ (Eisbär), eine Plastik des berühmten Tierbildhauers François Pompon (s. S. 60). Die gesamte Anlage wurde nach dem Ingenieur Henri Darcy benannt, der das Wasserleitungssystem Dijons konstruierte.

Von der Place Darcy erreichen wir über den Boulevard de Sévigné den **Jardin de l'Arquébuse,** den ›Garten der Bogenschützen‹ hinter dem Bahnhof. In einem langgestreckten Gebäude aus dem 17. Jh. vor dem Park befindet sich das **Musée d'Histoire naturelle,** das Naturkundliche Museum. Die Ausstellungsstücke beziehen sich meist auf Burgund, wenngleich das interessanteste Exponat, der Panzer eines längst ausgestorbenen vorgeschichtlichen Gürteltiers, im 19. Jh. in Südamerika gefunden wurde (geöffnet 9–12 u. 14–18 Uhr, Di Vormittag geschlossen).

Hinter dem Museum liegt ein überaus schöner **Botanischer Garten** mit einem Arboretum, einem Vivarium und Glashäusern mit tropischen Gewächsen (geöffnet täglich März/April 6.45–19, Mai–September 6.45–20, Oktober–Februar 7.45–17.15 Uhr).

Über Rue de l'Arquébuse und Rue de l'Hôpital gelangen wir zur alten Chapelle Ste-Croix-de-Jérusalem (1454) sowie zum ehemaligen Hospice de St-Esprit, gegründet im 13. Jh. Dieses alte Krankenhaus wurde im 17. Jh. von Martin de Noirville, einem Schüler des Versailles-Baumeisters Jules Hardouin-Mansart, umgebaut. Heute ist in dem Gebäudekomplex das **Musée de l'Hôpital** untergebracht, eine Sammlung sakraler Gegenstände, von Gemälden, Plastiken und Schriftstücken aus dem 15. Jh. (geöffnet nach Absprache mit dem Museumsdirektor: ☎ 03 80 41 81 41, Durchwahl 53 19).

Das **Musée Grévin de Dijon,** eine empfehlenswerte Ausstellung von Wachsfiguren, befindet sich in der Avenue Albert 1er 13B (geöffnet tägl. 9.30–12 und 14–19 Uhr).

Sehenswürdigkeiten außerhalb des Stadtzentrums

Etwa 1 km westlich des Bahnhofs liegt an der N 5, Avenue Albert 1er, die **Chartreuse de Champmol.** Das Kartäuserkloster wurde von Herzog Philipp dem Kühnen 1383–1388 erbaut; die Kirche war als Grablege der burgundischen Valois-Herzöge

Claus Sluter

Bildhauer Philipps des Kühnen

Als 1369 Philipp der Kühne, der erste der vier ›Großen Herzöge‹ Burgunds, Margarete von Flandern heiratete, gelangte damit die flämische Kunst zu prägendem Einfluß in seinem Herzogtum (s. S. 41). 1373 rief der Herzog den Flamen Jean de Marville nach Dijon und beauftragte ihn mit der Ausführung seines herzoglichen Grabmals. Schon ein Jahr später tritt ein gewisser Claus Celoistre in die Werkstatt Marvilles ein. Er kommt aus dem niederländischen Haarlem und heißt korrekt Claus Sluter. Sluter gilt als der überragende Bildhauer seiner Zeit, als er am 31. Januar 1406 stirbt. Sein künstlerisches Genie wird sich nahezu ausschließlich auf die Grablege von Champmol konzentrieren, die er allerdings nicht mehr selbst vollenden kann.

Sluter wird 1389 Nachfolger von Jean de Marville; die Patentbriefe des Herzogs übertragen ihm das Amt »pour des images d'ymagerie«, eine Art mittelalterlicher ›Kunstbeauftragter‹ also. 1396 holt er seinen Vetter Claus de Werve aus den Niederlanden nach, der schließlich das Werk des Meisters nach dessen Tod vollenden wird. In Champmol vor den Toren Dijons entsteht eine Kartause, die Begräbnisstätte der burgundischen Valois. Ausgerechnet die in überwältigendem Prunk lebenden Herrscher von Dijon lassen hier Kartäusermönche nach den strengen Regeln ihres Ordens Tag und Nacht für ihr Seelenheil beten, ein für diese Epoche, den ›Herbst des Mittelalters‹, geradezu typische Dichotomie.

Und Sluter scheint diesen Gegensatz durchaus erfaßt zu haben, bringt ihn in seiner Kunst vollendet zum Ausdruck: Die Figuren lassen einerseits eine asketische Geistigkeit erkennen, andererseits aber auch die sinnliche Fülle des ausklingenden Mittelalters. So entsteht eine unverwechselbare Stilrichtung, die burgundisch-flämische Spätgotik, welche ein bis dahin unbekannter Realismus, ein Sinn für Räumlichkeit und individuell-porträthafte Gestaltung auszeichnen. Sluters Hauptwerke, das Portal der Kartause von Champmol und vor allem der Mosesbrunnen und die *Pleurants* (Trauernden) am Sockel der Grabtumba Philipps des Kühnen, lassen diese Stilmerkmale deutlich erkennen (s. S. 75).

gedacht. Philipp der Kühne hatte testamentarisch verfügt, daß er in einer Kartäuserkutte beigesetzt werde. Die herzoglichen Gräber waren zwischen dem Gestühl der Mönche angeordnet, so daß die Patres stets daran erinnert wurden, für das Seelenheil der Stifter zu beten.

Leider können wir uns heute nur einen bruchstückhaften Eindruck von der Anlage machen – sie wurde 1793 von Revolutionären zerstört. Die Reste des Klosters liegen auf dem Gelände einer Nervenklinik, dem Centre psychothérapique de la Chartreuse am Boulevard Chanoine Kir, die 1843 gebaut wurde. Die herzoglichen Grabmäler sowie die Altaraufsätze sind heute im Musée des Beaux-Arts untergebracht (s. S. 75). Erhalten blieb auch das Portal der Kirche mit Figuren des niederländischen Hofbildhauers Claus Sluter und seiner Schüler. Rechts kniet die Gattin Philipps des Kühnen, Margarete von Flandern, die von der hl. Katharina der Madonna mit dem Jesuskind am Mittelpfeiler anempfohlen wird. Links kniet der Herzog selbst, neben ihm steht Johannes der Täufer.

Das bedeutendste Kunstwerk der Kartause befindet sich hinter dem Hauptbau der Klinik unter Arkaden: der **Mosesbrunnen** *(Puits de Moïse)*. Tatsächlich ist dieser Mosesbrunnen jedoch nur der Sockel eines Kalvarienberges, ebenfalls ein Werk Claus Sluters und seines Schülers Claus de Werve, die über neun Jahre daran gearbeitet haben.

Kopf des Moses am Mosesbrunnen in der Kartause von Champmol

Um die vier Seiten der Kalvarienbergsäule, die ursprünglich in einem Bassin stand, gruppieren sich die Figuren von Moses, David, Zacharias, Jeremias, Daniel und Jesaia. Darüber schweben vier Engel, auf deren Schwingen das Fundament des Kalvarienberges ruht (geöffnet täglich 8–18 Uhr).

Sehenswert ist auch der **Cellier de Clairvaux** an der Ruelle de Suzon. Dabei handelt es sich um den Weinkeller (um 1300) des Zisterzienserklosters Clairvaux in der Champagne. In den Sälen des Gebäudes findet auch am ersten Septemberwochenende die *Fête de la*

Vigne, das Weinfest von Dijon, statt.

Von der Place Wilson führt die prächtige Allee **Cours de Général de Gaulle,** die schon der Sonnenkönig Ludwig XIV. »die prächtigste Avenue des Königreichs« nannte, zum herrlichen **Parc de la Colombière.** Er ist über 300 Jahre alt und umfaßt 33 ha.

Hotels: ***Hostellerie Chapeau Rouge, 5, Rue Michelet, ✆ 03 80 30 28 10 (schönes Haus, herausragendes Restaurant mit großer burgundischer Küche); ***La Cloche, 14, Place Darcy, ✆ 03 80 30 12 32, Fax 03 80 30 04 15; **Central Ibis, 3, Place Grangier, ✆ 03 80 30 44 00; **Hôtel Nord de la Porte de Guillaume, ✆ 03 80 30 58 58; **Jacquemart, 32, Rue Verrerie, ✆ 03 80 73 39 74; **Jura, 14, Avenue Maréchal Foch, ✆ 03 80 41 61 12; *Allées, 27, Cours Général Charles de Gaulle, ✆ 03 80 66 57 50

Restaurants: Jean-Pierre Billoux, Pré aux Clercs ✆ 03 80 38 05 05, 13, Place Libération; La Chouette, 1, Rue la Chouette, ✆ 03 80 30 18 10; La Toison d'Or, 18, Rue Ste-Anne, ✆ 03 80 30 73 52 (gehoben); La Dame d'Aquitaine, 23, Place Bossuet, ✆ 03 80 30 45 65 (stilvolles Lokal in einer gotischen Krypta aus dem 13. Jh.); Thibert, *Hotel Wilson, 10, Place Wilson, ✆ 03 80 67 74 64 (gehobene Küche).

Information: Office de Tourisme, 34, Rue des Forges, ✆ 03 80 30 35 39; Place Darcy, ✆ 03 80 44 11 44.

Service: Taxi-Ruf ✆ 03 80 41 41 12; Zugauskunft ✆ 08 36 35 35 35; Flughafen Dijon-Longvic, ✆ 03 80 66 64 87; Air France, 29, Place Darcy, ✆ 08 02 80 28 02 (Servicenummer); Poste Centrale, Rue Grangier, ✆ 03 80 50 62 36.

Busse: Von der Gare Routière (Busbahnhof am Hauptbahnhof) in alle Richtungen der näheren und weiteren Umgebung.

Einkaufsmöglichkeiten: Rue de la Liberté, Quartier du Marché (großer, täglich abgehaltener Markt um die Rue Musette; Rue du Bourg).

Auf gallo-römischen Spuren

Bibracte – das alte keltische Oppidum

Augustodunum/Autun – ein ›Geschenk Roms‹

Der Schatz von Vix

Alesia – wo der letzte Gallier unterlag

Römisches Ruinenfeld bei Alesia (Alise-Ste-Reine)

Eine Reise durch das Burgund der Antike: von Augusto-dunum bis Alesia, dem Schauplatz von Caesars Sieg über die Gallier unter ihrem tapferen Anführer Vercingetorix, und weiter nach Vix, dem Fundort eines kostbaren Gold-schatzes der Kelten.

Bibracte

Bibracte, die alte Hauptstadt der kelti-schen Häduer, lag auf dem Mont Beuvray (821 m), nur knapp 25 km westlich des heutigen Autun. Einige Historiker vertreten die These, das Oppidum habe schon um 500 v. Chr. und früher bestanden, doch ist dies umstritten. In der Fluchtburg, umge-ben von einer 5 km langen Mauer, fanden zunächst die gallischen Bau-ern der Umgebung in Not- oder Kriegszeiten Schutz, später siedelte sich eine eigene Stadtbevölkerung mit Händlern und Kunsthandwerkern an. Während des höchsten keltischen Kulttages, des Frühlingsfestes, wurden in Bibracte Märkte abgehalten. Sie hatten überregionale Bedeutung, und man schließt aus Münzfunden, daß die Stadt selbst mit dem fernen Marseille am Mittelmeer Handel trieb.

Nach dem Sieg der Römer bei Ale-sia im Jahre 52 v. Chr. verödete Bi-bracte zusehends. Das lag nicht nur an der vernichtenden Niederlage, sondern auch an der ›Konkurrenz-stadt‹ Augustodunum (Autun), die nur wenige Meilen vor den Toren Bibrac-tes entstand. Die Ausgrabstätte am Mont Beuvray, auf der seit 1865 gear-beitet wird, wurde zum öffentlich zu-gänglichen Europäischen Archäolo-giezentrum erklärt. Museum geöffnet: Pfingsten–15. Juni tägl. 10–18 Uhr, Di geschl., 16. Juni–15. Sept. tägl. 10–18 Uhr, 16. Sept.–Mitte Nov. tägl. 10–18 Uhr, Di geschl. Ausgrabungs-stätte (2 Std.) 15.–30. Juni tägl. 15 Uhr, 1. Juli–31. Aug. tägl. 14 und 16.30 Uhr, 1.–15 Sept., tägl. 15 Uhr

Augustodunum – Autun

Während des Niedergangs der Hä-duer-Hauptstadt Bibracte ließ der er-ste römische Kaiser, Augustus, ab 10 v. Chr. eine neue Metropole bauen, ›ein Geschenk Roms‹, wie es der Im-perator formulierte. Hier, am östli-chen Rand des Morvan, an der wichtigen Handels- und Militärstra-ße von Lugdunum (Lyon) nach Bolo-nia (Boulogne), entstand eine glanz-volle Stadt, die sich selbstbewußt *Soror et aemula Romae* nannte – die ›Schwester und Rivalin Roms‹.

Augustus machte Augustodu-num zur Residenz des römischen Präfekten von Gallien. Eine mächtige Mauer, 6 km lang, mit vier gewalti-

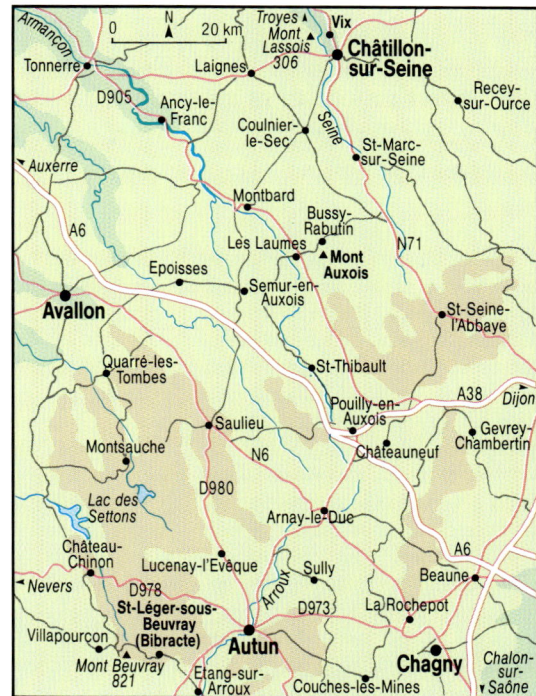

Auf gallorömischen Spuren durch Burgund

gen Toren und 54 halbkreisförmigen Toren, umgab die Siedlung, die mehrere tausend Einwohner hatte. Der Imperator ließ Schulen und Hochschulen bauen, die einen überragenden Ruf gewannen: Junge Leute aus dem gesamten römischen Imperium studierten in Augustodunum. Römische Baumeister errichteten in der Stadt das größte **Amphitheater** Galliens, das über 15 000 Zuschauer faßte. Es ist zum Großteil noch heute erhalten, und an manchen Sonntagen sitzen auf seinen Rängen Hunderte von Zu-

schauern, die das Spiel ihrer Fußballmannschaften auf dem Platz am Fuße des 2000 Jahre alten Amphitheaters anfeuern. Jeden Sommer findet hier ein ungewöhnliches, farbenprächtiges Spektakel statt: Rund 600 kostümierte Bürger Autuns führen das Stück »Es war einmal Augustodunum« auf, ein Rückblick in die große gallorömische Zeit. Dann ist das Amphitheater mit Tausenden von Zuschauern besetzt.

Auf einem Hügel über der Stadt thronte einst die Akropolis. Die zahlreichen anderen Tempel der Stadt sind im Laufe der Geschichte zerstört worden. Erhalten blieb aber neben Resten der römischen Stadtbefestigung die riesige **Porta Lingonensis (Porte St-André)**, 20 m breit und knapp 15 m hoch. Sie steht im Nordosten der Stadt; einer ihrer Wachtürme ist heute Teil einer Kirche.

Vor der Stadt, jenseits der ebenfalls noch gut erhaltenen, viertorigen **Porta Senonica (Porte d'Arroux,** Richtung Saulieu), steht ein gewaltiger **Janus-Tempel,** der vermutlich sowohl der Verehrung römischer als auch unbekannter keltischer Gottheiten diente. In der Rue St-Nicolas Nr. 10 finden wir das **Musée lapidaire,** eine bemerkenswerte Sammlung von Skulpturen aus der großen gallorömischen Zeit Augustodunums (geöffnet 1. Jan.–15. April 10–12 und 14–16 Uhr, 16. April – 30. Sept. 10–12 und 14–18 Uhr; 1. Okt.–31. Dez. 10–12 und 14–16 Uhr, Di und an Feiertagen sowie im Febr. geschlossen).

Am südlichsten Zipfel der **römischen Stadtmauer** wurde im 12. Jh. die **Tour des Ursulines** errichtet, hinter deren dicken Mauern die Bösewichter der Stadt gefangengehalten wurden.

Die Blüte Augustodunums dauerte etwa 300 Jahre. Um 300 belagerten germanische Eindringlinge die Stadt. Die Stadtbefestigung wurde niedergerissen, die Tempel zum größten Teil zerstört – der Niedergang war nicht mehr aufzuhalten. Zwar versuchte später Kaiser Konstantin, Augustodunum wieder aufzubauen, doch die Mauern waren bereits so stark beschädigt, daß die Römer die Stadt allmählich aufgaben. Gleichwohl wurde der Ort ein Zentrum des frühen Christentums. Die heiligen Bischöfe Leudegarius, Lothain, Gregor und Germanus wurden in Augustodunum geboren. 406 fielen die Vandalen ein, 534 die Franken. Die Burgunderkönigin Brunichild (s. S. 39) gründete hier neben einem Frauenkloster auch das Armenhospiz und die Abteien St-Andoche und St-Martin, und in letzterer wurde sie auch begraben.

Etwa im 8. Jh. bildete sich hier eine obere Festungs- und eine untere Handelsstadt, die indes von den Sarazenen und 896 dann von den wilden Normannen erobert und gebrandschatzt wurde. Im 10. Jh. fiel Autun an das Herzogtum Burgund. Im 12. Jh. begann Bischof St-Etienne de Bagé mit dem Bau der großen Kathedrale. Sie sollte das Grab des hl. Lazarus, dessen Reliquien man gefunden zu haben glaubte, schmücken. **St-Lazare,** eines der schönsten romanischen Bauwerke Burgunds, wurde zu einem der wichtigsten Wallfahrtsorte des mittelalterlichen Christentums, eine Station auf dem Jakobspilgerweg nach Santiago de Compostela in Nordspanien. Auch die Leprakranken aus ganz Europa zogen in der Hoffnung auf wundersame Heilung hierher.

Heute pilgern Kunstreisende aus aller Welt wegen des berühmten Gislebertus-Tympanons nach Au-

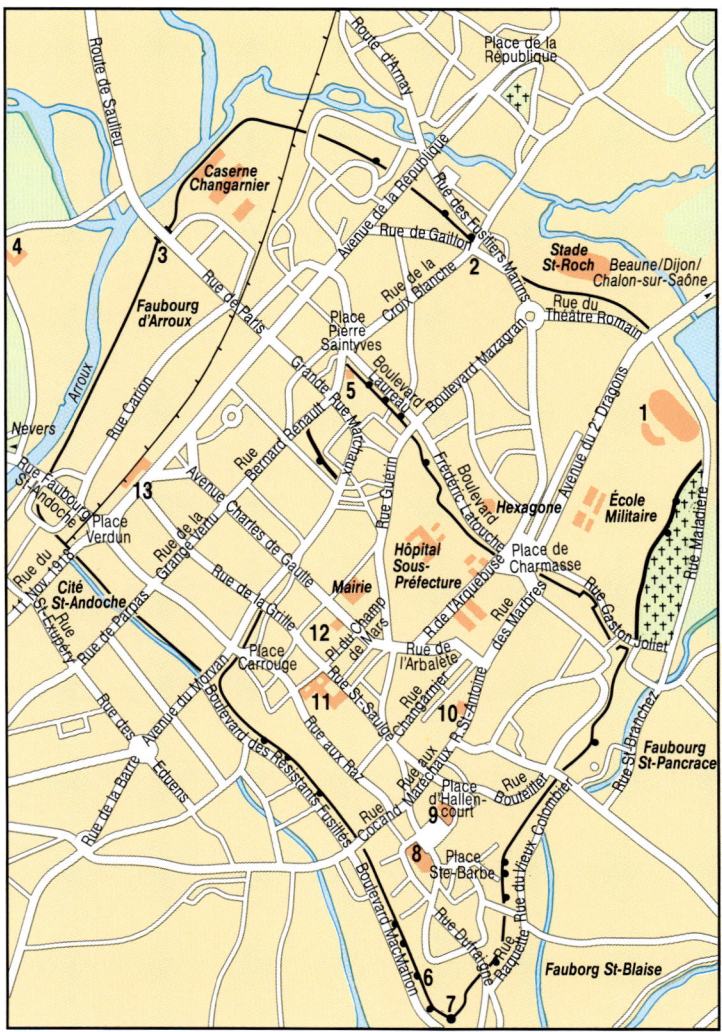

Autun   1 Amphitheater   2 Porta Lingonensis (Porte St-André)   3 Porta Senonica (Porte d'Arroux)   4 Janus-Tempel   5 Musée lapidaire   6 römische Stadtmauer 7 Tour des Ursulines   8 Kathedrale St-Lazare   9 Musée Rolin   10 Musée d'Histoire naturelle   11 Lycée Bonaparte   12 Office de Tourisme   13 Bahnhof

Meister Gislebertus
von Autun

Er gilt als einer der größten Bildhauer des Mittelalters, aus dem uns ja nur wenige der meist anonym arbeitenden Meister bekannt sind. Weltberühmt ist sein Tympanon über dem Hauptportal der romanischen Kathedrale St-Lazare in Autun, wo eine lateinische Inschrift den Meister verrät: *Gislebertus hoc fecit* – »Gislebertus hat dies gemacht«. Vermutlich von 1125 bis 1135 arbeitete er an diesem Skulpturenschmuck, der Komposition des Jüngsten Gerichts.

Ein gewaltiger Christus thront inmitten einer von vier Engeln getragenen Mandorla, zu seiner Rechten sitzt die Muttergottes, zur Linken zwei Apostel. Die nackten Toten entsteigen im unteren Tympanonfeld ihren Gräbern, denn das Ende der Welt ist gekommen, und der Herr spricht Recht. Die entsetzten Verdammten zur Linken, nach denen bereits die Teufel gieren, sind unrettbar von den Seligen geschieden. In ihren Augen steht panische Angst. Es drängt sie auf die Seite der Guten, doch ein Engel treibt sie zurück.

Die Seligen aber auf der Seite des Lichts beten zu Gott. In ihren Gesichtern und ihrer Haltung wird die Freude über die Auferstehung deutlich. Nur drei Priester sind unter ihnen, man erkennt sie an der Kutte. Es folgen zwei Pilger, eine Mutter an der Hand ihres Mannes; sie weist voller Sorge auf das Kind, das sich noch nicht ganz von seinem Totenkleid befreit hat; drei weitere Kinder suchen Schutz bei einem Engel. Auf dem Rand der Mandorla, in der der Gottesrichter thront, steht geschrieben: *Omnia dispono solus meritos corono quos scellus exercet me iudice poena coercet* (»Ich allein ordne alles; ich allein kröne das Verdienst; die das Verbrechen ergriff, die richte und strafe ich«) – eine apokalyptische Vision, dunkel, verzweifelt. Selbst die Auferstehung wirkt nicht besonders tröstend.

Der Meister von Autun, über dessen Leben wir nichts wissen, hat aber auch das menschliche Leben von seiner schöneren Seite dargestellt. Ein Mädchen, fast lebensgroß, zart und verführerisch, liegt unter Bäumen, köstliche Trauben im Schoß: Eva, die ewige Eva. Schon neigt sich der Apfelzweig, sie ist bereit, die reife Frucht zu pflücken. Man erliegt noch heute dem schönsten Steintraum des Meisters Gislebertus – im Rolin-Museum neben der Kathedrale, wo die Eva mit anderen Fragmenten des im 18. Jh. zerstörten Nordportals aufbewahrt wird (s. S. 59).

Die Kathedrale St-Lazare in Autun

tun. Das Innere der Kirche beeindruckt: Das Langhaus ist 23 m hoch und 83 m lang. Ob die an die 100 skulptierten Kapitelle im Innern der Kirche, die Szenen aus dem Alten und Neuen Testament wiedergeben, ebenfalls dem Meister Gislebertus zuzuschreiben

sind, ist in jüngeren Forschungen angezweifelt worden. Die Gebeine des hl. Lazarus ruhten einst in einem herrlichen Marmorschrein unterhalb des Altars. Er wurde jedoch im 18. Jh. zerstört. Fragmente befinden sich im Musée Rolin gegenüber der Kathedrale, der Schrein wurde rekonstruiert.

Nach den Wirren des Hundertjährigen Krieges, in dessen Verlauf Autun von den Engländern besetzt worden war, wurde in dieser Stadt der berühmte Nicolas Rolin geboren, Kanzler Philipps des Guten (s. S. 204f.). Dieser mächtige Mann tat viel für seinen Geburtsort, und Autun nahm einen kräftigen wirtschaftlichen Aufschwung. Rolins Sohn wurde Kardinal von St-Lazare, wie der Vater ein intriganter, machtbewußter ›Herrenmensch‹. Immerhin stiftete er der Kathedrale einen neuen, spätgotischen Turm, der sich noch heute 77 m hoch über die Stadt erhebt; der alte, romanische war im 13. Jh. eingestürzt.

Wir gehen vorbei an der Fontaine St-Lazare, einem Renaissancebrunnen von 1543, überqueren den baumumsäumten Domplatz und stehen vor dem **Musée Rolin,** dem alten Stadtpalais des berühmt-berüchtigten Kanzlers aus dem 15. Jh., heute eines der bedeutendsten Museen Burgunds. Im Erdgeschoß sind besonders wertvolle Funde aus der gallorömischen Zeit Autuns untergebracht: Skulpturen und Mosaiken der Antike. Zu den Schätzen der Ausstellung gehört die Eva von Autun, ebenfalls ein Meisterstück von Gislebertus, sowie eine bemalte Marmorstatue der Muttergottes aus dem 15. Jh. Im Obergeschoß befindet sich eine außerordentlich interessante Gemäldesammlung mit der »Geburt Christi«, einem Werk des Meisters von Moulins aus dem 15. Jh. (5, Rue des Bancs; geöffnet 1. Jan.–31. März 10–12 und 14–16 Uhr, 1. April–30. Sept. 9.30–12 und 13.30–18 Uhr; im

Okt. 10–12 und 14–17 Uhr; Nov.–Dez. 10–12 und 14–16 Uhr; Di und feiertags geschlossen).

Das **Musée d'Histoire naturelle** in der Rue St-Antoine 10 ist ein Naturkundemuseum, das Naturgeschichte und Geologie des Morvan-Gebirges dokumentiert und eine reiche Sammlung von Fossilien, Mineralien, Insekten, Vögeln usw. aufweist (geöffnet Juli–Sept. 10–12 und 14–18 Uhr, sonst 14–17 Uhr; Mo, Di und feiertags geschlossen).

Von der Rue St-Antoine kommen wir über die Rue St-Saulge zur großen Place des Champs de Mars, an deren rechter Seite ein imposantes, palastartiges Barockgebäude mit einem prachtvollen Fassadengitter von 1772 steht. Es handelt sich um das 1702 fertiggestellte **Jesuitenkolleg** mit einer Kirche aus dem 17. Jh. In dieser ehrwürdigen Lehranstalt drückte 1779 der junge Napoleon Bonaparte für einige Monate die Schulbank, weshalb das Gymnasium heute Lycée Bonaparte heißt.

Hotels: ***Ursulines, 14, Rue Rivault, ☏ 03 85 86 58 58; *Arcades, 22, Avenue de la République, ☏ 03 85 52 30 03; *Commerce et Touring Hotel, 20, Avenue de la République, ☏ 03 85 52 17 90.

Restaurants: Châlet Bleu, 3, Rue Jeannin, ☏ 03 85 86 27 30; Hôstellerie du Vieux Moulin, gleich hinter der Porte d'Arroux links, ☏ 03 85 52 10 90 (gehoben; schönes behagliches Hotel); La Rotonde, 6, Rue de l'Arbalète, ☏ 03 85 52 21 03.

ℹ️ **Information:** Office de Tourisme, 3, Avenue Charles-de-Gaulle, ☏ 03 85 86 80 38 und Place du Terreau, ☏ 03 85 52 56 03 (Juni–Sept.).

🚌 **Busse:** Vom Hauptbahnhof in Richtung Beaune, Chalon-sur-Saône, Dijon, Le Creusot, Vézelay u. a.

Vix und Châtillon-sur-Seine

Das Dörfchen Vix liegt im oberen Tal der Seine; nur 6 km nördlich von Châtillon-sur-Seine schmiegt es sich an den Fuß des Mont Lassois. Bis zum Jahr 1953 kümmerte sich kein Tourist um Vix, nur ein paar Archäologen gruben in der Erde rund um den Ort. Das Tal der Seine galt schon seit langem als uraltes Kulturland. Hier wurde in den Jahrhunderten vor Christi Geburt die Flußgöttin Sequana verehrt. Funde unmittelbar an der Seine-Quelle bewiesen die frühe Besiedlung und den keltischen Kult in diesem Gebiet, und so vermutete man am Mont Lassois ein weiteres keltisches Oppidum.

Der Archäologe René Joffroy, dem eine schwache Hügelerhebung aufgefallen war, ließ hier 1953 graben – und entdeckte die Sensation: das Grab einer Fürstin der Hallstatt-Zeit aus dem 6. Jh. v. Chr. Die Grabkammer war völlig

Etruskischer Bronzekrug und attische Schale aus dem Grab von Vix

unberührt, nur die Decke eingestürzt. Auf den Resten eines Totenwagens lag das Skelett einer jungen Frau, versehen mit unermeßlich reichem Goldschmuck: ein Diadem, eine seltene skythische Goldschmiedearbeit, eine herrliche Schale, ein prächtig verzierter Kultwagen in Goldschmiedearbeit. In der Ecke der Grabkammer stand ein riesiger Bronzekessel, 1,64 m hoch, 1,34 m im Durchmesser. Kriegergestalten mit Schild und Helm, teils in Streitwagen stehend, verzieren den Rand des Kunstwerks, ohne Zweifel eine griechische Arbeit. Vermutlich wurde das riesige Gefäß mit einem Gewicht von 208 kg in einer der griechischen Kolonien Unteritaliens hergestellt. Es spricht viel dafür,

Vercingetorix
Frankreichs erster Held

Mit stolzem, ja herrischem Blick überschaut die historische Bronzestatue des Vercingetorix auf dem Mont Auxois das Land zu ihren Füßen – wie ein Eroberer, ein strahlender Sieger (1865 im Auftrag Napoleons III. geschaffen). Dabei ist Frankreichs erster Held alles andere als ein Sieger, denn er verlor die entscheidende Schlacht bei Alesia, wo Caesars Legionen über die vereinigten Gallierheere triumphierten, wo das Schicksal Galliens als römische Provinz für die nächsten 500 Jahre festgelegt wurde (wenn man einmal von einem allseits bekannten kleinen Dorf im Nordwesten Galliens, der Heimstatt von Asterix und Obelix, absieht). Trotzdem gilt der große Verlierer als der erste Held der Franzosen, obwohl dafür wohl eher sein tragisches, leicht romantisierbares Ende sowie die Tatsache verantwortlich zu machen sind, daß spätere Jahrhunderte hier die nationale Geburtsstunde Frankreichs sehen wollten.

Wir wissen relativ viel von den Ereignissen des Jahres 52 v. Chr., denn Caesar begab sich unmittelbar nach seinem Sieg direkt bei Alesia ins Winterlager und schrieb einen der ersten ›Bestseller‹ der Weltgeschichte: »De Bello Gallico« – der Gallische Krieg. Aus dem Werk wird noch heute im Taktikunterricht fast aller Armeen zitiert, und ungezählten Lateinschülern war und ist es Pflichtlektüre.

Gaius Julius Caesar, Proconsul der Provincia Gallia Narbonensis, hatte bereits einige Jahre zuvor etliche gallische Stämme geschlagen und unterworfen. Da die Völkerschaften untereinander zerstritten waren, konnte der römische Feldherr Stamm für Stamm unterwerfen und gegebenenfalls gegen andere Gallier ins Feld schicken. So war z. B. der Stamm der Häduer mit den Römern verbündet.

Daß die gallische Uneinigkeit einer der Hauptgründe für die römischen Siege war, muß auch Vercingetorix, der junge König der Averner, erkannt haben. Bei Bibracte, einem keltischen Oppidum am Mont Beuvray im Morvan, hielt er 58 v. Chr. eine Versammlung ab, auf der es ihm tatsächlich gelang, die zerstrittenen gallischen Stammesfürsten zu einigen. Vercingetorix errang bei Gergovia, in der Nähe des heutigen Clermont-Ferrand, einen Sieg über die römischen Truppen. Der technischen Überlegenheit der Römer hatte er mehr Männer, Mut und gallische List entgegenzusetzen. Doch anstatt sofort nachzustoßen und Caesars Truppen nicht mehr zur Ruhe kommen zu lassen, zog sich Vercingetorix mit seinem Heer nach Alesia zurück. Dort belagerten ihn Caesars Legionen nach allen Registern der überlegenen römischen Kriegstechnik.

Um seinen ausgehungerten, völlig erschöpften Truppen ein aussichtsloses Gemetzel zu ersparen, ritt schließlich Vercingetorix allein aus der Bergfeste ins römische Feldlager, um Alesia zu übergeben – so zumindest schildern es die französischen Schulbücher. Caesar soll ihn auf seinem Feldherrnstuhl sitzend, von gepanzerten Centurionen umgeben, erwartet haben. Dreimal sei Vercingetorix um den Sitz Caesars geritten, dann habe er seinen Hengst erstochen. Später legt ihm Conrad Ferdinand Meyer die Worte in den Mund: »Daß mir eines Rosses Ehre,/mangle nicht im Geisterheere.« Erst jetzt soll Vercingetorix seine Waffen niedergelegt und vor Caesar das Knie gebeugt haben.

Der Sieger zeigte keinen Großmut, wie es sogar seine Freunde erwartet hatten, sondern beschimpfte den Gallier, nannte ihn einen Verräter und Barbaren und ließ ihn in Ketten legen. Vercingetorix wurde nach Rom verschleppt, wo er sechs Jahre im Kerker schmachten mußte, bis Caesar im Oktober 46 v. Chr. Zeit für seinen Triumphzug gefunden hatte. Nach diesem für die Besiegten so schmachvollen Umzug durch die dem siegreichen Feldherrn zujubelnden Menschenmassen wurde Vercingetorix wieder ins Tullianum, den untersten Keller des Carcer Mamertinus, gebracht und dort erdrosselt.

Die Statue des gallischen Heerführers Vercingetorix auf dem Mont Auxois

Ausgrabungsarbeiten am Mont Auxois

daß es auf Kriegszügen in den Norden gebracht wurde.

Eine Fahrt ins nahegelegene Châtillon-sur-Seine (8000 Einwohner) ist in jedem Fall empfehlenswert. Der Schatz von Vix, Grabungsfunde vom Mont Lassois sowie mittelalterliche Skulpturen werden in der im Renaissancestil erbauten Maison Philandrier, dem **Archäologischen Museum,** ausgestellt (7, Rue du Bourg; geöffnet 15. März – 15. Juni und 16. September – 15. November 9–12 und 13.30–18 Uhr, Di geschlossen; 16. Juni – 15. September täglich 9–12 und 13.30–19 Uhr; Rest des Jahres 10–12 und 14–17 Uhr, Di geschlossen).

Châtillon wurde im Jahre 1940 von deutschen Bombenangriffen schwer beschädigt, doch seine Sehenswürdigkeiten blieben wie durch ein Wunder erhalten. Neben der schönen Altstadt sollte man sich vor allem die Kirche St-Nicolas, einen romanischen Bau aus dem 12. Jh., ansehen. Das älteste Gotteshaus des Städtchens ist **St-Vorles.** Seit dem 10. Jh. steht die Kirche auf einem Felsen über der Seine, ein frühromanischer Bau, der im Laufe der Jahrhunderte in immer neuen Stilrichtungen umgestaltet wurde. Der Legende nach soll hier der hl. Bernhard gebetet haben, wobei ihm die Jungfrau erschienen sein und ihn mit einigen Tropfen Milch erfrischt haben soll.

Die Bürger von Châtillon sind auf ein ›Naturwunder‹ in ihrer Stadt besonders stolz: die **Source Vauclusienne,** die Quelle der Douix, die hier in einem Felsen entspringt. Aus ihr sprudeln je nach Wetterlage zwischen 400 bis 2000 l pro Sekunde.

 Hotels: Côte d'Or (Restaurant), Rue Ronot, ✆ 03 80 91 13 29; Sylvia, 9, Avenue Gare, ✆ 03 80 91 02 44.

 Information: Office de Tourisme, Place Marmont, ✆ 03 80 91 13 19.

Alesia – Alise-Ste-Reine

In der Nähe des Côte d'Or-Städtchens Montbard (Abzweigung ab Les Laumes) liegt das stille Dorf Alise-Ste-Reine unterhalb des Mont Auxois. Wir haben den Höhepunkt unserer Reise auf gallorömischen Spuren erreicht: Alesia. Von 1861 bis 1865 ließ Napoleon III. am Mont Auxois planmäßige Ausgrabungen durchführen. Man fand die **Reste eines keltischen Oppidums** mit Befestigungsanlagen und Wohnhäusern auf der Fläche von 160 ha. Nach der Niederlage der Gallier entstand hier eine römische Stadt, von der noch die Ruinen von Forum, Thermen, Theater, Villen sowie eines Tempels zeugen. Die Funde dieser Ausgrabungen werden im **Musée Alésia** ausgestellt (geöffnet täglich 25. März – 30. Juni und 6. September – 12. November 10 –18 Uhr, Juli – 5. September 9 –19 Uhr, Rest des Jahres geschlossen).

Der Legende nach starb hier die hl. Regina (Ste-Reine), ein christliches Mädchen, im 3. Jh. den Märtyrertod. Sie soll sich einem römischen Hauptmann verweigert haben. An ihrer Todesstätte entspringt eine Quelle, zu der seit Jahrhunderten die Wallfahrer pilgern, denn angeblich besitzt ihr Wasser wundersame Heilkräfte. Zwischen dem 3. und 8. Jh. entstand in diesem frühen Wallfahrtsort eine Basilika, von der auf dem Ausgrabungsgelände noch Reste zu sehen sind.

Alte Städte Burgunds

In der Altstadt von Auxerre

Zu den traditionsreichen alten Städten Burgunds mit ihren Kathedralen und Kirchen, Burgen und mittelalterlichen Stadtkernen, auf den Spuren berühmter Persönlichkeiten vom romantischen Dichter Lamartine bis zum Erfinder der Fotografie, Joseph »Nicéphore« Niepce.

Chalon-sur-Saône

Chalon ist eine lebendige Industrie- und Handelsstadt (54 500 Einwohner). Mancher Tourismusexperte behauptet, daß einem nicht viel entgehen würde, wenn man auf einen Besuch ganz verzichtete. Dieses Urteil ist jedoch nicht gerechtfertigt, denn hinter dem dichten Gürtel der Wohnsilos und Gewerbegebiete liegt am Ufer der träge dahinfließenden Saône ein traditionsreicher Ort mit einigen beachtlichen Sehenswürdigkeiten und einer temperamentvollen Bevölkerung, die im Februar eine Wochen lang ausgelassen Karneval feiert.

Schon in der Bronzezeit bestand hier eine kleine Siedlung an der Saône. Die gallischen Häduer bauten den ersten Hafen, ein lebhafter Wirtschaftsaustausch entwickelte sich. Unter den Römern wurde Cabillonum die Versorgungsbasis für Caesars Truppen, ein blühendes Gemeinwesen. Die Saône wurde bereits damals von einer Brücke überspannt. Das Christentum hielt mit dem hl. Marcellus, der 177 bei seiner Missionsarbeit den Märtyrertod fand, seinen Einzug. 281 soll Kaiser Probus persönlich den Weinanbau in und um Chalon (Côte Chalonnaise) begründet haben. Die Bürger danken es ihm noch heute. In der Folgezeit wechselten mehrfach die Herren und Eroberer: Merowinger, Sarazenen, Normannen und schließlich sogar die Ungarn.

Erst 1237 geriet Chalon in den Besitz der kapetingischen Herzöge von Burgund. Die Stadt wurde als wichtiger Handelsstützpunkt von den üblichen Zöllen befreit und erlangte beachtlichen Reichtum, bis eine Pestepidemie im 15. Jh. die Bevölkerung radikal dezimierte. Nach dem Untergang des burgundischen Großreiches kam Chalon mit ganz Burgund an die französische Krone. Aufgrund seiner günstigen Lage an der Saône entwickelte sich die Wirtschaft des Ortes weiterhin günstig. Im 18. Jh. wurde der Canal du Centre eröffnet, der Chalon-sur-Saône mit der Loire verbindet. Als im 19. Jh. die erste Eisenbahnstrecke dazukam, bot die

Route: Zu den alten Städten Burgunds

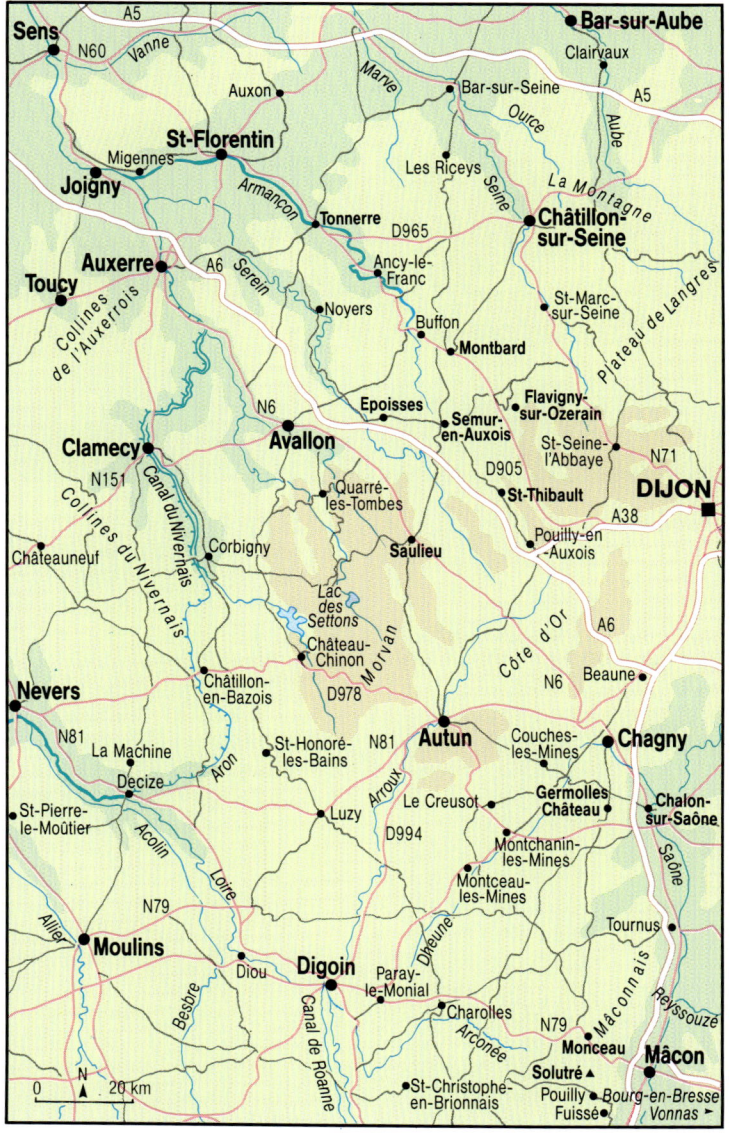

Chalon-sur-Saône

Stadt einen idealen Standort für Industrieansiedlungen. Das ist sie auch bis heute geblieben, zumal die Autobahn Paris – Dijon – Lyon den Ort tangiert und nur wenige Kilometer nördlich die Strecke in Richtung Schweiz und Deutschland abzweigt. Überdies liegt Chalon an einer stark frequentierten Bahnlinie.

Das alte Stadtviertel, *le Vieux Chalon* mit vielen alten Häusern, erstreckt sich hinter dem Quai des Messageries über die Straßen Rue au Change, Rue du Châtel und Grande Rue bis zur ehemaligen Kathedrale St-Vincent. Interessant für den Besucher ist ferner das Viertel um das **Hôtel de Ville. St-Pierre**

an der Place de l'Hôtel de Ville ist ein sehenswerter Bau im Stil des italienischen Barock (1698–1713). Im Innern sind einige Plastiken des 17. Jh., die Jungfrau Maria, die hl. Anna, der hl. Benedikt und der hl. Petrus, besonders beachtenswert.

Hier stoßen wir auch auf das **Musée Denon** in einem Karmeliterkloster des 18. Jh. Es wurde nach dem Chalonaiser Baron Denon benannt, der als Günstling Napoleons eine mannigfaltige Karriere als Künstler, Diplomat und Ägyptologe machte (geöffnet 9.30–12 und 14–17.30 Uhr, Di und feiertags geschlossen). Das Museum präsentiert Zeugnisse aus Burgunds Vergangenheit von prähistorischen Werkzeugen über römische Skulpturen und eine merowingische Waffensammlung bis zur Malerei des 19. Jh. Eine weitere Abteilung ist Nicéphore Niepce gewidmet, der 1822 die Fotografie erfand.

Das Werk dieses berühmten Erfinders aus Chalon dokumentiert auch das **Musée Nicéphore Niepce,** 28, Quai des Messageries, mit seiner Sammlung zur Geschichte und technischen Entwicklung der Foto-

grafie (geöffnet 9.30–11.30 und 14.30–17.30 Uhr, Juli–Aug. 10–18 Uhr, Di und feiertags geschlossen).

Gegenüber dem Quai des Messageries liegt die Saône-Insel **Ile St-Laurent,** die wir über die St-Laurent-Brücke bequem erreichen. Direkt am Fluß steht das **Hôpital St-**

Chalon-sur-Saône 1 Hôtel de Ville 2 Kirche St-Pierre 3 Musée Denon 4 Musée Nicéphore Niepce 5 Hôpital St-Laurent 6 Tour du Doyenné 7 Kathedrale St-Vincent 8 Maison des Vins de la Côte Chalonnaise 9 Roseraie St-Nicolas 10 Office de Tourisme 11 Bahnhof und Busbahnhof

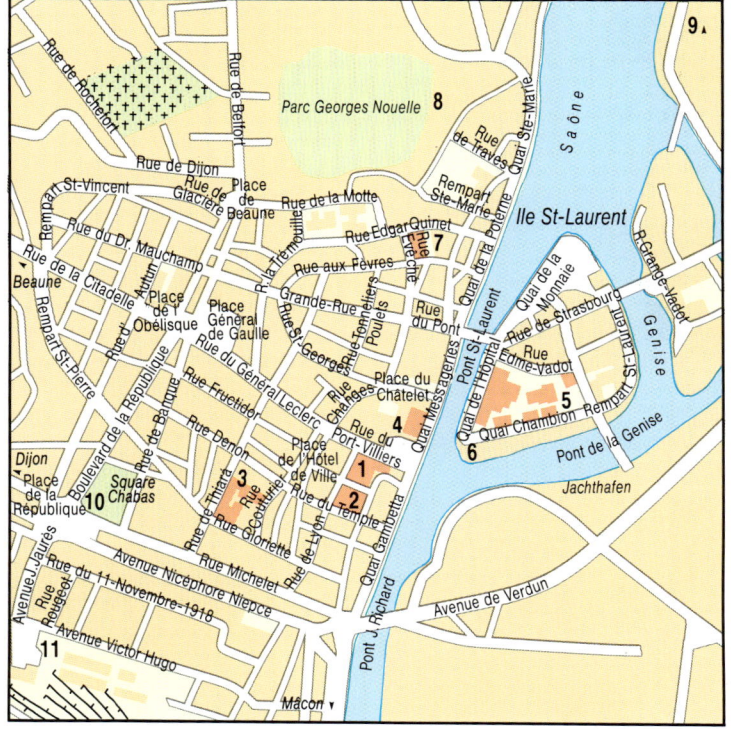

Joseph »Nicéphore« Niepce

Der Erfinder der Fotografie

1765 wurde in der Rue de l'Oratoire zu Chalon-sur-Saône ein gewisser Joseph Niepce geboren. Er stammte aus einer recht begüterten Familie und nahm am norditalienischen Feldzug Napoleons teil, bei dem er auch ausgezeichnet wurde. Ob es nun an seiner Veranlagung oder an den schrecklichen Erlebnissen während des Krieges lag – Niepce benahm sich hinfort jedenfalls überaus merkwürdig.

Zunächst legte er sich den antikisierenden Vornamen Nikephoros, ›der Siegreiche‹, zu und nannte sich fortan Nicéphore Niepce. Dann verschleuderte er mit seinem Bruder Claude das Familienvermögen bei der Entwicklung zahlreicher Erfindungen. Immerhin sollen die beiden bereits 1807 den Verbrennungsmotor erfunden haben. Es kümmert heute in Chalon kaum jemanden, daß gerade diese Leistung auf der ganzen Welt dem Deutschen Carl Benz zuerkannt wird. Darüber sieht man in Burgund großzügig hinweg.

Doch dann gelang Nicéphore Niepce tatsächlich eine epochale Entdeckung: Er war maßgeblich an der Erfindung der Fotografie beteiligt, an unfixierten Negativabzügen. 1822 bildete er erstmalig mit der Camera Obscura aufgenommene Gegenstände auf lichtempfindlichen Bitumenschichten ab, vier Jahre später gelangen ihm – mit einer Belichtungszeit von acht Stunden – die ersten Aufnahmen nach der Natur. Ruhm und Reichtum sollten jedoch nach Niepces Tod dem früheren Maler Louis-Jacques Daguerre zufallen. 1829 hatten die beiden einen Vertrag abgeschlossen, in dem Niepce die Urheberschaft der Erfindung zugestanden und ausgemacht wurde, die Einnahmen zu teilen. Daguerre entwickelte die nach ihm benannte Daguerreotypie, bei der ein positives seitenverkehrtes Bild entsteht, während Niepce die Heliographie, die Vorlagen auf fotomechanischem Wege vervielfältigt, zugeschrieben wird. Nicéphore Niepce starb 1833 völlig verarmt, ohne die Früchte seiner bahnbrechenden Erfindung ernten zu können.

In Chalon aber gedenkt man heute noch stolz des ›siegreichen‹ Niepce. An ihn erinnert ein Denkmal an der N 6 (7 km südlich von Chalon), eine Statue am Quai Gambetta an der Saône, das Musée Nicéphore Niepce sowie die ›Europhot‹, eine Vereinigung der Foto-Profis – und schließlich stellt Kodak im Geburtsort des Erfinders Farbfilme her.

Laurent, ein 1528 gegründetes Ordenskrankenhaus. Sehenswert sind hier vor allem die historische Apotheke aus der Zeit König Ludwigs XIV., die alten Küchen, der Speisesaal der Ordensschwestern und die Kapelle mit Madonna und Pieta aus dem 15. Jh.

Das auffälligste Gebäude der Insel, die **Tour du Doyenné** aus dem 15. Jh., diente früher als Dekanswohnung. Von seiner Aussichtsplattform hat man einen wunderbaren Blick über die Saône mit ihren Booten und Schiffen sowie die Altstadt von Chalon.

An ihrem rechten Rand erblicken wir die Konturen der ehemaligen **Kathedrale St-Vincent.** Sie steht auf geschichtsträchtigem Grund. Früher befand sich an dieser Stelle ein römischer Tempel, danach eine merowingische Kirche. Im Mittelalter wurde das Gotteshaus erweitert. So stammen die romanischen Apsiskapellen aus dem 11./12. Jh., andere Gebäudeteile wie der eindrucksvolle Chor wurden im gotischen Stil ergänzt. Bis zur Revolution war St-Vincent Bischofssitz. In den Jahren zwischen 1824 und 1844 wurde die Fassade erneuert.

Ein Bummel auf der Promenade Ste-Marie vor dem Parc Georges Nouelle führt zur **Maison des Vins de la Côte Chalonnaise,** wo wir die Erzeugnisse der 31 Winzerorte dieses Weinbaugebiets verkosten können (✆ 03 85 41 64 00). Auch die Weinberge westlich von Chalon sind einen Besuch wert (s. S. 29).

Hotels: ***St-Georges, 32, Avenue J. Jaurès, ✆ 03 85 48 27 05; ***St-Régis, 22, Boulevard de la République, ✆ 03 85 48 07 28; **St-Hubert, 35, Place de Beaune, ✆ 03 85 90 08 00; *Nouvel V., 7, Avenue Boucicaut, ✆ 03 85 48 07 31; *St-Jean, 24, Quai Gambetta, ✆ 03 85 48 45 65.

Restaurants: *St-Georges, 32, Avenue J. Jaurès, ✆ 03 85 48 27 05; Moulin de Martorey (gehoben), 4 km südwestlich von St-Remy an der N6, ✆ 03 85 48 12 98; L'Ile Bleue, 3, Rue Strasbourg, ✆ 03 85 48 39 83 (Meeresfrüchte); La Réale, 8, Place Général de Gaulle, ✆ 03 85 48 07 21; Le Bourgogne, 28, Rue de Strasbourg, ✆ 03 85 48 89 18.

Information: Office de Tourisme, Square Chabas, Boulevard de la République, ✆ 03 85 48 37 97.

Service: Bahn: S.N.C.F., ✆ 03 85 44 61 45; Flugplatz Chalon-Champforgeuil, ✆ 03 85 46 14 48; Leihwagen: Europcar, Rue du 11-Novembre, ✆ 03 85 48 50 52; Taxi: Ruf am Hauptbahnhof, ✆ 03 85 48 06 30.

Busse: Nach Autun, Mâcon, Bourg-en-Bresse, Dijon u. a.

Ausflüge in die Umgebung

Roseraie St-Nicolas: 4 km nordöstlich von Chalon (über Ile-St-Laurent und Rue Julien-Leneuveu) liegt der Rosengarten St-Nicolas mit Tausenden blühender Rosen und alten Parkbäumen.

Germolles Château: 13 km westlich von Chalon (D 978, dann D 981) finden wir in der Nähe des

gleichnamigen Ortes diese Burg aus dem 13. Jh., die Philipp der Kühne für seine Frau Margarete von Flandern ausbauen ließ. Glaubt man den grausigen Geschichten, so hatte die natürlich wunderschöne Gattin des mächtigen Herzogs zahllose Liebhaber, die sie am nächsten Morgen allesamt umbringen ließ. Die schnöde Wirklichkeit sah einmal mehr anders aus. Zeitgenössische Chronisten wissen über Margarete von Flandern zu berichten, sie sei »sehr herrisch und ziemlich häßlich« gewesen.

Mâcon

Mâcon (37 300 Einwohner), die Hauptstadt des burgundischen Departements Saône-et-Loire, hat einen fast schon südländischen

Blick über die Dächer von Mâcon, im Hintergrund die Saône-Brücke

zeit besiedelt (s. S. 116, Solutré). Vor Christi Geburt hatten die gallischen Häduer den Ort zu einem wichtigen Handelsplatz ausgebaut, den Caesar noch erweiterte, befestigte und damit das Castrum Matisconense gründete. 536 wurde Mâcon Bischofssitz, im 9. Jh. Residenz der Grafen von Mâcon. 1236 wurde die Stadt an den französischen König Ludwig den Frommen verkauft, und 1435 trat die französische Krone im Frieden von Arras Mâcon an den burgundischen Herzog Philipp den Guten ab. Nach dem Ende der Ära der ›Großen Herzöge‹ geriet die Stadt erneut in den Besitz des französischen Königs.

Die Revolution beendete das Episkopat Mâcons. 1790 wurde der französische Dichter und Staatsmann Alphonse de Lamartine hier geboren. Sein **Denkmal** steht inmitten gepflegter Blumenbeete am Saône-Kai. Heute ist Mâcon das industrielle Zentrum der umliegenden Region (Kupfer- und Stahlindustrie, Streichholzproduktion) sowie ein berühmter Handelsplatz für die Weine des Mâconnais. Mit Mâcon-Loché besitzt die Saône-Metropole einen der begehrten Anschlüsse an das Hochgeschwindigkeits-Eisenbahnnetz TGV.

Von dem **Pont St-Laurent,** einer Saône-Brücke aus dem 14. Jh., über

Charme. Der Ort an der Saône, der südlichste Burgunds, kann bereits ein mildes Klima genießen, ähnlich dem in Lyon. Seine Dächer sind flachwinklig angelegt, ein Hauch von Provence liegt über der Stadt. »Dieses Land ist von einer sanften und zärtlichen Schönheit, die einem das Herz weit macht«, schrieb der Schriftsteller Stendhal in seinen »Erinnerungen eines Reisenden«.

Der Raum um die heutige Stadt war schon in der frühen Altstein-

die noch heute der Hauptverkehr fließt, kommen wir an den **Quai Lamartine**. Hier wird jeden Samstag ein bunter, fast südfranzösisch wirkender **Markt** aufgebaut, der unbedingt einen Besuch wert ist. Unseren Gang durch das verbliebene historische Viertel Mâcons (direkt hinter dem Quai Lamartine) beginnen wir an der **ehemaligen Kathedrale St-Vincent** (Vieux St-Vincent) aus dem 12.–14. Jh., nicht zu verwechseln mit der neogotischen Kathedrale. Nach ihrer eindrucksvollen Fassade mit einem Tympanon des 12. Jh. (Jüngstes Gericht) und den beiden gewaltigen Türmen zu urteilen, muß sie einst ein prachtvoller Bau gewesen sein. Doch 1799 wurde die Kirche endgültig zerstört. Übrig blieben neben den eingangs erwähnten Bauteilen nur Reste des wiederaufgerichteten Kreuzgangs und des Langhauses.

Etwas weiter steht das **Musée municipal des Ursulines** in einem ehemaligen Ursulinenkloster aus dem 17. Jh. Das bedeutendste Museum der Stadt stellt neben vorgeschichtlichen Funden vom nahegelegenen Solutré-Felsen auch Waffen und Werkzeuge aus gallorömischer und merowingischer Zeit, sakrale Kunst, Glasmalerei, Porzellan, historische Möbel und Gemälde aus (5, Rue des Ursulines, geöffnet täglich 10–12 und 14–18 Uhr, Di geschl.). An der neogotischen **Kathedrale St-Vincent** vorbei gelangen wir in die Rue du 11-Novembre mit dem **Hôtel-Dieu**, einem prachtvollen Hospital aus dem 18. Jh., das eine

Apotheke aus der Zeit Ludwigs XV. besitzt.

Wir gehen wieder in die engen Geschäftsstraßen zurück und erreichen in der Rue Sigorgne das **Hôtel Senecé**, ein Stadtpalais aus dem 18. Jh. mit einer beeindruckenden Barockfassade. Es wurde zeitweise vom Dichter Lamartine bewohnt, weshalb hier jetzt auch das **Lamartine-Museum** untergebracht ist, zu dem eine kunstgewerbliche Ausstellung und eine Sammlung mittelalterlicher Plastiken und Malerei gehört (geöffnet 1. April–31. Okt. 10–12 und 14–18 Uhr, sonst nur 14–18 Uhr; So morgens und Di geschlossen).

An der Place aux Herbes vorbei, einem kleinen, täglich abgehaltenen Gemüsemarkt, stoßen wir in der Rue Dombey auf ein sehenswertes Eckhaus, die **Maison de Bois** aus dem 16. Jh. Es hat eine holzgeschnitzte Renaissancefassade mit einem prächtigen Figurenfries im 1. Obergeschoß. Die letzte Sehenswürdigkeit auf dem Rundgang durch das alte Mâcon ist das **Hôtel de Ville**, das Rathaus aus dem 18. Jh., mit seinem **Musée des Beaux-Arts**, das eine bedeutende Gemäldegalerie und eine Sammlung afrikanischer Kunst zeigt (geöffnet 10–12 und 14–18 Uhr, Di, So vormittags und feiertags geschlossen).

Hotels: ***Bellevue, 416, Quai Lamartine, ☏ 03 85 21 04 04; ***Mercure Bord de Saône, 26, Rue de Coubertin (0,5 km Richtung Tournus), ☏ 03 85 38 28 06 (gehoben, ruhig, Pool, Nichtraucherzimmer); **Hôtel de Bourgogne, 6, Rue Victor Hugo, ☏ 03 85

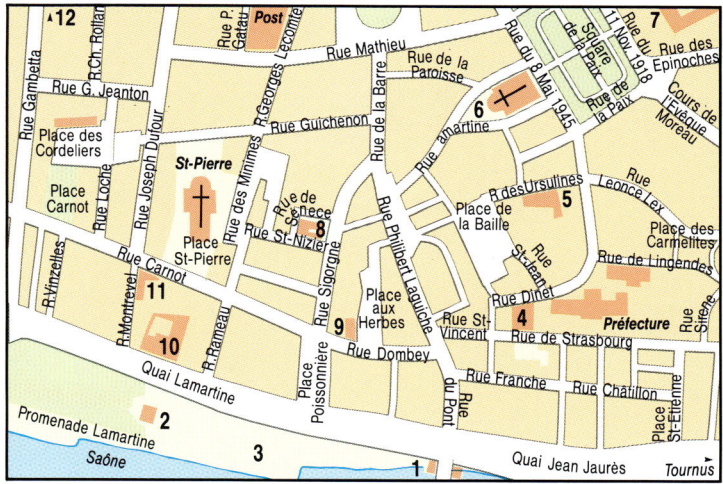

Mâcon 1 Pont St-Laurent 2 Lamartine-Denkmal 3 Marktplatz an der Saône
4 Vieux St-Vincent 5 Musée municipal des Ursulines 6 Kathedrale St-Vincent
7 Hôtel-Dieu 8 Hôtel Senecé/Lamartine-Museum 9 Maison de Bois 10 Hôtel de
Ville/Musée des Beaux-Arts 11 Office de Tourisme 12 Bahnhof und Busbahnhof

---

38 36 57; **Terminus, 91, Rue Victor Hugo, ✆ 03 85 39 17 11; *Concorde, 73, Rue Lacretelle, ✆ 03 85 34 21 47; *Nord, 313, Quai J. Jaurès, ✆ 03 85 38 08 68.

✗ Restaurants: Le Poisson d'Or, Allée Parc, ✆ 03 85 38 00 88; Le St-Laurent, 1, Quai Bouchacourt, ✆ 03 85 39 29 19; Le Charolais, 71, Rue de Rambuteau, ✆ 03 85 38 36 23; Rocher de Cancale, 393, Quai J. Jaurès, ✆ 03 85 38 07 50.

ℹ Information: Office de Tourisme, 187, R. Carnot, ✆ 03 85 39 71 37.

❗ Service: Bahn: S.N.C.F. ✆ 08 36 35 35 35, Mâcon-Loché (TGV Paris–Lyon–Genf) ✆ 03 85 34 62 69; Leihwagen: Europcar, 56, Route Lyon, ✆ 03 85 20 14 14; Hertz, 58, Route Lyon, ✆ 03 85 29 03 22; Taxi: ✆ 03 85 10 73 79.

🚌 Busse: Nach Paray-le-Monial und in zahlreiche Richtungen im Mâconnais, nach Tournus, Chalon und Dijon.

🛍 Einkaufsmöglichkeiten: Maison Mâconnaise des Vins (Probiermöglichkeit), 484, Avenue de Lattre-de-Tassigny, ✆ 03 85 38 36 70.

Ausflüge ins Mâconnais

Von Mâcon aus bietet sich ein Ausflug auf den Spuren des romantischen Dichters Alphonse de Lamartine an. In den deutschsprachigen Ländern ist der große Sohn Mâcons weniger bekannt, seine Popularität bei den Franzosen dafür um so größer. Aufgrund seiner melancholischen Lyrik, voll von Todessehnsucht und mystischer Verinnerlichung, gilt er als der erste große Dichter der französischen Romantik. Zudem verfaßte er zahlreiche epische, autobiographische und historische Werke.

Alphonse Prat de Lamartine wurde ein Jahr nach Ausbruch der Französischen Revolution 1790 in Mâcon geboren. Zu dieser Zeit saß sein Vater, einer der königstreuen Verteidiger der Tuilerien, im Verlies des ehemaligen Ursulinenklosters zu Mâcon.

Der junge Lamartine griff schon früh zur Feder: Er wollte sich von seinem Schmerz ›losschreiben‹, den er durch unglückliche Liebesbeziehungen erlitten hatte, sei es durch seine Leidenschaft zu Julie Charles, die sich in den Versen des berühmten Gedichtes ›Le Lac‹ oder im autobiographischen Roman »Raphaël« niederschlug, sei es durch seine Liebe zu einer schönen Neapolitanerin, die die Vorlage zum Roman »Graziella« abgab. (Trotz der fortwährenden, meist unglücklichen Leidenschaften für andere Frauen führte Lamartine eine äußerst harmonische Ehe mit der Engländerin Mary-Ann Birch.)

Der Dichter war ebenso ein erfolgreicher Politiker, einer der bekanntesten in Frankreich des 19. Jh. 1821 begann seine diplomatische Karriere als Botschaftssekretär, ab 1830 saß er als Abgeordneter in der französischen Nationalversammlung. Während der Revolution von 1848 hielt der wortgewaltige Politiker eine besonnene Rede vom Balkon des Pariser Rathauses herab und zügelte so den Zorn der aufgebrachten Volksmenge. Noch im gleichen Jahr wurde er Außenminister der provisorischen Regierung, mußte jedoch schon im Dezember desselben Jahres zurücktreten, da er in den Präsidentschaftswahlen nur ganze 18 000 Stimmen auf sich hatte vereinigen können und zunehmend ins politische Abseits geraten war. Der Burgunder entsagte der Politik und kehrte in sein geliebtes Mâconnais zurück. Lamartine war gegen Ende seines Lebens trotz großer Einnahmen an Tantiemen ein bitterarmer Mann – seine Freigiebigkeit und der Hang zum Luxus hatten ihn tief in Schulden verstrickt. Er starb 1869 in dem kleinen Châlet de Passy bei Paris, das ihm die Stadt als kostenlose Wohnstatt überlassen hatte.

In Erinnerung an den auch im Volk so beliebten Dichter wurde der ›Circuit Lamartinien‹ eingerichtet, eine hübsche Rundfahrt

Im Musée Lamartine, Mâcon

von ca. drei bis vier Stunden zu den Wohn- und Inspirationsstätten Lamartines rund um Mâcon. Es empfiehlt sich, im **Lamartine-Museum im Hôtel de Senecé**, einem im Régence-Stil eingerichteten Palais, sowie am alten Familienhaus der Lamartines, dem **Hôtel d'Ozenay** (15, Rue Lamartine), zu beginnen. Im Hôtel d'Ozenay hatte der berühmte Mann mit seiner Frau gewohnt und Teile seiner Gedichtsammlung »Méditations poétiques« geschrieben, die übrigens als »Les Préludes« von Franz Liszt vertont wurden.

8 km nordwestlich von Mâcon liegt an der N 79 der Ort **Monceau** mit einem prächtigen Schloß aus dem 17. Jh., das Lamartine geerbt hatte. In einem kleinen Pavillon in-

Route: Auf den Spuren von Alphonse de Lamartine durchs Mâconnais

mitten der Weinberge schrieb er die »Geschichte der Girondisten«, sein historisches Hauptwerk (1846). Monceau diente dem Dichter auch als Alterssitz, bevor er völlig verarmt nach Paris ziehen mußte.

Wir biegen hinter Monceau links in die D 45 ab und erreichen **Bussières** mit dem berühmten Landsitz **Milly-Lamartine**. Hier verbrachte der kleine Alphonse seine Kindheit unter der liebevollen Obhut seiner Mutter Alix de Lamartine, während der Vater im Gefängnis saß. Alix, eine feinsinnige Frau, führte ein Tagebuch, das ihr künstlerischer Sohn zum Leidwesen der Experten später literarisch ›veredelte‹ und dadurch die ursprünglich so lebensfrischen, interessanten Aufzeichnungen von Leben und Sorgen einer Landadligen in den Wirren der Revolution verfälschte.

Einen starken Einfluß übte der Erzieher, Abbé Dumont, auf seinen Schützling aus, ein Einfluß, der

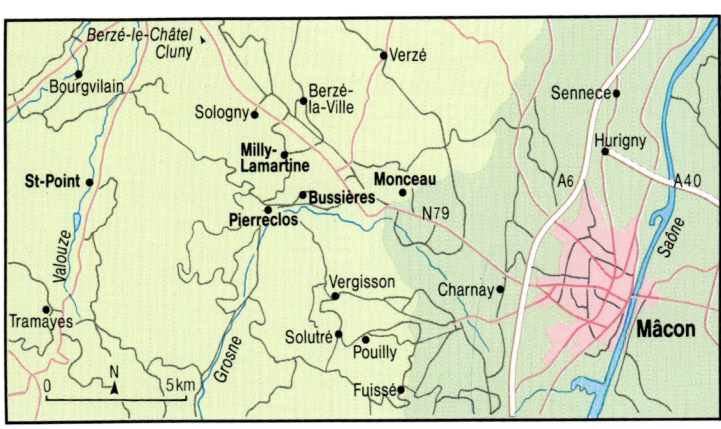

Schloß Pierreclos

sich auch im späteren Werk des Dichters niederschlagen sollte. Dumont, ein der französischen Aufklärung verpflichteter katholischer Theologe, hatte beim Ausbruch der Revolution dem Kirchendienst entsagt und sich heftig in Jacqueline Marguerite, das berühmte Fräulein von Milly, verliebt. Diese Leidenschaft des Priesters, der übrigens später reumütig in den Schoß der Kirche zurückkehrte, inspirierte Lamartine zu seinem Versroman »Jocelyn«.

1860 mußte der verarmte Schriftsteller den Landsitz verkaufen. In Bussières ist auch die ›Grotte de Jo-celyn‹ zu besichtigen, das Liebesversteck von Dumont und seiner Marguerite. Der Geistliche liegt an der Mauer der romanischen Kirche des Ortes begraben, dessen Pfarrer er gewesen war. Die Grabinschrift stammt von Lamartine.

Die nächste Station ist das nur 2 km entfernte **Schloß Pierreclos**, ein mittelalterlicher Herrensitz der Familie des Fräuleins von Milly.

Der Weg führt weiter durch Weinberge und hübsche Täler nach **St-Point** südlich von Cluny. Hier hatte der Vater des Dichters ein spätmittelalterliches *Château* erworben, das er 1820 seinem Sohn zur Hochzeit schenkte. Es wurde Lamartines Lieblingswohnort, den er äußerst luxuriös ausbaute. In der Kapelle fanden Alphonse de Lamartine, seine Frau und die einzige Tochter, die im Alter von zwölf Jahren während der Orientreise ihrer Eltern ums Leben gekommen war, ihre letzte Ruhestätte.

Solutré

Wie eine gigantische Opferstätte steht der Felsen von Solutré in der anmutigen Weinlandschaft um Pouilly-Fuissé. Er steigt im Norden sanft, aber stetig wie eine Rampe an. Niederwald kaschiert die immer steiler werdenden Abgründe zu beiden Seiten dieser Kalksteinformation. Schließlich bricht im Süden die Felskante schroff ab: eine Naturarchitektur wie ein Traumbild, bedrohlich und großartig zugleich.

Diese Landschaft hat auf die Menschen seit Urzeiten eine magische Anziehungskraft ausgeübt. Bereits vor 130 000–120 000 Jahren zogen hier altsteinzeitliche Jäger- und Sammlervölker vorbei. Der Felsen gab sogar seinen Namen für eine Kultur des Jungpaläolithikums, das ›Solutréen‹ (ca. 18 000 bis 15 000 v. Chr.). Als 1866 Adrien Arcelin mit den ersten Ausgrabungen begann, fand er zunächst Tierknochen, die z. T. sogar noch auf dem Boden herumlagen. 1906 grub dann der berühmte Prähistoriker Abbé Breuil. In der ersten Schicht fand man Grabstätten aus der Völkerwanderungszeit neben

gallorömischen Spuren. Darunter lag eine Schicht von Gräbern aus der jüngeren Steinzeit. Erst dann stießen die Forscher auf die berühmte Schicht des Solutréen mit steinernen Waffen und Handwerkzeugen. (Sie werden im Musée Municipal des Ursulines im nahen Mâcon ausgestellt.)

Einige Jahre später erreichten die Wissenschaftler noch tiefere Schichten mit Gräbern, aber auch Überresten von Höhlenbär, Mammut, Rentier und Urrind, die einige zehntausend Jahre alt sind (man schätzt zwischen 15 000 und 30 000 Jahre). Am Fuß des Felsens von Solutré wurde schließlich eine riesige versteinerte Knochenschicht entdeckt. Dabei handelt es sich um Tausende und Abertausende von Wildpferdskeletten, in ihrem Knochenbau den heutigen Camargue-Pferden ähnlich. Man schätzt, daß hier über 100 000 Tiere ums Leben kamen.

Wissenschaftler haben Theorien über die prähistorischen Ereignisse aufgestellt, die sich ungefähr so zugetragen haben können: Die Felsrampe wurde in Urzeiten von Menschen als Jagdfalle benutzt. In Ketten trieben die Jägerhorden Pferde, Hirsche und anderes Wild durch Lärm, Wurfgeschosse und kleine Brände den sanft ansteigenden Felsen hoch – und an der Klippe stürzten die Herden in die Tiefe. Unten wurden sie dann ausgeweidet und verzehrt, ein Teil der Beute wurde geopfert. Diese Art der Jagd muß mehrere tausend Jahre mit Erfolg praktiziert worden sein. Ein Mu-

Der Felsen von Solutré – prähistorische Fundstätte inmitten von Weinfeldern

seum am Fuß des Felsens dokumentiert diese Epoche (geöffnet 2. Mai–30. September 10–13 und 14–19 Uhr, 1. Oktober–30 April 10–12 und 14–17 Uhr, Di geschlossen).

Bourg-en-Bresse

Die Hauptstadt des Departements Ain gehört strenggenommen nicht mehr zu Burgund, ein Ausflug in die 35 km östlich gelegene Metropole der Bresse lohnt sich jedoch allemal. Bourg ist ein wichtiger Handelsplatz für das berühmte Bresse-Geflügel. Außerdem wird in dieser Region der nicht minder be-

kannte Käse *Bresse bleu* hergestellt.

Historisch gesehen gehörte die Stadt zunächst zum Herzogtum Savoyen. Die Siedlung entstand im 10. Jh. um ein Schloß (*bourg* = Marktflecken) herum. Schon im Mittelalter wurde Bourg wegen seiner ausgezeichneten landwirtschaftlichen Produkte bekannt.

1480 hatte der Graf Philippe de Bresse und spätere Herzog von Savoyen einen schweren Jagdunfall. Seine Frau Marguerite de Bourbon schwor, ein Kloster zu errichten, falls ihr Mann wieder gesunde. Der Gatte genas, doch seine Ehefrau starb. Erst die Frau ihres Sohnes Philibert, Margarete von Österreich, eine Tochter Kaiser Maximilians und Marias von Burgund, erinnerte sich des Gelübdes, als ihr Gatte überraschend starb, und ließ die Abtei Brou für den Seelenfrieden ihres geliebten Mannes, Herzog Philiberts des Schönen von Savoyen, bauen. Der flämische Architekt van Boghem schuf ein Meisterwerk der Spätgotik aus weißem Kalkstein, an dem sich auch bereits Stilzüge der Renaissance bemerkbar machen. Von der Klosteranlage blieben Küchenhof, kleiner und großer Kreuzgang, die Räumlichkeiten der Margarete von Österreich sowie einige Schlafzellen und das Refektorium erhalten, in dem nun ein volkskundliches Museum untergebracht ist.

Den Höhepunkt der Anlage in **Brou** stellt die Klosterkirche mit den außergewöhnlich schönen Grabmälern der Fürstenfamilie dar. Sie wurden von Jean de Bruxelles entworfen und mit Skulpturen von Conrat Meit geschmückt. In der Mitte des Chors befindet sich das Grab von Philibert, links von ihm das seiner Frau Margarete von Österreich und rechts von ihm das seiner Mutter Marguerite de Bourbon. Philibert und seine Frau sind jeweils durch zwei Effigien dargestellt: Die eine zeigt die Verstorbenen lebend, die andere als Tote in ihrem Leichenhemd. Beachtung

Im Kreuzgang der Abtei von Brou

verdienen auch der Lettner, das holzgeschnitzte Chorgestühl, die Glasmalereien der Fenster sowie die Kapellen. Das Tympanon über dem Westportal zeigt Herzog Philibert und seine Frau, zu Füßen von Christus kniend.

Ein Bummel durch die Altstadt von Bourg mit ihren zahlreichen historischen Bürgerhäusern sowie der Kirche Notre-Dame (16. Jh.) ist ebenfalls empfehlenswert.

Restaurant: Vonnas – Freunden der guten Küche ist dieses kleine Dorf auf halbem Wege zwischen Mâcon und Bourg-en-Bresse ein Begriff: Hier kocht Monsieur Georges Blanc, einer der größten Meister seiner Zunft in Frankreich. Sein Restaurant in einem wunderschönen Bressaner Haus mit Holzfassade wird von begeisterten Franzosen und Schweizern gleichermaßen besucht. Als Spezialitäten gibt es alles ums Bresse-Huhn (Georges Blanc, Hôtel La Mère Blanc, Vonnas, ✆ 04 74 50 90 90; Literatur s. S. 240).

Information: Office de Tourisme, 6, Avenue Alsace-Lorraine, ✆ 04 74 22 49 40.

Nevers

Nevers, Hauptstadt des Departements Nièvre (42 000 Einwohner), liegt an der Loire im äußersten Westen Burgunds. Die Gallier hatten hier ein Oppidum, das Caesar als Noviodunum Aeduorum zu seinem Nachschublager machte. 52 v. Chr. überfielen die Häduer die Basis, plünderten und steckten sie in Brand. Der hl. Eulade wurde der erste Bischof der Stadt. Nevers kam erst relativ spät unter den Einfluß Burgunds. Im 8. Jh. wurde es Hauptstadt der Grafschaft Nivernais, später des gleichnamigen Herzogtums. 1194 ließ Graf Pierre de Courtenay den Ort mit einer Stadtmauer befestigen.

Im späten Mittelalter geriet sie in den Besitz der Herzöge von Kleve und ab 1565 in den der Herzöge von Mantua, der Gonzagas, die eng mit der französischen Krone verbunden waren. Luigi di Gonzaga holte zahlreiche Handwerker aus Italien nach Nevers, die dann Ende des 16. Jh. die Töpfer- und Glasbläserkunst zu einer hohen Blüte führten. Sie legten den Grundstein zur berühmten blaugrundigen Nevers-Fayence. 1659 verkauften die Gonzagas die Stadt an Frankreich.

Nevers strebte unaufhaltsam einem immer größeren Wohlstand entgegen: Über 2000 Arbeiter waren in den Fayence-Betrieben beschäftigt. Die Blüte dieses Kunsthandwerks kam im 18. Jh. – und der Niedergang gleich darauf, denn die Revolution bedeutete das vorläufige Ende der florierenden Industrie. Sie wurde erst in den letzten Jahrzehnten wiederbelebt. Der Zweite Weltkrieg richtete auch in Nevers großen Schaden an; so wurde ein Teil der Stadtbefestigung zerstört, in der Folgezeit jedoch wieder aufgebaut.

Nevers 1 Pont de Loire 2 Kathedrale St-Cyr-et-Ste-Julitte 3 Herzogspalast 4 Montée des Princes 5 Kirche St-Etienne 6 Stadtmauer mit Tour Goguin 7 Porte du Croux/Archäologisches Museum 8 Musée de Nevers 9 Kloster St-Gildard 10 Office de Tourisme 11 Bahnhof 12 Busbahnhof

Den schönsten Blick auf Nevers hat man von der alten Loire-Brücke aus Sandstein, dem **Pont de Loire**. Die Altstadt steigt terrassenförmig einen Hügel über den Fluß hinauf. Schon von weitem erkennen wir die Silhouette der **Kathedrale St-Cyr-et-Ste-Julitte** hinter der Place de la République. Die Westapsis, die Krypta und das westliche Querschiff sind romanisch und stammen aus dem 11. Jh. Das Langhaus (13. Jh.), der östliche Chor und der 52 m hohe Turm über der Vierung (14./16. Jh.) sind im gotischen Stil gehalten. Von der Turmplattform bietet sich ein herrlicher Blick über Nevers. Besonders sehenswert ist das Fresko im Westchor, das Christus und die vier Evangelisten darstellt.

Schräg gegenüber der Kathedrale steht der alte **Herzogspalast**. Margarete von Flandern hatte das Herzogtum Nevers in die Ehe mit dem Burgunder-Herzog Philipp dem Kühnen eingebracht. 1475 begann Jean de Clamecy mit dem Bau des Palastes, die Herren von Kleve und später die Gonzagas vollendeten den Gebäudekomplex. Insgesamt wurde weit über 100 Jahre daran gebaut, so daß man sehr gut den Übergang von der Spätgotik zur Renaissance erkennen kann. Auf der anderen Seite der Place de la République schließt sich die **Montée des Princes** an, ein Terrassengarten, der einen wunderschönen Ausblick über die Altstadtdächer von Nevers bietet.

Hinter der Rue St-Etienne stoßen wir auf die zweite große Kirche von Nevers: **St-Etienne**. Sie wurde von Guillaume I., Graf von Nevers, gestiftet, von 1063 bis 1097 nach dem Vorbild Clunys errichtet und gilt als eine der besterhaltenen romanischen Kirchen Burgunds. Besonders eindrucksvoll ist der schlichte Innenraum des Gotteshauses.

Wir wenden uns jetzt der linken Seite der Altstadt zu und beginnen am Quai des Mariniers mit unse-

Kirche St-Etienne, Nevers

rem Spaziergang, entlang der restaurierten **Stadtmauer (Remparts)** mit den Türmen Goguin, St-Révérien und du Havre. Die **Porte du Croux**, ein mächtiges Festungstor aus dem 14. Jh. mit vier kleinen Ecktürmen unterhalb des Hauptdachs, bildet das Ende der Stadtbefestigung. Heute ist hier ein **Archäologisches Museum** mit gallorömischer und griechischer Plastik sowie romanischen Skulpturen aus der heute nicht mehr existierenden Kirche St-Sauveur untergebracht (geöffnet 14–18 Uhr, Di geschlossen).

An der Porte du Croux halten wir uns rechts und biegen dann in die Rue St-Genest ein. Schließlich stehen wir vor dem **Musée de Nevers**, das eine kostbare Fayence-Sammlung aus dem 17. bis 18. Jh., aber auch Elfenbeinarbeiten zeigt (geöffnet 10–12 und 14–18.30 Uhr, Di und Februar geschlossen).

Im Norden der Altstadt befindet sich hinter dem Parc municipal an der Ecke Rue St-Gildard/Boulevard Victor Hugo das **Kloster St-Gildard**, Stammhaus der Schwestern der Barmherzigkeit von Nevers. Die berühmteste Nonne dieses Ordens war die 1933 heiliggesprochene Bernadette Soubirous, ein Hirtenmädchen aus Lourdes in den Pyrenäen. Ihre Marienvisionen wurden bald in ganz Frankreich sehr bekannt. Schließlich floh Bernadette 1866 vor dem Trubel um ihre Person in das Kloster von Lourdes, wo sie 1879 auch starb. Der gläserne Sarg mit ihrem konservierten Leichnam ist eines der am häufigsten besuchten Pilgerziele in Frankreich. Der Schrein wird in der Kapelle des Klosters aufbewahrt. Während der Sommermonate kann er täglich von 6.30–19.30 Uhr besichtigt werden.

Hotels: ***Diane, 38, Rue Midi, ✆ 03 86 57 28 10; ***Loire, Quai Mèdine, ✆ 03 86 61 50 92; **Climat de France, 35, Boulevard Victor Hugo, ✆ 03 86 71 95 95; **Molière, 25, Rue Molière, ✆ 03 86 57 29 96; *Clèves, 8, Rue St-Didier, ✆ 03 86 61 15 87.

Restaurants: Les Jardins de la Porte du Croux, 17, Rue Porte du Croux, ✆ 03 86 57 12 71; La Botte de Nevers, Rue Petit Château, ✆ 03 86 61 16 93; Morvan, 28, Rue Mouesse, ✆ 03 86 61 14 16; La Renaissance (gehoben), Magny-Cours, 12 km südlich von Nevers, ✆ 03 86 58 10 40.

Information: Office de Tourisme, Palais Ducal, rue Sabatier, ✆ 03 86 68 45 98; Comité Départemental du Tourisme de la Nièvre, Hôtel du Département, ✆ 03 86 57 80 80.

Service: Bahn: S.N.C.F. ✆ 08 36 35 35 35; Flugplatz Nevers-Fourchambault, ✆ 0386570392; Leihwagen: Avis, 20, Rue de Charleville, ✆ 0386575103; Budget, ✆ 03 86 71 85 04; Europcar, 59, Faubourg de Paris, ✆ 03 86 59 02 32; Hertz, Place de la Gare, ✆ 03 86 57 22 96; Taxi: Ruf am Hauptbahnhof, ✆ 03 86 57 19 19.

Einkaufsmöglichkeiten: Zwei bekannte Fayence-Werkstätten liegen im Norden der Innenstadt am Ende der Place Vailland Couturier, an der N 7 Richtung Paris.

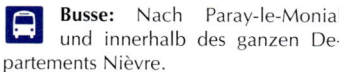 **Busse:** Nach Paray-le-Monial und innerhalb des ganzen Departements Nièvre.

Auxerre

Auxerre, die Hauptstadt (38 900 Einwohner) des Departements Yonne, liegt am gleichnamigen Fluß im nördlichen Teil Burgunds. Sie zählt nach Dijon zu den schönsten Orten des Landes. Man sollte sich der Stadt am besten über den Pont P. Bert nähern, von dem sich ein unvergleichlicher Blick bietet: Am Ufer der Yonne liegen Hunderte von Hausbooten, Frachtschiffen und Jachten vertäut, denn Auxerre ist das Zentrum der touristischen Kanalschiffahrt (s. a. S. 212 ff.). Dahinter erhebt sich die pittoreske Altstadt mit ihren vielen Kirchtürmen – eine Aussicht, die man so schnell nicht vergißt.

Auxerre ist eine der ältesten Städte Burgunds. In vorchristlicher Zeit hieß die keltische Siedlung Autricum. Über sie lief ein wichtiger Handelsweg vom Nordwesten in den Süden: Besonders Zinn wurde zu den phönizischen, später griechischen Kolonien im Süden Frankreichs transportiert. In römischer Zeit hieß die Stadt Autessiodurum. Hier erblickte um 378 Germanus, der später heiliggesprochen wurde, das Licht der Welt.

Auxerre wurde während des gesamten Mittelalters von Erzbischö-

fen beherrscht. Ähnlich wie in Nevers ließ Pierre de Courtenay im 12. Jh. auch in Auxerre die Stadtmauer mit ihren Befestigungen erbauen. Sie sind auf einer Gesamtlänge von 4 km erhalten geblieben. Allerdings half der Schutzwall nicht gegen die einfallenden Engländer im Hundertjährigen Krieg: 1358 plünderten sie die Stadt. Nach dem Niedergang des burgundischen Großreichs kam auch Auxerre in den Besitz der französischen Krone.

Die Revolution haben lediglich drei von insgesamt 30 Kirchen der Stadt überstanden. Später weilte Napoleon am Ufer der Yonne. Nach seiner Rückkehr von der Insel Elba sollte er in Auxerre von Marschall Ney auf seinem Marsch nach Paris gestoppt werden. Es kam jedoch ganz anders: Ney lief mit fliegenden Fahnen zu Napoleon über, der fortan auch die Truppen des Marschalls befehligte.

Auxerre hat jahrhundertelang eine wichtige Rolle als Zentrum der Flußschiffer und Holzflößer gespielt. Heute tummeln sich die Touristen in dieser mittelalterlichen Stadt, die nahezu vollständig unter Denkmalschutz steht und ständig restauriert wird.

Als mächtigstes Bauwerk thront die **Kathedrale St-Etienne** über den Häusern. Der gotische Bau wurde zwischen dem 13. und 16. Jh. errichtet. Besonders eindrucksvoll ist die gewaltige, aber andererseits auch filigran wirkende Fassade im spätgotischen Flamboyantstil. Von den beiden Türmen wurde nur der 68 m hohe Nordturm vollendet. Das Tympanon über dem mittleren Portal zeigt den thronenden Christus zwischen Maria und Johannes, an den Seitenpfeilern stehen die Statuen der törichten (links von Christus) und klugen Jungfrauen.

Während der Religionskriege haben ihnen 1567 fanatische Protestanten die Köpfe abgeschlagen.

Seit dem 5. Jh. steht an dieser Stelle eine Kirche; der romanische Vorgängerbau des 11. Jh. wurde Anfang des 13. Jh. zerstört, um Platz für die heutige gotische Ka-

Auxerre 1 Kathedrale St-Etienne 2 ehemalige Benediktinerabtei St-Germain und Museum 3 Tour de l'Horloge 4 Hôtel de Ville 5 Conservatoire de la Nature Paul Bert 6 Musée Leblanc-Duvernoy 7 Syndicat d'Initiative 8 Bahnhof 9 Busbahnhof

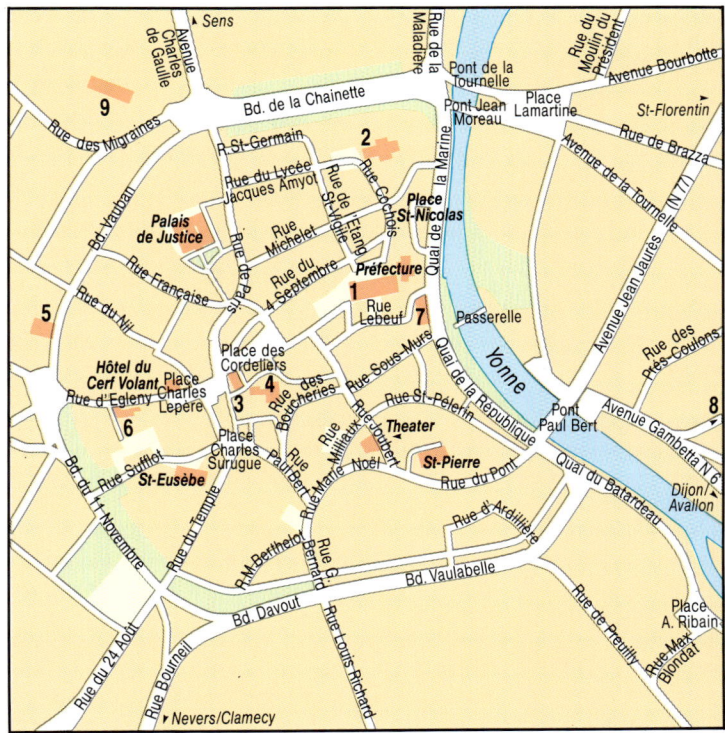

Auxerre: Links die Kathedrale
St-Etienne, rechts die Abtei St-Germain,
im Vordergrund die Yonne

thedrale zu schaffen. Nur noch die
romanische Krypta aus dem 10./11.
Jh. blieb von dem Vorgängerbau
erhalten. Hier finden wir auch ein
sehr seltenes Fresko auf dem Ton-
nengewölbe vor der Apsis. Es zeigt
Christus auf einem Schimmel rei-
tend, begleitet von vier ebenfalls
berittenen Erzengeln: eine frühe Vision der Apokalypse. Ebenfalls berühmt sind die Fenster des Chorumgangs mit Glasmalereien des
13. Jh.

Im Norden der Kathedrale steht
am Ende der Rue Cochois die **ehemalige Benediktinerabtei St-Germain**. Sie wurde bereits im 6. Jh.
gegründet, um die Reliquien des

hl. Germanus aufzunehmen. Zur
Zeit Karls des Großen wohnten
zeitweise über 600 Mönche in dem
Kloster. 840–845 wurde die Anlage umgebaut, die heutigen Reste
der Kirche stammen allerdings erst
aus dem 13.–15. Jh. Nur der heute
isoliert stehende Glockenturm
stammt noch aus romanischer Zeit,
aus dem 12. Jh.

Den wertvollsten Teil der Abtei
bilden die beiden übereinanderlie-
genden karolingischen Krypten,
der einzige erhaltene Teil jener Basilika, die Graf Robert I. 841 hatte
aufrichten lassen und die bereits
eine merowingische Kirche, erbaut
gegen Ende des 5. Jh. im Auftrag
der Königin Clothilde, ersetzt hatte.
Um das Zentrum der Unterkirche,
die alte Confessio, wo der hl. Germanus bestattet worden war, stehen vier antike Säulen mit reich

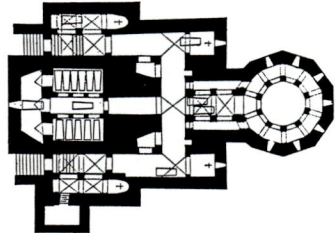

Grundriß der Krypta von St-Germain

verzierten Blattkapitellen. In dem um die Confessio laufenden Gang finden sich Frankreichs älteste Fresken (aus der Mitte des 9. Jh.), die das Martyrium des hl. Stephan, zwei Bischöfe und die Anbetung der Könige darstellen. Das in der Kirche eingerichtete Museum zeigt Funde aus gallorömischer Zeit sowie weitere karolingische Fresken aus der Krypta (geöffnet 9.30–11.30 und 14–17.30 Uhr, 15. Juni–15. September Sa und So bis 19 Uhr, Di und feiertags geschlossen, Führungen finden alle 30 Minuten statt).

Die Altstadt südwestlich der Kathedrale, heute zum großen Teil Fußgängerzone, wird durch eine Vielzahl von restaurierten Bürger- und Fachwerkhäusern aus Mittelalter und Renaissance geprägt. Die **Tour de l'Horloge**, ein prachtvoller Uhrturm im Flamboyantstil, der die Altstadt dominiert, wurde um 1483 auf den Resten der gallorömischen Stadtmauer errichtet. Der Schriftsteller Restif de la Bretonne arbeite-

te als junger Mann in einer nahegelegenen Druckerei. Von den vielen historischen Gebäuden Auxerres sei noch das **Hôtel de Ville** an dem gleichnamigen Platz erwähnt. Es wurde 1733 auf den Grundmauern des alten Grafenschlosses gebaut. Einst stand hier die Festung der merowingischen Herrscher.

Das **Conservatoire de la Nature Paul Bert** am Boulevard Vauban zeigt eine naturkundliche Sammlung und prähistorische Funde (geöffnet Mo–Fr 8–12 und 14–18 Uhr, Sa und So 14–18 Uhr). In einem Stadtpalais des 18. Jh. an der Place L. Bart ist das **Musée Leblanc-Duvernoy** (Tapisserien, Malerei des 17.–20. Jh., Fayencen und Möbel) untergebracht (geöffnet 9–12 und 14–18 Uhr, 15. Juni–15. September Sa und So bis 19 Uhr, Di und an Feiertagen geschlossen).

Hotels: ***Le Maxime, 2, Quai de la Marine, ☎ 03 86 52 14 19; **Les Clairions, Avenue Worms, ☎ 03 86 94 94 94; **Normandie, 41, Boulevard Vauban, ☎ 03 86 52 57 80; **Parc des Maréchaux, 6, Avenue Foch, ☎ 03 86 51 43 77; *Cygne, 14, Rue 24. Août, ☎ 03 86 52 26 51.

Restaurants: Jardin Gourmand, 56, Boulevard Vauban, ☎ 03 86 51 53 52; Barnabet (feinste burgundische Küche), 14, Quai de la République, ☎ 03 86 51 68 88; Salamandre, 84, Rue Paris, ☎ 03 86 52 87 87.

Straßencafé in der Altstadt von Auxerre

Information: Office de Tourisme, 1–2, Quai de la République, ✆ 03 86 52 06 19.

Service: Bahn: S.N.C.F., ✆ 03 86 46 28 50 oder 03 86 46 04 68; Flugplatz: Aérodrome Auxerre-Branches, ✆ 03 86 48 31 89; Leihwagen: Avis, 1, Rue Etienne-Dolet, ✆ 03 86 46 83 47; Europcar, 5–9, Avenue Gambetta, ✆ 03 86 46 99 08; Taxi: Allo Auxerreradio taxi, ✆ 03 86 46 78 78.

Busse: Nach Tonnerre, Sens und in den Morvan.

Ausflüge in die Umgebung

Tonnerre: Das hübsche altertümliche Städtchen (6000 Einwohner) liegt am Canal de Bourgogne, etwa 30 km östlich von Auxerre. Wie die meisten burgundischen Ortschaften hat auch Tonnerre eine römische Vergangenheit. Damals hieß es noch Tornodurum. Hugo von Vienne, der Herrscher von Niederburgund, gab es 954 an einen seiner Ministerialen, der dann das Grafengeschlecht von Tonnerre begründete. Später erwarben die Grafen von Clermont die Region, aus Tonnerre wurde Clermont-Tonnerre. 1684 wurde die Stadt wiederum verkauft, diesmal an den Grafen von Louvois.

Die meisten der Touristen, die während der Sommermonate durch die romantischen Gasen von Tonnerre strömen, kommen wegen des **Ancien Hôpital**, eines mittelalterlichen Armenkrankenhauses ähnlich dem in Beaune. Es wurde 1293 von Margarete von Burgund, der Witwe Karls von Anjou (König von Neapel und Sizilien), gestiftet. Der 90 m lange Krankensaal mit seinem offenen Dachstuhl aus Eichenholz war vermutlich das Vorbild für das Hospiz von Beaune. In der Kapelle am Ende der Halle steht das Grab der Stifterin Margarete. Rechts des Altars finden wir die Skulpturengruppe der ›Grablegung Jesu‹, im 15. Jh. von einem reichen Kaufmann gestiftet. An der Nordseite der Kapelle sehen wir das monumentale Grab des Marquis de Louvois, Kriegsminister unter König Ludwig XIV.

Auf einer Anhöhe über Tonnerre, etwa 200 m westlich des Hospitals, erhebt sich die **Kirche St-Pierre** aus dem 16. Jh. Sie vereinigt Gotik mit Renaissance. Von hier bietet sich ein großartiger Ausblick über die Stadt. Sehenswert ist auch die **Quelle der Dionne**, am Fuße des Kirchhügels in der Rue de la Fosse Dionne gelegen. Aus der kreisrunden Fassung sprudelt bis zu 1000 l blau-grünes Wasser in der Sekunde.

Hotel und Restaurant: ***Abbaye St-Michel, Rue St-Michel, ✆ 03 86 55 05 99, Fax 03 86 55 00 10 (Luxusrestaurant mit phantastischer Küche, kleines, sehr behagliches Hotel).

Information: Office de Tourisme, Rue du Collège, ✆ 03 86 55 14 48, Hôtel de Ville, ✆ 03 86 55 22 55.

Unter den mittelalterlichen Arkaden in Noyers

Sens

Noyers: Etwa 20 km südlich liegt das kleine Städtchen Noyers (800 Einwohner), umgeben von einer mittelalterlichen Stadtbefestigung mit 16 Rundtürmen. Machen Sie einen Bummel durch die pittoreske Altstadt mit der von Arkaden umgebenen Place de l'Hôtel de Ville und der von alten Fachwerkhäusern gesäumten Rue du Poids-du-Roy.

Die Stadt (27 000 Einwohner) im äußersten Nordwesten Burgunds ist der vielleicht älteste Ort des Landes. Bereits um 500 v. Chr. war das Gebiet der Hauptsitz des keltischen Stammes der Senonen, die schließlich 390 v. Chr. unter der Führung ihres Königs Brennus nach Italien aufbrachen und Rom eroberten. In der Spätzeit römischer Herrschaft, gegen Ende des 4. Jh., wurde Senonia sogar Hauptort der Diözese (eine spätantike Verwaltungseinheit) Maxima Senonia

Kathedrale von
Sens, Chorpartie

oder Lugdunensis IV (von Lyon). Die Christianisierung hatte sehr frühzeitig begonnen, schon im 3. Jh. war die Stadt Sitz eines Bischofs. 732 drangen die Sarazenen bis nach Sens vor, erlitten hier jedoch durch Bischof Ebbon, der später heiliggesprochen wurde, eine Niederlage.

Die Erzbischöfe von Sens galten lange Zeit als die mächtigsten in Frankreich. Ihnen unterstanden vom Mittelalter an bis 1627 die Bistümer Chartres, Meaux, Nevers, Troyes, Orléans, ja sogar Paris. Als Primas von Gallien und Germa-

nien stand ihnen das Recht der Salbung bei den Krönungen der französischen Könige zu. 1140 fand hier das Konzil statt, auf dem Bernhard von Clairvaux die Lehren Abälards als Ketzerei verdammte. 1163/64 zog Papst Alexander III. ins Exil nach Sens, das er vorübergehend zur ›Hauptstadt der Christenheit‹ ernannte. In der Kathedrale der Stadt wurden 1234 König Ludwig IX., der Heilige, und Marguerite de Provence getraut.

Die **Kathedrale St-Etienne** ist denn auch das bemerkenswerteste Bauwerk der Stadt. Sie gilt als eine der frühesten und schönsten gotischen Kirchen Frankreichs. Mit dem Bau hatte Erzbischof Henri Sanglier bereits 1130 begonnen. Die Fassade stammt vom Ende des 12./Anfang des 13. Jh., die Apsiskapellen aus dem 14. Jh., 1490–1520 erfolgte der Ausbau des Querschiffs. Trotz der Zerstörungen während der Revolution sind die drei Westportale noch immer von überwältigender Schönheit. Am Pfeiler des Mittelportals steht die Statue des hl. Stephan, eine Meisterleistung der französischen Skulptur um 1200. Das Tympanon (12. Jh.) über dem linken Eingang schildert Begebenheiten aus dem Leben Johannes des Täufers, das über dem rechten Portal Szenen aus dem Marienleben (14. Jh.). An der Nordflanke des Doms weist das Querschiff ebenfalls eine sehr schöne Flamboyantfassade auf, die man am besten von der Impasse Abraham aus bewundern kann.

Beim Eintritt in das 113 m lange Kircheninnere machen die Dimensionen den Besucher zunächst sprachlos. Durch die bunten Glasfenster (12.–17. Jh.) fällt ein diffuses Licht in das Gotteshaus. Der Kirchenschatz, einer der reichsten Frankreichs, birgt kostbare Elfenbeinschnitzereien, eine bedeutende Sammlung liturgischer Gewänder, darunter das des hl. Ebbon sowie das des englischen Erzbischofs und Heiligen Thomas Becket, der 1164/65 Zuflucht in Sens gefunden hatte, ferner die Leichentücher der Senser Erzbischöfe vom 7. Jh. an,

etliche Reliquien, Altardecken, Elfenbeinarbeiten und Wandteppiche (geöffnet 10–12 und 14–18 Uhr, Di geschlossen; Zugang durch das Palais Synodal).

An die Südseite von St-Etienne schließt sich das **Palais Synodal** aus dem 13. Jh. an. Das Erdgeschoß des ehemaligen kirchlichen Gerichtsgebäudes diente zum Teil als Gefängnis. Es ist heute ein **Museum** für sakrale Kunst und Skulpturfragmente aus der Kathedrale. Außerdem werden mittelalterliche Gobelins, römische Mosaiken aus dem 3. Jh. und das Grabmal des Kardinals Dubart aus dem 16. Jh. gezeigt (geöffnet April–Oktober 10–12 und 14–18 Uhr, Di geschlossen).

Im ehemaligen **Hôtel Vezou** in der Rue Rigault ist das sehenswerte **Musée municipal (Stadtmuseum)** untergebracht. Es besitzt u. a. eine der größten gallorömischen Sammlungen Frankreichs mit Mosaiken, Marmorfußböden und Grabdenkmälern (geöffnet 10–12 und 14–18 Uhr, Di geschlossen).

Hotels: ****Paris et Poste, 97, Rue de la République, ☎ 03 86 65 17 43; ***Virginia, 3 km außerhalb Richtung Troyes, ☎ 03 86 64 66 66; *Archotel, 9, Cours Tarbé, ☎ 03 86 64 26 99.

Restaurants: Auberge de la Vanne, 176, Avenue de Senigallia (Richtung N 360 Auxerre), ☎ 03 86 65 13 63; Clos des Jacobins, 49, Grande Rue, ☎ 03 86 95 29 70; La Madeleine, 1, Rue Alsace-Lorraine, ☎ 03 86 65 09 31; La Potinière, 51, Rue Cécile de Marsangis (Richtung Montargis auf der anderen Yonne-Seite), ✆ 03 86 65 31 08.

ℹ️ **Information:** Office de Tourisme, Pl. Jean Jaurès, ✆ 03 86 65 19 49.

❗ **Service:** Bahn: S.N.C.F. ✆ 03 86 95 22 78; Leihwagen: Europcar, Carrefour Ste-Colombe, St-Denis-lès-Sens, ✆ 03 86 64 18 66.

🚌 **Busse:** Nach Paris, Auxerre, Troyes u. a.

Avallon

Das Städtchen (8600 Einwohner) im Norden Burgunds liegt am Rande des Waldgebietes des Morvan auf einem Granitkegel. Der Blick reicht weit in die Landschaft hinein. Diese strategisch günstige Lage erklärt, warum ›Abalo‹ in der Vergangenheit so begehrt war. Lange vor unserer Zeitrechnung siedelten hier schon Kelten. Im Mittelalter galt die Festung Avallon als der ›Schlüssel‹ zu Burgund: Wer die Stadt beherrschte, der beherrschte das Land.

Avallon hat sein mittelalterliches Stadtbild weitgehend erhalten. Ein Spaziergang auf und an den alten **Wallanlagen (Remparts)** ist besonders empfehlenswert. Vorbei an der **Bastion de la Petite Porte** mit dem Gaujard-Turm kommen wir zur **Tour de l'Escharguet** (Turm des Erwählten). Hier sollte 1522 ein Arzt die Patienten von Avallon von

der Pest heilen. Die nächste Anlage ist die **Tour Beurdelaine**, die später ebenfalls einem medizinischen Zweck diente: Hier durften die Ärzte von Avallon operieren. Als Gegenleistung mußten sie unvermögende Patienten behandeln.

Die Westumgehung der Stadt auf den *Remparts* ist nicht minder pittoresk. Wir beginnen bei der **Porte Auxerroise**, kommen zum **Vaudois-Turm** und schließlich zur **Bastion de la Côte Gally**. Dann geht es die Rue du Fort-Mahon entlang, vorbei am **Chapitre-Turm**, bis wir die **Promenade de la Petite Porte** erreichen, eine idyllische Parkanlage mit einer Lindenallee. Von hier oben fällt der Blick 100 m tief ins Tal des schäumenden Flusses Cousin.

In der Altstadt selbst stehen noch zahlreiche historische Häuser. Erwähnt sei das **Hôtel des Prinzen von Condé**, das die Bürger von Avallon 1640 Henri II. de Bourbon, dem Gouverneur von Burgund, geschenkt hatten. Der hohe Herr hielt sich gern in der Stadt auf, weil er in ihrer Umgebung so schön jagen konnte. Gleich daneben steht der Uhrturm **Tour de l'Horloge** aus dem 15. Jh., der als Wachturm diente. Wir durchschreiten das Tor und kommen nach ein paar Metern an einen Platz. Auf der rechten Seite, gegenüber der Kirche St-Lazare, steht das Gerichtsgebäude. Dahinter sind noch Reste des alten **Herzogsschlosses** aus dem 13. und 14. Jh. zu sehen. Im großen Saal wurde Gericht gehalten, das überwölbte

Erdgeschoß diente als Gefängnis und Folterkammer.

Die Hauptattraktion Avallons stellt indes die **Kirche St-Lazare** dar. Sie wurde im Kern in der ersten Hälfte des 12. Jh. errichtet. Das Schiff erinnert im Aufriß an das kurz zuvor entstandene in Vézelay, weist aber durch die konsequente Verwendung des Spitzbogens be-

reits auf die ›moderne‹ Gotik hin. Die Apsis mit Halbkuppelgewölbe am Ende des Chors bezeugt, daß die Oberkirche in der Tat im 12. Jh. entstanden ist, während die darunterliegende Krypta der einzige Baurest der Vorgängerkirche aus dem 10. Jh. ist. Besonders begeistert sind die Besucher immer wieder vom reichen Skulpturschmuck der bei-

Tour de l'Horloge
in Avallon

Montbard und der Herr von Buffon

Georges-Louis Leclerc de Buffon
(1707–1788)

Sein Werk hat ihn in Frankreich unsterblich gemacht, in Deutschland kennt ihn allerdings kaum noch jemand. 40 Jahre lang erschien alle zwölf Monate ein brillant geschriebenes Buch von ihm, dann endlich hatte er sein großes Thema beendet: »Die allgemeine und spezielle Naturgeschichte« von Georges-Louis Leclerc de Buffon. 1707 kam er als Sohn eines Parlamentsrates in Montbard zur Welt.

Bereits als Kind interessierte ihn die Natur und alle möglichen Zusammenhänge. Der junge Herr von Buffon unternahm ausgedehnte Reisen nach Italien, in die Schweiz, nach England, und er bereiste

den um 1150 entstandenen Fassadenportale. Das dritte, nördliche Portal wurde durch den Einsturz des Glockenturms zerstört. Im 17. Jh. hat man die Anlage restauriert, allerdings nicht gerade originalgetreu.

🛏 **Hotels:** ***Château de Vault de Luguy, in Vault de Lugy (6 km außerhalb), ✆ 03 86 34 07 86; ***Relais Fleuri, 6,5 km Richtung Saulieu, ✆ 03 86 34 02 85; **Moulin des Ruats, im Cousin-Tal, 5 km außerhalb über D 427, ✆ 03 86 34 97 00; **Vauban, Route de Paris, ✆ 03 86 34 36 99.

✗ **Restaurants:** Cheval Blanc, 55, Route de Lyon, ✆ 03 86 34 55 07; Les Capucins, 6, Avenue P. Doumer, ✆ 03 86 34 06 52; Relais des Gourmets, 47, rue de Paris , ✆ 03 86 34 18 90; Chenêts, in Valloux, 6 km N 6 Richtung Auxerre/Vézelay, ✆ 03 86 34 23 34.

ganz Frankreich, das für einen überzeugten Burgunder damals schon ›Ausland‹ war. Mit 26 Jahren wurde Georges-Louis Mitglied der Akademie der Wissenschaften, und König Ludwig XV. begann sich für den genialen jungen Mann zu interessieren. Er ernannte ihn zum ›Intendanten der Königlichen Gärten‹. Damit war der Lebensweg Buffons vorgezeichnet: Sein Interesse an der Natur wurde nun sein Beruf, seine Berufung.

Buffons Ruhm verbreitete sich in ganz Europa. Der österreichische Kaiser Joseph II. soll bei einem Paris-Besuch auf einem Gespräch mit Buffon in den königlichen Gärten bestanden haben. Seine Majestät: »Wir stehen uns hier sozusagen von Großmacht zu Großmacht gegenüber, Monsieur, denn ich befinde mich gegenwärtig auf dem Territorium Ihres Kaiserreiches.« Buffons Interesse galt indes nicht nur der Natur. In einem kleinen Dorf bei Montbard baute er auf seinem Grund und Boden ein für die damalige Zeit vorbildliches Hüttenwerk. Der Gebäudekomplex, noch heute vollständig erhalten, wurde nach einem funktional durchdachten Plan errichtet. Die Anlage umfaßt Werkstätten (Hochofen, Walzwerk, Schmiede) sowie Arbeiterunterkünfte, Geschäfte und Stallungen.

Eine Großtat ganz anderer Art leistete er in seiner Geburtsstadt: Hier ließ er als Herr von Montbard das alte Gemäuer der Valois-Herzöge bis auf die Ringbefestigungen und zwei Türme schleifen und machte aus dem Schloßberg, dem ›Abenteuerspielplatz‹ seiner Kindheit, den berühmten Plateau-Park, der einen herrlichen Ausblick ins Brenne-Tal gewährt. Dort oben baute er sich einen Arbeitspavillon, heute eine Gedenkstätte an den großen Sohn Montbards. Im Alter von 81 Jahren starb der Herr von Buffon in Paris. Begraben wurde er in der Kapelle neben der Eglise St-Urse in Montbard.

ℹ Information: Office de Tourisme, 6, Rue Bocquillot, ✆ 03 86 34 14 19.

❗ Service: Bahn: S.N.C.F., ✆ 03 86 34 01 01; Taxi: Station de la Gare (Bahnhof), ✆ 03 86 34 34 38.

🚌 Busse: In den Morvan, nach Sens u. a.

Semur-en-Auxois

Man könnte nur schwer entscheiden, was nun schöner ist: die Lage von Semur und seine Umgebung oder die Stadt selbst (4500 Einwohner). Das nordburgundische Flüßchen Armançon beschreibt hier eine fast kreisförmige, elegante Schleife, in deren Mitte ein Granitplateau in die Höhe ragt. Es gibt keinen besseren Platz für eine Siedlung, und so steht hier seit gallorömischer Zeit Semur (Sinemurum), der Hauptort des Auxois, wie im Mittelalter von Mauern und Türmen umgeben – die Zeit scheint stillzustehen.

Um 1060 ließen die Kapetinger-Herzöge von Burgund ein Schloß bauen. Etwa um die gleiche Zeit wurde die Kollegiatskirche Notre-Dame gestiftet. Der Legende nach soll Herzog Robert I. seinen Schwiegervater ermordet und aus Reue den Bau der Kirche geschworen haben. Robert verleibte Semur auch dem burgundischen Herzogtum ein. Nach dem Niedergang der Valois-Herzöge sollte auch Semur der französischen Krone angegliedert werden, was den Bürgern aber überhaupt nicht paßte. So sah sich König Ludwig XI. gezwungen, die Stadt 1478 gewaltsam zu besetzen.

Das mächtigste Gebäude ist die **Kirche Notre-Dame.** Sie wurde im 13. Jh. errichtet (westlicher Teil und Fassade im 14. Jh. vollendet) und weist mit ihrer Zweiturmfassade und dem Vierungsturm deutliche Merkmale der burgundischen Gotik auf. Besonders sehenswert sind die Glasfenster aus dem 15. Jh. in der mittleren Kapelle des Chorumgangs sowie das Tympanon über der Porte des Bleds am nördlichen Seitenschiff: Es stellt die Geschichte des hl. Thomas dar. Die Rue Buffon im Norden der Kathedrale führt zur **Porte Sauvigny,** einem Stadttor des 15. Jh.

Der Engel von Flavigny in der Kirche St-Genest, Flavigny-sur-Ozerain

Semur hat noch viele mittelalterliche Häuser, ein zielloser Spaziergang durch die engen Gassen lohnt sich. Sehr schön und romantisch ist der Rundgang auf einer Lindenallee entlang der Stadtmauer. Unter- und außerhalb der Befestigungsanlagen führt ein ähnlicher Rundweg entlang, die Rue-basse-des-Remparts. Dabei sollten wir nicht versäumen, den **Pont Joly** zu betreten. Von dieser Brücke aus bietet sich der beste Blick auf Semur. Man schaut über den Fluß, die schrundigen Giebel, Türme und Dächer der Stadt, über die reizvolle Landschaft. Und man erkennt die Wirksamkeit einer alten Vorschrift der Semurer Stadtväter: Im 16. Jh. mußte jedes Hochzeitspaar zwei

Bäume pflanzen, damit der Ort nicht verkarstete.

Wir betreten nun die Stadt wieder und besteigen die 44 m hohe **Tour de l'Orle d'Or**, einen der vier Türme des früheren Herzogsschlosses. Jetzt ist hier ein **Museum für Volkskunst und Naturkunde** eingerichtet. Der **ehemalige Jakobinerkonvent** in der Rue Collenot beherbergt ebenfalls ein **Museum**. Es zeigt neben gallorömischen Funden und sakraler Kunst auch Malerei der Neuzeit (beide Museen geöffnet täglich 14–18 Uhr außer Montag).

 Hotels: **Cymaises, 7, Rue Renaudot, ✆ 03 80 97 21 44; *Côte d'Or, ✆ 03 80 97 03 13.

Restaurants: Gourmets, Rue de Varenne, ✆ 03 80 97 09 41; Hostellerie d'Aussois, Route Saulieu, ✆ 03 80 97 28 28.

Information: Office de Tourisme Pl. Gaveau, ✆ 03 80 97 05 96.

Ausflüge in die Umgebung

Epoisses: Das Dorf liegt 12 km westlich von Semur. Unser Besuch gilt der sehenswerten Burg aus dem 15. Jh. mit Pfarrkirche und Kapelle. Hier wohnten zeitweise die berühmte Madame de Sévigné und auch König Heinrich IV. Einkaufstip: In Epoisses wird der gleichnamige, berühmte Käse hergestellt. Um 1900 wurde er als *Roi des Fromages* bezeichnet, als ›König der Käsesorten‹.

Flavigny-sur-Ozerain: Der überaus romantische Ort mit seiner intakten Stadtmauer liegt etwa 15 km östlich von Semur. Inmitten der mittelalterlichen Gassen und Häuser ist vor allem die Kirche St-Genest aus dem 13. Jh. mit dem berühmten Engel von Flavigny sehenswert, der meisterhaften Skulptur aus einer Verkündigungsgruppe. 745 wurde in Flavigny für die Gebeine der Märtyrerin Ste-Reine eine Abtei gegründet. Aus dem 9. Jh. stammt noch die karolingische Krypta (s. S. 58). In den Resten der Abtei stellt heute eine Fabrik die bekannten Anispastillen von Flavigny her.

St-Thibault: 20 km südöstlich von Semur erstreckt sich auf einem Hügel über dem Canal de Bourgogne das Dorf St-Thibault. Es besaß eine der schönsten gotischen Kirchen Burgunds, doch blieben von diesem Bau des 13. Jh. nur noch eine Kapelle, das Nordportal und die bemerkenswert lichte Chorapsis von 27 m Höhe erhalten. Besonders wertvoll sind die steinernen Figuren am Nordportal (14. Jh.). Sie stellen die Stifter Herzog Robert II. von Burgund, seinen Sohn Hugo V., Roberts Gattin Agnes, Hugo von Arcy, den Bischof von Autun, sowie am Mittelpfeiler den hl. Theobald (Thibault) dar. Das Tympanon aus dem 13. Jh. zeigt Szenen des Marienlebens. Bemerkenswert ist ferner die Ausstattung aus dem 14. Jh., der Schrein des hl. Theobald und mehrere Grabmäler.

Zu Kirchen und Heiligtümern

Cîteaux – das erste Zisterzienserkloster

Tournus, Cluny, Paray-le-Monial – Höhepunkte romanischer Baukunst

La Charité-sur-Loire – älteste Tochter Clunys

Vézelay – Sammelpunkt für Pilger und Kreuzfahrer

Pontigny und Fontenay – ehrwürdige Abteien

Ste-Madeleine in Vézelay

Die Route führt zu den Höhepunkten romanischer Baukunst in Burgund, nach Paray-le-Monial und Vézelay, und an Orte, von denen im Mittelalter wichtige klösterliche Reformen ausgingen, wie Cîteaux und Cluny. Überall trifft man auf die Spuren des hl. Bernhard, der im 12. Jh. das Ideal der Askese predigte.

Cîteaux

Nur wenige Kilometer südlich von Dijon steht in der Gemeinde St-Nicolas-lès-Cîteaux bei Nuits-St-Georges das legendäre Mutterkloster des Zisterzienserordens (s. S. 52). Wenn wir auch keinen prachtvollen romanischen Bau antreffen, so stehen wir doch hier in der Nähe des Flußlaufes der Saône auf geschichtsträchtigem Boden. Und bei der Aufzählung der wichtigsten Abteien Burgunds darf daher das strenge Cîteaux keinesfalls fehlen.

Der Orden wurde 1098 vom hl. Alberich und dem Benediktinerabt Robert von Molesme (in der Nähe von Châtillon-sur-Seine) hier im Sumpfgelände der träge vorbeiflie-

Zisterziensermönche in Cîteaux

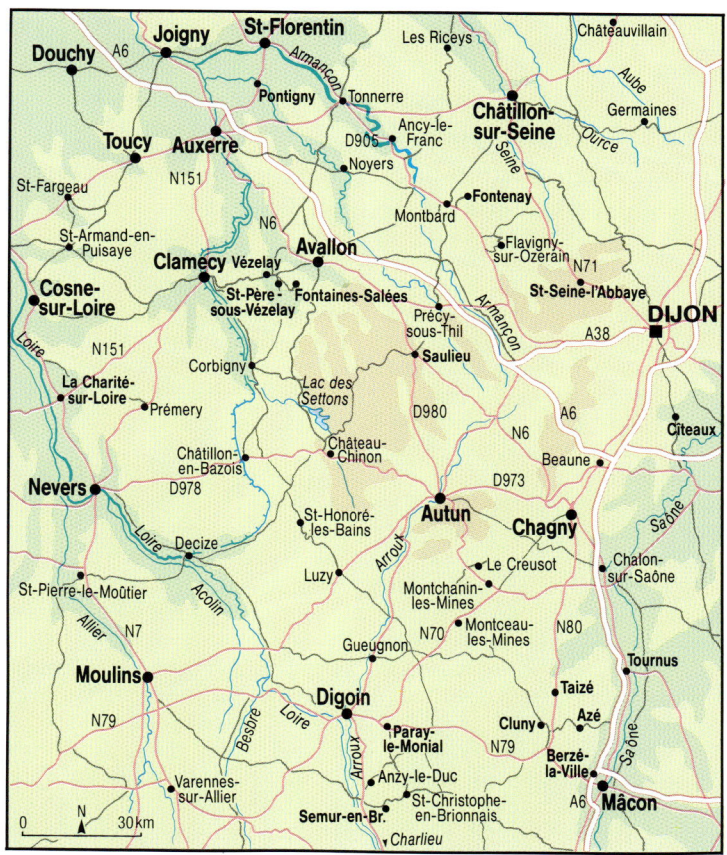

Route: Zu Kirchen und Heiligtümern

ßenden Saône gegründet. Weil die neue Abtei inmitten von Schilffeldern lag, nahmen die Mönche auch den entsprechenden Namen an: Vom altfranzösischen *Cistel* (Schilf, Röhricht) wurde der *Sacer Ordo Cisterciensis* abgeleitet. Der benediktinische Reformorden wurde unter dem Abt Stephan Harding 1108 selbständig. 1112 trat der junge Adlige Bernhard aus Fontaine-lès Dijon in das Kloster ein. Er wurde später Abt, einer der mächtigsten Geistlichen der Kirche und gründete Zisterzienserabteien in ganz Europa.

Die Mönche hatten ein einfaches, ja karges Leben zu führen. Laut ihrer Gründungsurkunde, der *Charta Caritatis* (»Buch der Nächstenliebe«), waren sie zu einem Leben absoluter Bedürfnislosigkeit und Armut verpflichtet. Körperliche Arbeit stand, ganz anders als in der cluniazensischen Ordensregel, in hohem Ansehen, und ihre Liturgie – auch dies wiederum im Gegensatz zu Cluny – war äußerst schlicht gehalten. Die Leistungen der Patres auf dem Gebiet der Landwirtschaft wurden überall gerühmt. Zisterzienser machten die unwirtlichen Gegenden Frankreichs urbar. Im 13. Jh. bauten die Mönche von Cîteaux das Weingut Clos de Vougeot an der Côte d'Or.

Die Revolutionäre von 1790 säkularisierten nicht nur den Besitz der Zisterzienser, sie zerstörten auch weitgehend die Klosteranlage von Cîteaux. Der Zisterzienserorden spaltete sich Mitte des 19. Jh. auf, und eine Reformkongregation, der ›Orden der Reformierten Zisterzienser‹, nach ihrem Stammkloster La Trappe auch Trappisten genannt, erwarb 1898 das Kloster Cîteaux und ließ sich dort nieder.

Von der altehrwürdigen Anlage sind Teile der Bibliothek (14. Jh.) aus glasierten Steinen, sechs Bogen des gotischen Kreuzgangs, eine lange Fassade (17. Jh.) sowie eine Kapelle übriggeblieben, in der einst die kapetingischen Herzöge von Burgund bestattet worden waren. (Ihre Grabmäler befinden sich nun im Louvre zu Paris.)

Die heutigen Zisterzienser von Cîteaux leben auf ihrem großen Grundbesitz still und zurückgezogen wie ihre Glaubensbrüder im Mittelalter. Das Eingangstor ist grau und abweisend, Sichtblenden verwehren allzu neugierigen Touristen den Blick. Die modernen Klostergebäude sind nicht zur Besichtigung freigegeben. Als Entschädigung lohnt ein wohlschmeckendes Mitbringsel: der Käse von Citeaux – von den Mönchen selbst hergestellt.

Tournus

Der Name dieser kleinen Saône-Stadt (6600 Einwohner) zwischen Chalon und Mâcon steht für einen der bekanntesten romanischen Kirchenbauten in Burgund. Jedes Jahr pilgern etliche tausend Gläubige in die uralte **Abteikirche** zur Reliquie des hl. Philibert, die sogar auf eine noch ältere Tradition als Cluny zurückblicken kann: Das Gotteshaus steht auf den Grundmauern einer präromanischen Kirche, die 937 durch einen Ungarneinfall zerstört wurde. Ab 950 begann man unter Abt Etienne mit dem Neubau, von dem nach einem Brand im Jahre 1007 nur die gewaltige Krypta bis heute erhalten blieb. Nach 1007

Tournus mit der Kirche St-Philibert

entstanden dann Narthex (Vorhalle), Oberkirche und Langhaus – man baute sich also von Westen nach Osten vor, bis um 1120 Chor und Vierung und im 12. Jh. der Vierungsturm vollendet wurden.

Wir betreten die Kirche durch den dreischiffigen Narthex. Die Fresken des 14. Jh. in der Vorhalle stellen die Kreuzigung und Christus als Weltenherrscher dar. Über dem Narthex befindet sich die Kapelle des hl. Michael. Von hier oben gewinnt man den nachhaltigsten Eindruck von der Schönheit des hohen, dreischiffigen Langhauses mit seinen mächtigen runden Pfeilern aus warmem, rötlichem Sandstein und dem berühmten Quertonnengewölbe. Der halbrunde Chor mit Chorumgang und drei Radialkapellen, die wohl noch aus dem 10. Jh. stammen, stellt den spätesten, entwickeltsten Teil der Bauanlage dar und weist deutlich Anklänge an Cluny auf. In der mittleren der Kapellen steht der Schrein mit den Gebeinen des hl. Philibert. Die Krypta besitzt den gleichen Grundriß wie der Chor. Die Fresken des 12. Jh., die Christus und Maria mit Kind zeigen, sind die besterhaltenen der Kirche (zum Skulpturschmuck s. S. 58). An den Sommerwochenenden werden in der Abteikirche von Tournus eindrucksvolle Konzerte veranstaltet. Herrliche Akustik.

Rechts neben der Kirche steht das ehemalige Kloster mit dem Weinkeller *(Cellier)* und dem Speisesaal *(Réfectoire)* der Mönche. Beide Gebäude bilden mit der Kirche einen wunderschönen Innenhof, der zudem vom Kreuzgang des 11. Jh. an der Kirchenseite gesäumt wird. Rechts gegenüber der Kirchenapsis steht das Abtshaus *(Logis abbatial)*. Der Kapitelsaal *(Salle capitulaire)* ist direkt an die Kirche gebaut. Links der Apsis befindet sich das ehemalige Haus des Schatzmeisters, in dem heute das Musée bourguignon oder **Musée Perrin-de-Puycousin**, ein Volkskunstmuseum, untergebracht ist. Früher wohnte hier der Schriftsteller Albert Thibaudet, der in der Tour Trésorier mehrere seiner Werke geschrieben hat. Er vermachte Haus und Turm der Stadt Tournus, die jetzt hier traditionelle burgundische Alltagsgegenstände zeigt (45-Minuten-Führungen von April–1. November 9.30–12 und 14–18 Uhr, Di geschlossen). Aus Tournus stammt auch der Maler Jean-Baptiste Greuze (1725–1805), dessen Werk im **Musée Greuze** an der Rue Collège ausgestellt wird (geöffnet von Palmsonntag bis 1. November 9.30–12 und 14–18 Uhr, Di geschlossen).

Hotels: ****De Greuze, 5, Rue A. Thibaudet, ✆ 03 85 51 77 77; ***Le Rempart, 2, Avenue Gambetta, ✆ 03 85 51 10 56; Chateau de Beaufer, Wohnen im Schloß, 8 stilvolle Zimmer, 3 km außerhalb Richtung Taizé (D 14), ✆ 03 85 51 18 24.

Restaurants: Greuze, 1, Rue Thibaudet, ✆ 03 85 51 13 52 (Luxus); Le Rempart, 2, Avenue Gambetta, ✆ 03 85 51 10 56; Petite Auberge, in

Lacrost (D 37, 2 km), ✆ 03 85 51 18 59; Terminus, 21, Avenue Gambetta, ✆ 03 85 51 05 54; Terrasses, 18, Avenue du 23. Janvier, ✆ 03 85 51 01 74.

 Information: Office de Tourisme, 2, Place Carnot, ✆ 03 85 51 13 10, nur von März bis Ende Oktober geöffnet.

Busse: Nach Bourg-en-Bresse, Chalon-sur-Saône, Mâcon.

Cluny

Die einst so mächtige Abtei liegt nur wenige Kilometer westlich von Mâcon in einer lieblichen Landschaft von Hügeln, Äckern und Weinbergen. Man kann sich heute kaum vorstellen, daß ausgerechnet hier – und nicht in Rom – lange Zeit das geistige Zentrum der Christenheit lag. Und dennoch war es so: Der Papst befand sich im sog. Investiturstreit (es ging u. a. um das Recht der Bischofsernennung) mit den ›römischen Kaisern deutscher Nation‹, seine Macht schien neutralisiert, so daß die damalige Welt in theologischen wie moralischen Fragen auf Cluny blickte. Bevor wir uns jedoch näher mit der glanzvollen Epoche beschäftigen, zunächst ein kleiner historischer Abriß:

Herzog Wilhelm der Fromme von Aquitanien hatte 910 die erste Abtei auf eine Anregung seines Freundes Berno von Baume hin gestiftet. Der hatte als junger Abt aus dem Jura eine Jagdhütte in dieser Abgeschiedenheit besessen und dem mächtigen Fürst nahegelegt, gerade hier, jenseits der großen Märkte, ein Kloster zu gründen, das sich wieder auf die ursprünglichen Ideale des Benediktinerordens, auf Armut, Bescheidenheit und Gottesfurcht, besinnen sollte. Berno selbst siedelte sich mit zwölf Mönchen an.

Trotz des bescheidenen Anfangs war schon in der Schenkungsurkunde festgelegt worden, daß das Kloster sich keiner anderen Macht zu unterwerfen hatte als der des Papstes. Diese Sonderstellung wurde auch von den weltlichen Herrschern anerkannt – und ausgebaut: Kaiser Heinrich I. gewährte den Cluniazensern das Privileg, sich andere Klöster untertan zu machen. Das war eigentlich nach den strengen Ordensregeln der Benediktiner nicht erlaubt, wurde jedoch trotzdem in Cluny bis zum Exzeß praktiziert. Schließlich war und blieb es über Jahrhunderte hinweg so, daß der jeweilige Abt von Cluny auch als Oberhaupt aller Tochterklöster – im 12. Jh. waren es an die 1500 – fungierte.

Berno von Baume (910–926) hatte bereits die erste Klosterkirche errichtet (Cluny I), doch der eigentliche Ausbau und damit der Ruhm der Niederlassung begann mit seinen Nachfolgern Odo (927–942) und Aymard (942–963). 963–994 stand der hl. Majolus dem Kloster vor; er veranlaßte den Bau von Cluny II, prächtiger und größer als alle anderen Kirchen. Die Äbte Odilo (994–1049), Hugo von Semur (1049–1109), Pontius von Mergueil (1109–1122) und Petrus Venerabilis (1122–1156) bescherten Cluny dann eine Blütezeit, wie sie nie wieder erreicht werden sollte – und einen wahrhaft ›überirdischen‹ Kirchenbau, den größten der damaligen Welt: Cluny III, hauptsächlich zwischen 1088 und 1130 entstanden.

Von der Mitte des 12. Jh. an verlor die Abtei an Macht. Sie wurde schließlich 1258 dem französischen König unterstellt, ihre Äbte wurden bestimmt und nicht mehr frei gewählt. Außerdem hatten sie – wie im 17. Jh. etwa Richelieu und Mazarin – ihren ständigen Sitz nicht mehr in Burgund, sondern in Paris. Den endgültigen Ruin Clunys brachte die Französische Revolution: 1790 wurde der Klosterbetrieb eingestellt, die Gebäude zum Nationaleigentum erklärt. Der Zerstörungsdrang, der sich gerade auch gegen das verhaßte klerikale Symbol Cluny richtete, soll Napoleon zu der Bemerkung veranlaßt haben, seine revolutionären Mitbürger seien ›Vandalen‹. 1798 verkaufte die Regierung die gesamte Anlage für 2 Mio. Francs an einen Unternehmer aus Mâcon. Dieser Monsieur Batonnard benutzte das einstige Wunder der Christenheit als Steinbruch, das so gewonnene ›Steinmaterial‹ wanderte in Straßen- und Kanalbau. Erst 1823, viel zu spät, wurde der Abriß gestoppt – doch da stand außer Resten des

Relieffragment im Musée Ochier, Cluny

südlichen Querschiffs schon nichts mehr.

Von Glanz und Größe der Abtei ist also nur noch wenig übriggeblieben. Um sich ein Bild von den früheren Dimensionen machen zu können, sei zuallererst ein Besuch des **Musée Ochier** im ehemaligen Wohnhaus des Abtes Jean III. de Bourbon (1456–1485) empfohlen. Neben Ausgrabungsstücken, den Tympanonfragmenten vom Westportal (1115) sowie etwa 4000 Bänden der alten Bibliothek werden vor allem Grundrisse und Rekonstruktionen des amerikanischen Historikers Kenneth John Conant ausgestellt, die den Besuchern die einstigen Ausmaße von Cluny verdeutlichen.

Demnach war die Klosteranlage so groß wie eine Stadt, von einer Ringmauer umgeben, aus der die zahlreichen Türme der Abtei herausragten. Allein fünf gehörten zur Kirche St-Pierre-et-Paul, einem Weltwunder des Mittelalters. Insgesamt muß sie 177 m lang und über 30 m hoch gewesen sein – bis zum Bau des Petersdoms in Rom (186 m lang) die größte Kirche der Welt. Die Rekonstruktionen von Conant verraten uns, daß St-Peter-und-Paul fünf Längs- und zwei Querschiffe hatte. Davon sind jedoch nur der große südliche Querschiffarm mit den Kapellen St-Etienne und St-Martial, der 62 m hohe **Clocher de l'Eau Bénite** (›Weihwasserturm‹, das heutige Wahrzeichen von Cluny) und der kleinere Uhrturm übrig sowie Reste des kleinen südlichen Querschiffs mit der spätgotischen Chapelle de Bourbon. Die Apsis besaß einen Chorumgang mit fünf Radialkapellen. Im Westen wurde das Gotteshaus von einer riesigen Vorhalle mit Eingangsportal und zwei rechteckigen, kastellartigen Türmen abgeschlossen.

Im **Farinier**, dem Kornspeicher und Weinkeller des Klosters aus dem 13. Jh., sind Fragmente von Skulpturen und die anhand von zehn gefundenen Kapitellen rekonstruierte Chorpartie der Klosterkirche samt Altar von 1095 ausgestellt. Die Kapitelle, deren Meister

zu den größten Bildhauern der Romanik zu zählen ist, zeigen u. a. den Sündenfall, Personifizierungen der Tugenden und Jahreszeiten, die vier Paradiesflüsse und die berühmten Darstellungen der ebenfalls personifizierten ›acht Töne der Musik‹, ein Hinweis auf den hohen Stellenwert des gregorianischen Kirchengesangs in der Liturgie der Mönche (Musée lapidaire geöffnet täglich 16. März–31. Oktober 9.30–12 und 14–18 Uhr, 1. November–28. Februar 10–12 und 14–16 Uhr; 20. Dezember–15. Januar geschlossen; gleiche Öffnungszeiten im Musée Ochier).

Im Klostergebäude aus dem 18. Jh. mit einem mittelalterlichen Kreuzgang ist heute eine Kunstgewerbeschule untergebracht. Im Park dahinter steht die Abälard-Linde, ein mächtiger Baum, der dem berühmten Scholastiker und Pariser Abt gewidmet ist. Er galt als großer Gegenspieler von Bernhard von Clairvaux, wurde später auf dem Konzil von Sens vom Papst exkommuniziert, danach aber von Abt Petrus Venerabilis (›der Verehrungswürdige‹) unterstützt und beherbergt. Seine Liebe zu Héloïse hat ihn über seine kirchengeschichtliche Bedeutung hinaus berühmt gemacht. Er starb 1142 nach der Versöhnung mit Bernhard in der Cluniazenserabtei St-Marcel-lès-Chalon.

Gegenüber dem Ochier-Museum steht das **Palais d'Amboise**, ein Renaissancebau, in dem Gäste des Klosters untergebracht wurden.

Cluny vor der
Zerstörung

Heute befindet sich hier das Hôtel de Ville, die Stadtverwaltung von Cluny, mit Blick auf einen schönen Park, an dessen Rand das berühmte, von Napoleon gegründete **Nationalgestüt** *(Haras National)* liegt. In der nordöstlichen Ecke der Parkanlage steht die **Tour Fabry**, um 1350 von Hugues Fabry, dem 33. Abt von Cluny, errichtet. In entgegengesetzter Richtung, am anderen Ende der ehemaligen Ringmauer, erhebt sich die **Tour des Fromages** (›Käseturm‹): Der Aufstieg über die 120 Treppenstufen lohnt sich auf jeden Fall, denn von der Plattform dieses Turms hat man die beste Aussicht auf Cluny.

Hotels: **Bourgogne, Place Abbaye, ✆ 03 85 59 00 58; *Abbaye, Avenue Charles de Gaulle, ✆ 03 85 59 11 14; *St-Odilon, Route d'Azé, ✆ 03 85 59 25 00.

Restaurants: **Hermitage, Route Cormatin, (1 km nach Châlon-sur-Saône), ✆ 03 85 59 27 20.Bourgogne, Place Abbaye, ✆ 03 85 59 00 58;

Information: Office de Tourisme, Rue Mercière, ✆ 03 85 59 05 34.

Ausflüge in die Umgebung

Azé: Die Attraktion des kleinen Ortes (von Cluny auf der D 15 in Richtung Tournus) sind die Höhlen, die schon vor 25 000 Jahren von Steinzeitmenschen bewohnt wurden. Diese dunklen Galerien haben eine Gesamtlänge von 1,6 km

(Höhlen, mit Führung zu besichtigen, und Museum mit lokalen Funden geöffnet 20. März–30. Sept. 10–12 und 14–18 Uhr).

Berzé-la-Ville: Das Dorf war der Alters- und Erholungssitz des berühmten Cluny-Abtes Hugo von Semur. Die kleine romanische Kapelle, Schmuckstück des Ortes, liebte er besonders. Sie war 1105 abgebrannt und von Hugo wieder aufgebaut worden. Er ließ das kleine Gotteshaus auch mit schönen Fresken schmücken, die allein einen Besuch wert sind. Sie zeigen links von Christus die Legende des hl. Blasius, rechts das Martyrium des hl. Laurentius.

Berzé-le-Châtel: Wenige Kilometer nordwestlich lädt das beeindruckende Schloß von Berzé-le-Châtel mit seinen beiden mächtigen, das Eingangstor flankierenden Rundtürmen zu einem Abstecher ein. Einst der Stammsitz des bedeutendsten Adelsgeschlechts der Mâconnais, liegt die Burg heute äußerst romantisch inmitten sanft abfallender Weinberge (nur von außen zu besichtigen, Juli– Aug. tägl. 10–12 und 14–18 Uhr).

Château Cormatin: Dreizehn Kilometer nördlich von Cluny steht in einem herrlichen Park eines der schönsten Schlösser Burgunds (1605–16 erbaut). Es gehörte dem bei Hof einflußreichen Marquis Jacques du Blé, der hier seine Sommerresidenz hatte. Wände und Decken des Schloßinneren sind mit kostbarsten Verzierungen und Malereien selbst für französische Verhältnisse ungewöhnlich prunkvoll ausgestattet; das 25 m hohe Treppenhaus im Nordflügel dürfte einzigartig sein. Führungen (45 Min.): Mai: Sa/So und feiertags 10–12 und 14–17.30 Uhr; Juni 10–12 und 14–18.30 Uhr; Juli–Aug. 10–18.30 Uhr; Sept. 10–12 und 14–17.30 Uhr, im Okt. bis 17 Uhr.

Taizé

11 km vom ehemaligen Zentrum der Christenheit, von Cluny, entfernt, hat sich vor über 50 Jahren eines der Zentren christlicher Ökumene etabliert, Pilgerziel vieler Jugendlicher aus aller Welt, die zwar den verschiedensten christlichen Konfessionen angehören, aber alle an denselben Gott glauben.

Die ökumenische Bewegung von Taizé geht, wie so oft in der christlichen Geschichte, auf eine einzelne Person zurück. 1940 kam der protestantische Theologiestudent Roger Schutz aus Lausanne in der Schweiz mit seinem Fahrrad ins Tal der Grosne. Er war damals 25 Jahre alt und glaubte felsenfest an die Einheit aller christlichen Kirchen. Nach einem Besuch in Cluny suchte er in der Gegend nach einem Haus für eine Ordensgemeinschaft in seinem Sinn. Ein Notar empfahl ihm das Dorf Taizé. Dort mietete sich der junge Theologe in einem unbewohnten Gutshof ein.

Der größte Teil Frankreichs war damals von den Deutschen besetzt, das südliche Burgund gehörte noch zu der ›freien Zone‹ Vichy-Frankreichs. Viele Menschen flohen vor dem Terror der Nazis auch nach Taizé, Christen und Juden. Und etliche von ihnen fanden bei Roger Schutz eine Bleibe. Schließlich drangen die deutschen Truppen über die Demarkationslinie, die Gestapo wütete auch in Burgund. Schutz floh nach einer Hausdurchsuchung und tauchte erst 1944 nach dem Abzug der Deutschen wieder auf.

Diesmal hatte er einen weiteren Theologen mitgebracht sowie einen Landwirt. So entstand die protestantische ›Kommunität‹ *(Communauté)* von Taizé, der mittlerweile über 70 Brüder angehören, die sich zu Ehelosigkeit, Gütergemeinschaft und Anerkennung einer gewählten Autorität verpflichtet haben und vom Ertrag ihrer Arbeit leben – urbenediktinisches Gedankengut also. Schutz wurde 1949 ihr erster Prior. 1974 sollte er dann den Friedenspreis des Deutschen Buchhandels erhalten.

Nach anfänglichem Mißtrauen gegenüber dem ungewöhnlichen Orden hatte der Bischof von Autun den merkwürdigen weißen Mönchen gestattet, die romanische Dorfkirche Ste-Marie-Madeleine zu benutzen. Sie wurde zu einer Begegnungsstätte von Katholiken, Protestanten aller Schattierungen und Orthodoxen. Ungewöhnliche Ideen bedürfen ungewöhnlicher Plätze und

Taizé – Treffpunkt für Jugendliche aus aller Welt

Menschen: Roger Schutz und seine weißen Mönche waren ungewöhnlich, ihr Domizil an der Peripherie von Cluny ebenfalls.

Die Sehnsucht nach Harmonie, nach Frieden und gegenseitiger Toleranz trieb junge Leute scharenweise nach Taizé. Während ein Nachkriegseuropa, diesmal demokratisch legitimiert, aufrüstete und militärische Beistandsbündnisse schuf, kamen im Tal der Grosne Menschen zusammen, die ganz einfach nur den Frieden untereinander erleben wollten. 1974 trafen sich hier 40 000 Menschen zu einem Konzil der Verständigung innerhalb der Konfessionen.

1962 bauten junge Deutsche die ›Kirche der Wiederversöhnung‹, *l'Eglise de la Réconciliation*, ein Symbol für das Leid der Franzosen zur Zeit der deutschen Besatzung. Der ästhetisch nicht gerade überzeugende Bau, eine der damals üblichen Betonarchitekturen, steht auf einem Hügel über den Äckern von Taizé, gebaut für die Reue, für das Verständnis und das multinationale Gebet um die Gnade der Toleranz.

Paray-le-Monial

Gleich zwei Gründe machen Paray, 50 km westlich von Cluny, zu einer wichtigen Station auf der Rundreise zu den Heiligtümern Burgunds. Es ist einer der wichtigsten Wallfahrtsorte Frankreichs, das Zentrum der Herz-Jesu-Verehrung, und das verkleinerte Ebenbild von Cluny – und zwar eines intakten Cluny. Hugo von Semur ließ Anfang des 12. Jh. das bereits vor dem Jahr 1000 gegründete Benediktinerkloster erweitern; es erschien dem Bauherrn von Cluny III einfach zu armselig, der mächtige Herr wollte am Flußlauf der Bourbince ein Abbild seines Kirchenzentrums bauen. Also schickte er die gleichen Handwerker, die schon an der Kirche St-Pierre-et-St-Paul gearbeitet hatten, gleich nach Paray weiter.

So bietet sich vom gegenüberliegenden Ufer der Bourbince oder von der Brücke ein Bild, das zu den schönsten Burgunds gehört: Im stillen Wasser des Flusses spiegeln sich die beiden Westtürme mit der Vorhalle, der sich ein 50 m langes, 22 m hohes Langhaus mit drei Schiffen anschließt. Über der Vierung thront – wie in Cluny – ein achteckiger Glockenturm. Von Osten empfiehlt sich der Blick von der Treppe der Maison des Pages auf das Querschiff, die Apsis und die drei Kapellen des Chorumgangs. Der Chor mit seinen acht Säulen verdient im Innern der Kirche besondere Beachtung wie auch das Fresko aus dem 14. Jh. in der Apsis, das einen thronenden Christus darstellt.

Hinter der Kirche befindet sich der **Parc des Chapelains**, der ebenfalls einen eindrucksvollen Blick auf den Kapellenkranz an der Ostseite bietet. In der Anlage steht ein Diarama, das das Leben der hl. Marguerite-Marie

Alacoque (1647–1690) darstellt. Nach dem Tod ihres Vaters trat sie mit 24 Jahren in das Salesianerinnenkloster von Paray ein, den ›Orden der Heimsuchung Mariä‹.

Die Überlieferung berichtet nun, daß am 27. Dezember 1673 Jesus Christus sie – auf Französisch – angesprochen habe. Auf Deutsch übersetzt, soll der Herr sich folgendermaßen ausgedrückt haben: »Mein Herz ist von leidenschaftlicher Liebe zu der Menschheit ergriffen, besonders zu Dir. So sehr, daß es die Flammen seiner Liebe nicht mehr zurückhalten kann, sondern sie durch Dich ausbreiten muß.« Die heimgesuchte Ordensschwester teilte sich ihrer Oberin mit, das Wunder von Paray-le-Monial nahm seinen Lauf. 1864 wurde Marguerite-Marie selig-, 1920 heiliggesprochen. 1875 benannte der Papst die romanische Kirche zur Basilika Sacré-Cœur um.

Zwei Jahre zuvor hatte die erste Wallfahrt zu Ehren des Herzen Jesus stattgefunden. Seitdem pilgern die Gläubigen zu Tausenden zweimal im Jahr nach Paray-le-Monial: zum Herz-Jesu-Fest am zweiten Freitag nach Fronleichnam und zum 17. Oktober, dem Todestag der Heiligen. Besucht wird vor allem die **Maison des Pages** hinter der Basilika mit der original rekonstruierten Nonnenzelle der Heiligen und ihren Erinnerungsstücken. In der Rue de la Visitation befindet sich das Salesianerinnenkloster mit der **Chapelle de la Visitation.** Hier, wo die Heilige ihre Erscheinungen hatte, steht heute ihr vergoldeter Sarg.

Die Stadt hat allerdings außer ihren Sakralbauten noch weitere Sehenswürdigkeiten zu bieten, z. B. das **Hôtel de Ville** mit einer herrlichen Renaissancefassade aus dem frühen 16. Jh.; es wurde von dem reichen Tuchhändler Pierre Jayet errichtet. Gegenüber steht die **Tour St-Nicolas**, die früher zu einer Kirche aus dem 16. Jh. gehörte. An der Ecke Rue Pasteur/Rue de la Paix befindet sich das **Musée eucharistique du Hiéron.** Hier wird außer vorgeschichtlichen Funden, einer Gemäldesammlung (Dürer, Lucas van Leyden, Poussin u. a.) vor allem kirchliches Gerät ausgestellt. Wertvollstes Stück ist das Tympanon der Prioreikirche von Anzy-le-Duc aus dem 12. Jh., ein Meisterwerk romanischer Bildhauerkunst.

Hotels: **Trois Pigeons, 2, Rue Dargaud, ✆ 03 85 81 03 77; **Vendanges de Bourgogne, 5, Rue D. Papin, ✆ 03 85 81 13 43.

Information: Office de Tourisme, Avenue Jean-Paul II., ✆ 03 85 81 10 92.

Ausflüge in die Umgebung

Anzy-le-Duc: Knapp 20 km südwestlich von Paray liegt das kleine

Die Wallfahrtskirche von Paray-le-Monial, im Vordergrund der Fluß Bourbince

Städtchen, in dem einst Odo lebte, auch er ein bedeutender Abt von Cluny. Die Kirche, deren Bau wohl schon im 11. Jh. begonnen wurde, weist denn auch deutlich cluniazensischen Einfluß auf. Wie das große Vorbild erlitt auch dieses Gotteshaus starke Beschädigungen. Besonders sehenswert sind die Figurenkapitelle des Langhauses, die Fresken in der Apsis sowie das kleine Portal mit Tympanon in der Außenmauer des Klosters (das Tympanon des Westportals befindet sich heute im Museum von Paray-le-Monial). Anzy-le-Duc ist nur eine von zahlreichen cluniazensischen Filiationen im Brionnais, dem südlichen Teil Burgunds.

Charlieu: Das mittelalterliche Landstädtchen im südlichen Brionnais gehört gerade noch zu Burgund und ist vor allem durch seine ehemalige Benediktinerpriorei nach dem Vorbild Clunys berühmt. Sie wurde bereits 872 gegründet und erhielt über 200 Jahre später eine neue Kirche, die 1094 von Abt Hugo von Semur dem hl. Fortunatus geweiht wurde. Das Gotteshaus nahm das gleiche Schicksal wie das Vorbild in Cluny: Nach der Französischen Revolution wurde es bis auf die Vorhalle und einige kostbare Skulpturen zerstört.

Die berühmte Portalplastik Charlieus läßt die Entwicklung der burgundischen Plastik vom 11. zum 12. Jh. erkennen: Das frühe Westportal, das Christus als Weltenherrscher über den zwölf Aposteln zeigt, wirkt noch recht steif im Vergleich zu den expressiven Figuren des Nordportals mit demselben Thema. An der Seite des letzteren stellt ein kleines Nebenportal die Hochzeit von Kanaan dar. Von der Priorei blieben Kapitelsaal, Reste des Kreuzgangs, eine Kapelle und das reizende Haus des Priors erhalten.

In der Kirche St-Philibert aus dem 13. Jh. sollte man sich die Notre-Dame de Charlieu, eine schwarze Madonna aus dem 14. Jh., sowie das Chorgestühl (16. Jh.) ansehen. Ein weiteres Kloster finden wir an der Westseite des Städtchens: Die Franziskanerabtei wurde im 15. Jh. gegründet und hat einen schönen Kreuzgang aufzuweisen.

ⓘ Information: Syndicat d'Initiative, Maison de Pays, Place de St-Philibert, ☎ 04 77 60 12 42 (nur im Sommer besetzt).

Semur-en-Brionnais: Nur wenige Kilometer hinter Anzy kommen wir nach Semur, benannt nach jenem mächtigen Grafengeschlecht, aus dem auch der berühmte Cluny-Abt Hugo stammte. Die Reste der Burg St-Hugues, wo er geboren wurde und deren früheste Teile aus dem 9. Jh. stammen, wurden restauriert und lohnen einen Besuch. Die Kirche der ehemaligen Priorei ist, wie gehabt, der Architektur von Cluny stark nachempfunden. Sie entstand im 11./12. Jh. Besonders kostbar ist das Tympanon mit Christus in der

Mandorla. Darunter wird die Legende vom hl. Hilarius (Hilaire) geschildert, dem Namenspatron der Kirche. Gegenüber steht das sehenswerte Rathaus aus dem 18. Jh. Im Sommer lockt das Licht- und Tonspektakel *Son et Lumière* zahlreiche Touristen an.

La Charité-sur-Loire

Die schöne historische Stadt La Charité-sur-Loire (6400 Einwohner) liegt im Departement Nièvre nördlich von Nevers an der Loire. Seinen Namen verdankt der Ort mildtätigen Mönchen (*charité* = Barmherzigkeit, Mildtätigkeit). Im frühen 8. Jh. wurde hier schon ein Benediktinerkloster gegründet, das allerdings die Araber 731 zerstörten. Guillaume II. von Nevers schenkte schließlich dem Abt von Cluny das Kloster. Hugo von Semur ließ hier eine Tochterpriorei errichten, die 1107 von Papst Paschalis II. geweiht wurde. 1125 begann man mit dem Umbau der Kirche nach dem Vorbild von Cluny. Die **Basilika Ste-Croix-Notre-Dame** wurde mit 122 m Länge die zweitgrößte Kirche Frankreichs, ein gewaltiger fünfschiffiger Bau. Ein Brand zerstörte sie bereits während der französischen Religionskriege 1559 weitgehend. Vom romanischen Bauwerk sind lediglich der Nordturm der Westfassade, der Chor und das Querschiff erhalten.

Ein bemerkenswertes Tympanon (12. Jh.) am Nordturm stellt einen segnenden Christus und Szenen des Marienlebens dar. Wo früher das mächtige Langhaus stand, liegt jetzt die Place Ste-Croix. Nur vier Joche sind noch erhalten und im 17. Jh. (nicht gerade überzeugend) restauriert worden. Sehr schöne Kapitelle finden wir im Chor und im Kapellenkranz. Ein weiteres romanisches Portal mit Christus in der Mandorla und u. a. den Szenen der Himmelfahrt und der Anbetung der hl. drei Könige finden wir im rechten Querschiff.

Eines der schönsten Bauwerke von La Charité ist die alte **Loire-Brücke**, 1520 aus Stein erbaut. Von ihr wie von der anderen Flußseite kann man einen besonders romantischen Ausblick auf die Innenstadt genießen. Sehenswert ist noch eine alte **Markthalle** aus dem 15. Jh., die heute als Festsaal dient, und ein Besuch der alten **Stadtmauern** lohnt sich.

Hotels: *Bon Laboureur, Quai R. Mollot (Loire-Insel), ✆ 03 86 70 22 85; *Terminus, 23, Avenue Gambetta, ✆ 03 86 70 09 61; **Grand Monarques, 33, Quai Clemenceau, ✆ 03 86 69 62 32.

Restaurants: A la bonne Foi, 91, Rue C. Barrère, ✆ 03 86 70 15 77; Grand Monarque, 33, Quai Clemenceau, ✆ 03 86 70 21 73.

Information: Office de Tourisme, Place Ste-Croix, ✆ 03 86 70 15 06 (nur im Sommer besetzt).

155

Blick auf Vézelay

Vézelay

Etwa 80 km nordöstlich von La Charité-sur-Loire erreichen wir eines der größten Heiligtümer Frankreichs, mit Sicherheit den bedeutendsten Wallfahrtsort Burgunds. Auf einem sanften, langgestreckten Hügel erhebt sich die **Basilika Ste-Madeleine**. Angeblich sind hier Reliquien der – heiligen – Sünderin Maria Magdalena bestattet, die jährlich von vielen tausend Besuchern verehrt werden. Über diese Reliquie wurde eine der gewaltigsten romanischen Kirchen Frankreichs gebaut, die mit Cluny nicht viel gemein hat. Das mag auch am Übergang der Baustile liegen: Narthex und Langhaus sind im unteren Bereich eindeutig romanisch, Querschiff und Chor weisen schon deutlich gotische Merkmale auf, ebenso das obere Geschoß der Westfassade sowie der rechte Turm St-Antoine.

Die Basilika, im Mittelalter mehrmals nach Zerstörungen wiederaufgebaut, erlebte auch in der Neuzeit ein unruhiges Schicksal. 1537 wurde das Kloster säkularisiert, d. h. die Mönche durch ein Domkapitel ersetzt. Während der Religionskriege plünderten die Protestanten 1569/70 die Kirche und zerstörten den linken Fassaden-

turm. Die Revolutionäre von 1790 zerschlugen die äußeren Statuen, ein Blitzschlag, der 1819 den noch übrigen Fassadenturm zerstörte, tat sein übriges – Ste-Madeleine war nur noch ein einziger Trümmerhaufen.

Schließlich nahm sich Prosper Mérimée (1802–1870), Schriftsteller und Verfasser der Novelle »Car-

men«, der Ruine an. Als staatlich beauftragter Inspekteur wertvoller historischer Bauten in Frankreich schilderte er den Behörden so eindringlich den Verfall des nationalen Heiligtums, daß endlich die finanziellen Mittel für den Wiederaufbau bereitgestellt wurden. 1840 begann der geniale, erst 30jährige Baumeister Viollet-le-Duc mit den Bauarbeiten, 21 Jahre später strahlte Vézelay wieder im alten Glanz: Viollet-le-Duc hatte großartige Arbeit geleistet. 1876 begannen wieder die Wallfahrten.

Wir gehen durch den Ort Vézelay (580 Einwohner) die Grande Rue bergauf und stehen dann vor dem gewaltigen Westportal der Basilika – ein beeindruckendes Bild.

Maria Magdalena in Vézelay

Kapitell in Vézelay:
Figuren der Vier Winde mit Blasebälgen

Um das Jahr 859 gründete Girart de Roussillon (s. S. 63) am Fuße des Hügels über der Cure ein Kloster, dem Papst Nikolaus I. den Schutz des Heiligen Stuhls gewährte (im heutigen St-Père-sous-Vézelay). Die plündernden und mordenden Normannen hat das nicht sehr beeindruckt. Sie fuhren mit ihren Drachenbooten die Flüsse aufwärts bis ins Innere des Landes, und bald loderten die Flammen auch über dieser Abtei. Die Mönche fanden zunächst Schutz in einer alten keltischen Fluchtburg, dann bauten sie dort, diesmal auf der Kuppe des Hügels, ein neues Kloster, das zu Beginn des 10. Jh. aufgrund der Unvorsichtigkeit eines Bruders erneut abbrannte. 1096–1104 ließ dann Abt Artaud eine große romanische Basilika errichten, um den Pilgerstrom zu den Reliquien der hl. Maria Magdalena aufnehmen zu können.

Eine solche Reliquie, womöglich aus dem engsten Personenkreis um Jesus Christus stammend, war *die* Attraktion in jener Zeit. Nun gab es aber mehrere widersprüchliche Versionen von der Geschichte der Maria Magdalena bzw. ihren Gebeinen: Die eine lautet, aus Angst vor den Überfällen muslimischer Sarazenen seien die Überreste der Heiligen aus der Provence – oder, einer anderen Überlieferung zufolge, direkt aus Jerusalem – nach Vézelay gebracht worden. Dagegen stand die ›provenzalische Variante‹, wonach Maria Jakoba, Maria Salome, Lazarus, der von Jesus von den Toten Erweckte, Martha und Maria

Magdalena Palästina verlassen hätten und mit ihrem Schiff beim heutigen Stes-Maries-de-la-Mer gelandet seien. Dort hätten die Jünger dann das Land um Aix, Avignon, Marseille und Arles christianisiert. Und dort sei Maria Magdalena auch beerdigt.

Der Papst entschied diesen ›Reliquienstreit‹ zugunsten von Vézelay. Die Gebeine wurden in einer Bulle aus dem Jahr 1103 für echt erklärt: Der Pilgerstrom erfuhr eine erneute Steigerung. Das bedeutete nicht nur für das Kloster, sondern auch für die Stadt und die gesamte Region einen ungeheuren wirtschaftlichen Aufschwung. Vézelay und seine Kirche der hl. Maria Magdalena wurden zu einem der wichtigsten Pilgerzentren Europas, vor allem als Sammelpunkt für Pilger aus dem deutschen und nordeuropäischen Raum auf ihrer Reise nach Santiago de Compostela.

Am 21. Juli 1120, am Vorabend des Namensfestes der Heiligen, des traditionellen Höhepunktes der Pilgerverehrung, zerstörte ein Brand das Langhaus der Kirche – über 1000 Menschen fanden einen qualvollen Tod. Eine neue Kirche, die heute noch sichtbaren romanischen Teile von Ste-Marie-Madeleine, wurde daraufhin gebaut. Die Arbeiten gingen zügig vonstatten, denn nur 26 Jahre nach der Brandkatastrophe, am 31. März 1146, konnte Bernhard von Clairvaux in dem nunmehr fertiggestellten Gotteshaus zum Zweiten Kreuzzug aufrufen (s. S. 169).

Malheur à celui qui n'ensanglante pas son épée, donnerte der *Doctor mellifluus,* der ›honigsüß beredte Kirchenmann‹ (›Verflucht sei derjenige, der sein Schwert nicht blutig macht!‹). Unter den Gläubigen befanden sich auch der französische König Ludwig VII. und seine Gattin Eleonore von Aquitanien. So brachen sie alle auf – in ihr Verderben im Heiligen Land. 1190 wurde trotz der schlechten Erfahrungen des Zweiten der Dritte Kreuzzug organisiert; diesmal ritten der englische König Richard Löwenherz und der französische König Philipp II. August vom Sammelpunkt Vézelay aus in ihr Unglück.

Schließlich wendete sich das Blatt gegen den burgundischen Wallfahrtsort. Im 13. Jh. hatte Karl II., König von Sizilien und Graf der Provence, in St-Maximin endlich die ›echten‹ Gebeine der Maria Magdalena ›entdeckt‹. Wieder wurde Rom angerufen, und diesmal entschied es sich gegen Vézelay: Pilgerstrom und wirtschaftlicher Wohlstand sanken rapide. Der päpstliche Schiedsspruch wird von den Burgundern bis heute indes nicht sonderlich ernst genommen. Für sie liegt niemand anders als Maria Magdalena bis zum Jüngsten Gericht in der Basilika zu Vézelay: Der Glaube heiligt die Gebeine.

Über dem mittleren Torbogen sehen wir ein Christus-Tympanon, das Viollet-le-Duc 1856 nach mittelalterlichen Vorlagen und vor allem nach eigenen Inspirationen gestaltet hat. Im oberen Bereich der restaurierten Fassade befindet sich ein großes Fenster mit Statuen des 13. Jh., die die Krönung Christi, die Jungfrau Maria, die Patronin Maria Magdalena sowie zwei Engel darstellen.

Wir betreten nun die ungewöhnlich große Vorhalle mit dem eigentlichen Hauptportal, dessen Tympanon das wohl bedeutendste Kunstwerk Vézelays darstellt: Christus, von dessen Händen die Strahlen der Erleuchtung ausgehen, schickt die Apostel in alle Welt, repräsentiert durch die Völker der Erde auf dem Türsturz und auf dem ersten Reliefbogen, der die großfigurige zentrale Szene rahmt. Das zweite Reliefband zeigt in Medaillons den Jahreszyklus, symbolisiert in den Arbeiten der Monate und den Tierkreiszeichen. Auf dem Mittel- oder Trumeaupfeiler begrüßt Johannes der Täufer die Gläubigen im geweihten Bereich der Kirche, zu dem die Vorhalle nicht gehörte. Die nicht an die Qualität des Hauptportals heranreichenden Nebenportale zeigen im Norden die Erscheinungen Christi nach seinem Tod und im Süden Szenen aus seiner Kindheit.

Das Langhaus besteht aus drei Schiffen zu je zehn Jochen, das Hauptschiff wird links und rechts von schlanken, hell-dunkel gestreiften Säulenreihen gesäumt, die eine unvergleichliche Atmosphäre schaffen. Die Kapitelle, ein weiterer Höhepunkt der Kunst Vézelays, zeigen Darstellungen aus dem Alten und Neuen Testament, Legenden von Heiligen, Erzählungen aus der griechischen Mythologie (Ganymed) sowie symbolische und allegorische Szenen. Dem romanischen Langschiff fügt sich der lichte frühgotische Chor mit Umgang und fünf Radialkapellen harmonisch an.

Vom rechten Querschiff aus erreichen wir auch die Krypta, die auf karolingische Zeiten zurückgeht, jedoch mehrfach verändert wurde. Hier unten im mystischen Halbdunkel befindet sich auch der – moderne – Schrein mit den Reliquien der hl. Maria Magdalena hinter Panzerglas. Ebenfalls vom rechten Querschiff kommen wir zum südlichen Kreuzgang. Seinen östlichen Flügel sowie den Kapitelsaal aus dem 12. Jh. hat auch Viollet-le-Duc grundlegend restauriert.

Neben dem Besuch der ehemaligen Abteikirche ist ein Spaziergang durch den malerischen Ort sehr empfehlenswert. Die alten **Wallanlagen (Remparts)**, die **Terrasse du Château** hinter dem Kirchenchor mit Blick ins idyllische Cure-Tal, die Stadtzugänge **Porte Neuve** und **Porte Ste-Croix** und das alte **Franziskanerkloster** lohnen einen gemütlichen Bummel.

 Hotels: ***Le Pontot, ✆ 03 86 33 24 40; ***Poste et Lion d'Or (mit

Restaurant), ✆ 03 86 33 21 23; *Compostelle, ✆ 03 86 33 28 63.

 Information: Syndicat d'Initiative, Rue St-Pierre, ✆ 03 86 33 23 69.

Ausflüge in die Umgebung

Fontaines-Salées: Seit 1934 wird hier südlich des Ortes St-Père-sous-Vézelay unterhalb von Vézelay ein keltisches Heiligtum mit einer Ringmauer ausgegraben. Bereits 1000 Jahre v. Chr. hat man hier Salz gewonnen. Die Quellen wurden mit Eisenstäben umfaßt, was darauf schließen läßt, daß bereits in dieser Zeit hier Eisen gewonnen wurde. In den Quellen haben wohl schon vor über 2500 Jahren die Kelten gebadet, im 1./2. Jh. wurden dann gallorömische Thermen angelegt. Einfallende Germanenstämme haben sie um 275 zerstört. Im 4. Jh. befand sich hier eine Salzsiederei. Südwestlich davon liegt das Gräberfeld Champs des Urnes, vermutlich um 900 v. Chr. angelegt.

St-Père-sous-Vézelay: In dieser kleinen Ortschaft unterhalb des Wallfahrtshügels von Vézelay wurde von Graf Girart de Roussillon und seiner Gattin Berthe das erste Kloster gegründet. An dessen Stelle trat später die gotische Kirche Notre-Dame (13.–15. Jh.) mit einer reich verzierten Fassade. Im Kircheninnern befinden sich die Gräber der Klosterstifter, und auch

zwei Figuren in der Vorhalle stellen wahrscheinlich den später literarisch verewigten Grafen und seine Frau dar (s. S. 63).

Neben Notre-Dame befindet sich das Archäologische Museum mit Funden aus Fontaines-Salées und vom Champs des Urnes, antiken Münzen, einer Dokumentation zur gallorömischen Eisenproduktion sowie Ausgrabungsstücken aus der merowingischen und karolingischen Epoche der Region (geöffnet 9.30–12.30 und 14.30 bis 18.30 Uhr, Mi geschlossen).

Pontigny

Das nächste Ziel unserer ›Kirchentour‹ liegt etwa 50 km von Vézelay entfernt im Norden Burgunds. Über Auxerre erreichen wir Pontigny (800 Einwohner), ebenfalls ein bedeutendes Kloster des burgundischen Mittelalters. Es wurde 1114 als Zisterzienserabtei von Hugo von Mâcon, einem Freund Bernhards von Clairvaux, gegründet. 1150 stellte der mächtige Graf der Champagne, Thibault der Große, die Mittel für den Bau einer größeren Kirche zur Verfügung, die durch ihre geographische Nähe zur Ile-de-France Baukonzepte der Go-

Landschaft bei La Chapelle-sous-Brancion (westlich Tournus) ▷

tik aufnahm, z. B. die Kreuzrippengewölbe über Spitzbögen und die Choranlage mit Rundgang und Kapellenkranz. Kombiniert mit der strengen, schmucklosen Baugesinnung, die Bernhard von Clairvaux vorgeschrieben hatte, wurde Pontigny richtungweisend für den zisterziensischen Baustil nach Fontenay.

Thibault ließ auch eine 4 m hohe Mauer um die Anlage ziehen, eine Sicherheitsvorkehrung, die die drei Erzbischöfe von Canterbury,

Espérance

Eines der besten Restaurants von Burgund

Zugegeben, es zeugt schon von einer gewissen, ganz persönlichen Voreingenommenheit, das Espérance in St-Père-sous-Vézelay als die größte ›Küchenkathedrale‹ in ganz Burgund vorzustellen. Es gibt durchaus ehrenwerte Kenner, die diese Krone nur Maître Georges Blanc in Vonnas (s. S. 119), Bernard Loiseau in Saulieu (s. S. 174) oder Jacques Lameloise in Chagny (s. S. 209) verleihen. Auf drei Sterne der unerbittlichen Michelin-Tester können sie alle verweisen.

Ein Besuch im Espérance bedarf dreierlei Bedingungen: Sie müssen Zeit haben. Herr Meneau bzw. seine charmante Frau Françoise muß einen Platz für Sie haben, und dafür brauchen Sie wiederum Zeit (Vorbestellung zwei Wochen). Und Sie sollten schon etwas gespart oder die jeweiligen Kreditkarten in Gold bzw. Platin haben. Dann jedoch dürfen Sie durch den goldenen Himmel der burgundischen Lebensart schweben, nehmen Sie Platz in einem der beiden Speisesäle mit Glaskuppeln und blicken auf einen üppigen Bauerngarten, der von zwei Bächen durchzogen wird. An den Ufern schnattern Enten, doch ist nicht anzunehmen, daß die Tierchen von dort direkt in die Küche watscheln müssen.

Marc Meneau liebt es, mit Geschmacksnuancen zu jonglieren, phantasievoll und harmonisch alle möglichen konträren Geschmacksrichtungen zu kombinieren, um eine raffinierte Symbiose zu erzielen. Beispiele aus Meneaus Töpfen sind pochierter Lachs mit Äpfeln und Kapern, Spinat mit eingemachten Zitronenschnitzeln, Seebarsch mit Kaviar und Sardinencreme oder milchiges Kalbsbries mit Garenne-Karnickel in Weinsauce.

Aber zitieren wir die Gastrosophen der französischen Eßbibel des Gault Millau: »Abgesehen von dieser Kunst, Unversöhnliches mitein-

die nacheinander hierher ins Exil geflohen waren, wohl zu schätzen wußten: Thomas Becket, Primas von England, kam als erster. Er war vor König Heinrich II. geflohen, weil er gegen die Abhängigkeit der Kirche von der englischen Krone eintrat. Von 1164 bis 1170 blieb er in Pontigny, dann kehrte er nach Canterbury zurück – und wurde in seiner Kathedrale ermordet. Als nächster fand Stephen Langton auf der Flucht vor König Johann 1208–1213 Exil bei den burgundischen

ander zu versöhnen, besitzt Meneau seltsame Kräfte, um beispielsweise aus gefrorenem Meerwasser, Kresse und Schalotten einen Zaubertrank zu hexen, der die Austern magisch verwandelt. Er vermag es aber auch, die Stopfleber zu verflüssigen, um sie in Krapfen einzuschließen, die im Mund explodieren. Bei ihm ist nichts einfach, aber alles macht den Eindruck der Schlichtheit. Ist dies nicht die beste Definition von Kunst?«

Doch was nützen die schönen Worte, machen wir lieber einen Menüvorschlag: Nach dem *Amuse gueule* (Naschwerk vor dem Essen) lassen wir uns eine Nierenbouillon mit Gemüse servieren, sodann ein Omelette an Trüffelcreme mit anisgewürztem armen Ritter. Es folgen Steaks Paul-Emile von im Fett gegartem Hummer mit Knoblauchzehen oder Bresse-Hähnchen mit einer wunderbaren kalten Sauce. Schließlich kommen wir zur Lammkeule vom Spieß mit einer Pastete aus Kalbsnieren und Bries. Nach der Auswahl von der exzellenten Käseplatte widmen wir uns dem Dessert, z. B. arme Ritter mit Äpfeln und Lakritzeis.

An und für sich fühlt man sich jetzt einfach zu glückselig, um die alles entscheidende Frage zu stellen. Nun gut, wir haben (Herbst 1998) für ein ähnliches Abendessen für zwei Personen inklusive zwei Flaschen Wein (phantastische Burgunder), Aperitifs und Digestifs runde 3000 Francs plus 150 FF Trinkgeld gezahlt. Das ist schon sehr viel und kann manch empfindlichen Magen nachhaltiger schocken als der schärfste Marc de Bourgogne. Aber alles hat seinen Preis, vor allem das *Savoir vivre de luxe.*

L'Espérance de Marc Meneau in St-Père-sous-Vézelay, 3 km südöstlich von 89450 Vézelay über die D 957, ☎ 03 86 33 39 10, Fax 03 86 33 26 15. Werktags relativ günstiges Mittagsmenü. Dienstag und Mittwoch mittag sowie von Anfang Januar bis Anfang Februar geschlossen. Warme Küche bis 21.30 Uhr. Zum Restaurant gehört ein wunderschönes Hotel der Luxusklasse mit 17 Zimmern und vier Appartements. Rechtzeitig reservieren!

Die Abteikirche von Pontigny

Zisterziensern. Schließlich kam Edmund von Canterbury. Er starb 1240 in Pontigny, wurde in der Abtei beigesetzt, sechs Jahre später heiliggesprochen und gilt seitdem als Schutzpatron (St-Edme) des Klosters.

In den französischen Religionskriegen des 16. Jh. wurde die Abtei mehrfach geplündert und verfiel in der Folgezeit. Nach 1789 zerstörten Revolutionäre das Kloster; die imposante Kirche, mit 108 m Länge fast so groß wie Notre-Dame in Paris, blieb jedoch erhalten. 1840 kaufte der Erzbischof von Sens die Anlage zurück, und eine Missionskongregation aus der Champagne hielt ihren Einzug in Pontigny.

Nachdem die Patres Anfang des 20. Jh. vertrieben worden waren, erwarb der Philosoph Paul Desjardins (1859–1940) das Anwesen. Er organisierte die berühmten *Décades de Pontigny*, ein Treffen berühmter Persönlichkeiten, die hier über Literatur, Kultur und Politik diskutierten. Bis 1939 kamen u. a. Thomas Mann, André Gide und T. S. Eliot, der sich hier Anregungen für sein Becket-Drama »Mord im Dom« holte. Seit 1954 gehört Pontigny der *Mission de France*, die auch den Wiederaufbau der Abtei betreibt, ein Rehabilitations- und ein franko-amerikanisches Studienzentrum der ›Pères de St-Edme‹ eingerichtet hat.

Der schönste Blick auf die Kirche bietet sich von einer langen Allee, die auf das Portal zuführt. Die dreischiffige Basilika, ein beeindruckendes Beispiel für die Strenge der zisterziensischen Gotik, besitzt sieben Joche. Besonders eindrucksvoll ist der halbrunde Chor mit elf Apsidialkapellen. Dort steht auch der Schrein des hl. Edmund, der im 18. Jh. mit Baldachin und Engeln für eine Zisterzienserkirche ungewöhnlich reich geschmückt wurde. Links vom Hochaltar finden wir den Reliquienschrein des Abteigründers Hugo von Mâcon, der 1157 als Bischof von Auxerre starb. Das Chorgestühl sowie das Orgelgehäuse stammen aus dem 17. Jh.

Fontenay

Über Tonnerre und Montbard erreichen wir die ehemalige Abtei Fontenay, eines der schönsten Klöster Frankreichs, den letzten Höhepunkt unserer Rundreise zu den burgundischen Heiligtümern. Es liegt am Ende eines stillen, idyllischen Tals, schlicht und ergreifend wie ein Naturdenkmal. 1118 war es von Bernhard von Clairvaux gegründet worden. Die Mönche mußten hart arbeiten, ehe 1147 Papst Eugen III. die Kirche weihen konnte: das feuchte Gelände trockenlegen, die zahlreichen Quellen fassen, einen vorbeifließenden wilden Bach eindämmen.

Die Klosterbauten selbst entsprachen dem asketischen Lebensbild Bernhards, der jeglichem Komfort entsagte. Verzierungen, Türme oder Säulenkapitelle empfand er als anmaßend. Die Gebäude mußten ihrer Funktion entsprechen, schmückende Elemente galten ihm als Blasphemie. So entwickelte sich in Fontenay ein Baustil von höchster, zeitloser Reinheit: harmonische Formen und Dimensionen, die perfekte Einheit von Architektur und umgebender Landschaft. Darüber hinaus vermittelt der Besuch der Abtei noch heute einen geradezu ›hautnahen‹ Einblick ins Leben der Zisterziensermönche, die stets danach trachteten, von der sie umgebenden Welt des Irdischen so unabhängig wie möglich zu sein (im Rahmen einer 45minütigen Führung zu besichtigen, tägl. 9–12 und 14–18 Uhr).

Rechts vom Einlaß sehen wir die steinerne Hütte des Wachhundes. Links schließt sich eine Gästekapelle, ein kleines Abteimuseum sowie die mittelalterliche Bäckerei an. Zu unserer Rechten steht das **Wohnhaus der Laienäbte**, die ab dem 16. Jh. vom französischen König ernannt wurden, sich aber nur selten in Fontenay aufhielten. Etwas abseits befinden sich Taubenschlag und Hundezwinger, denn die burgundischen Herzöge weilten oft zur Jagd in den umliegenden Wäldern in Fontenay. Nach wenigen Metern stehen wir vor der Westfassade der **Abteikirche** (1130–1147), ein mächtiger, gedrungener Bau, der dennoch harmonisch in seine Umgebung paßt. Die einstige Vorhalle ist nicht mehr vorhanden.

Bernhard, der harte Heilige

Kaum eine Persönlichkeit der europäischen Geschichte hat ihrer Epoche so den Stempel aufgedrückt wie Bernhard von Clairvaux dem 12. Jh. Er selbst nannte sich einmal die »Chimäre meines Jahrhunderts« – eine schillernde Persönlichkeit im Zwiespalt zwischen einem zurückgezogenen Leben in mystischer Frömmigkeit und dem propagandistischen Wirken in einer großen Öffentlichkeit, ein fanatischer Mönch der Askese und des Schwertes.

»Sieht man solche Leute vorüberziehen, so würde man sagen, sie seien nicht Herren von Klöstern, sondern Burgherren, nicht Führer von Seelen, sondern Fürsten von Provinzen.« So beschrieb Bernhard einmal einen Abt seiner Zeit. Er selbst legte an sein Mönchtum strengste Maßstäbe an, vor Augen stets die überlieferte Armut und Bedürfnislosigkeit Jesu. »Unmäßig hohe, übertrieben lange, sinnlos breite, verschwenderisch verzierte Kirchen« waren ihm ein Greuel. Und auch die Mönche der mächtigen Benediktinerabtei Cluny erregten sein Mißfallen mit ihren »warmen, bequemen Pelzen, feinem, kostbaren Tuch, langen Ärmeln und weiten Kapuzen, eleganten Bettdecken und weichen, wollenen Hemden«.

Bernhard gehörte von Geburt dem Adel an. Sein Vater war der Seigneur de Tescelin, die Mutter mit den Grafen von Tonnerre verwandt. Bernhard kam als drittes von sieben Kindern auf dem Schloß Fontaine bei Dijon zur Welt, wohl um das Jahr 1090. In dieser Zeit des Investiturstreits, der die mittelalterliche Einheit von weltlicher und geistlicher Macht erschüttert hatte, befand sich Europa in einer Zeit der geistigen Unruhe, einer Hinwendung zu Mystik und Askese, zum Versuch, eine *Vita evangelica*, ein an urchristlicher biblischer Einfachheit orientiertes Leben, zu führen.

Bernhard selbst trieb die *Humilitas*, die von ihm hochgehaltene Tugend der Demut, so weit, daß er sich aufgrund seiner harten Askese eine dauerhafte Schwächung des Körpers, Blutarmut und ein chronisches Magenleiden, zuzog.

Im Jahre 1112 nun erschien der junge Bernhard mit 30 adligen Verwandten und Freunden vor dem Tor des Klosters Cîteaux und flehte um die erlösende Aufnahme in den Orden. Der Überlieferung nach soll Bernhard dem Abt Stephan Harding auf dessen Frage nach seinem Begehr geantwortet haben: »das Erbarmen Gottes!«

»Teufelsaustreibung durch den hl. Bernhard« (Ausschnitt),
Gemälde von Jörg Breu d. Ä. (1475/76–1537)

Bernhard sollte schon bald zum entscheidenden Motor des zisterziensischen Reformordens werden. Drei Jahre nach seiner Aufnahme wurde der junge Mönch mit einem guten Dutzend Brüder zur Gründung eines Tochterklosters in die Champagne geschickt. In einem Waldgebiet entstand die Abtei Clara Vallis, ›leuchtendes Tal‹, auf französisch: Clairvaux – und der Bruder Bernard de Tescelin nannte sich fortan Bernard de Clairvaux.

Sein persönliches Vorbild und seine fromme Begeisterung ließen aus dem Versuch eines ›reformierten‹, wieder den strengen Regeln des Ordensgründers entsprechenden Benediktinerlebens eine explosionsartig wachsende Gemeinschaft entstehen. Bernhard selbst rief im Laufe seines Lebens 69 weitere Klöster ins Leben. Seine Mitbrüder gingen bis nach Schweden, Portugal, in die von Slawen besiedelten Gebiete östlich der Elbe, nach England, nach Sizilien. Als Bernhard starb, gab es etwa 350 Zisterzienserklöster mit rund 11 000 Mönchen und Laienbrüdern.

Neben der Faszination, die von der religiösen Strenge der Zisterzienser ausging, waren auch ihre Organisation – jedes Mutterkloster übte auf seine Tochtergründungen auch weiter einen bestimmenden Einfluß aus – und ihre Wirtschaftsführung Erfolgsgaranten. Die Zisterzienser verzichteten völlig auf Grundrenten und Herrschaftseinkünfte: Ihre Klöster waren durch die handwerkliche und landwirtschaftliche Arbeit der Mönche autark. Mit Vorliebe ließen sie sich in wüsten oder waldigen, abgelegenen Regionen nieder, rodeten, kultivierten den Boden und verbesserten Viehzucht, Garten- und Obstbau.

Hart und karg war das Dasein der Mönche, von Bernhard en detail vorgeschrieben und vorgelebt. Die grobe, die Haut aufscheuernde und manchmal auch regennasse Kutte mußte auch des Nachts getragen werden. Als einziges Getränk war kaltes Wasser zugelassen. Die Mahlzeiten bestanden im Sommer aus Brot und zwei Gemüsen, im Winter aus Brot und einem Gemüse.

In diesem strengen Geiste gründete Bernhard 1118 auch Fontenay, die größte und beeindruckendste Zisterzienserabtei Burgunds. 1130 wurde mit dem Bau der Kirche begonnen, 1149 wurde sie durch den Papst geweiht – schon diese Tatsache zeigt, daß der herrische Asket im zweiten Viertel des 12. Jh., das man sogar das bernhardinische Zeitalter genannt hat, auch der weltliche Schiedsrichter Europas war. Besonders großen Einfluß besaß er in Burgund, Frankreich, Flandern, Deutschland und Italien, im Prinzip also im Zentrum der damaligen Welt. Er verhandelte mit Kaisern und Königen, ohne sein Wissen geschah kaum etwas in der Politik des damaligen Europa – beim Schisma von 1130 beispielsweise führte Bernhards Parteinahme für Innozenz II. schließlich zu dessen Sieg.

Nach der Katastrophe, in der der Zweite Kreuzzug, zu dem Bernhard 1146 in Vézelay (s. S. 159) aufgerufen hatte, geendet war, gab Bernhard zu, daß »die Übereilungen der Fürsten und die schlechten Sitten der Kreuzfahrer« das Unglück herbeigeführt hätten, und auch sich selbst nahm er von seiner beißenden Kritik nicht aus. Auch wandte er sich gegen die Judenverfolgungen, die u. a. die feurigen Kreuzzugspredigten seines Ordensbruders Rudolphus in den Rheinlanden heraufbeschworen hatten. Er ging nach Deutschland, um auch König Konrad III. für den Kreuzzug zu gewinnen, und warnte in seinen Predigten eindringlich vor Pogromen. Hier hat der sonst anderen Religionen gegenüber so Unnachsichtige Schlimmeres verhindert. Am 20. August 1153 starb Bernhard in seinem Stammkloster Clairvaux, 21 Jahre später wurde er heiliggesprochen – ein harter Heiliger.

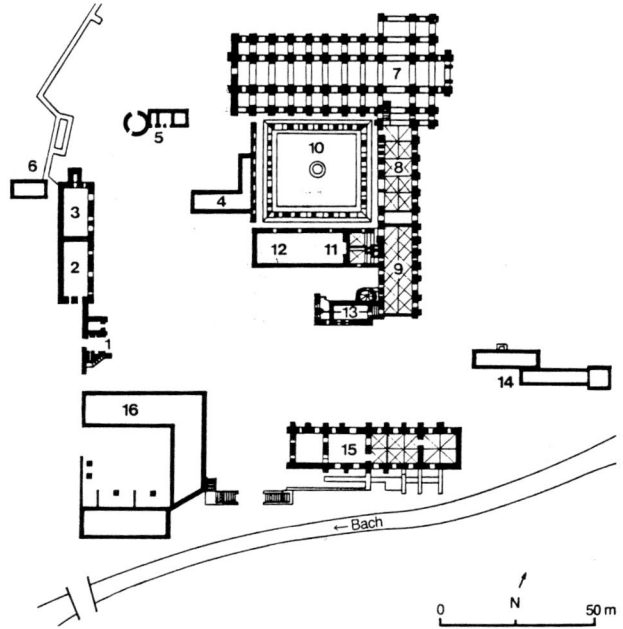

Fontenay 1 Klosterpforte 2 Gästekapelle 3 Bäckerei 4 Wohnhaus der Laienäbte 5 Taubenschlag 6 Hundezwinger 7 Abteikirche 8 Kapitelsaal, darüber Dormitorium 9 Skriptorium, darüber Dormitorium 10 Kreuzgang 11 Wärmehalle 12 Küche 13 Gefängnis 14 Krankengebäude 15 Schmiede 16 Gästehaus

Nachdem wir uns an das Halbdunkel des Langhauses gewöhnt haben, sehen wir im nördlichen Querschiff die Steinstatue Notre-Dame de Fontenay (Ende 13. Jh.), ein Meisterwerk französischer Bildhauerei. Bernhard verehrte die hl. Jungfrau ganz besonders, und ihm zum Gedenken wurde die Skulptur über 100 Jahre nach seinem Tod geschaffen. Im Hintergrund des Querschiffes liegt die ›Totenpforte‹, der Ausgang zum Friedhof der Mönche.

Das steinerne Retabel im Hintergrund des Chors stammt aus dem 13. Jh., es wurde während der Wirren der Französischen Revolution stark beschädigt. Im rechteckigen Chor sind auch die Grabplatten der Äbte aufgestellt. Besonders beachtenswert ist die von Ebrard, des Bi-

Auf dem Gelände der Abtei Fontenay

schofs von Norwich. Dieser hohe Geistliche mußte wegen Verfolgungen durch das Königshaus 1138 aus England fliehen. Er fand Ruhe und Schutz im Fontenay seines Freundes Bernhard. Da Ebrard große Teile seines beträchtlichen Vermögens retten konnte, unterstützte er den Aufbau des Klosters, insbesondere der Kirche.

Vom rechten Querschiff führt eine Treppe ins **Dormitorium**, den 56 m langen Schlafsaal der Mönche. Die Patres lagen im unbeheizten Raum bekleidet auf Strohsäcken, in zwei durch einen Mittelgang getrennten Reihen. An der Kopfseite des Saales mit einer herrlichen Eichenholzdecke aus dem 15. Jh. hängt heute noch ein Seil zum kleinen Glockenturm. Mit seinem Läu-

ten wurden die Mönche zum Gebet geweckt. Neben der Treppe zum Dormitorium erreichen wir durch eine Pforte den Kreuzgang des Klosters. In einem Schrank, dem *Armarium claustri*, legten die Mönche ihre Bücher zum Gebet ab. Der **Kreuzgang** von Fontenay ist im Originalzustand erhalten geblieben. In diesem Geviert von ergreifender Schönheit meditierten die Mönche. An den Kapitellen der Säulen begegnen wir dem einzigen architektonischen Schmuck der Abtei.

Von der Ostseite des Kreuzgangs gelangen wir in den **Kapitelsaal**. Hier wurden täglich von Abt und Mönchen die Angelegenheiten des Klosters diskutiert. Ein kleiner Raum zur Seite der Kirche diente als Sakristei, der zweite, gegenüberliegende als Parlatorium, als Sprechzimmer des Priors. Direkt hinter dem Kapitelsaal befindet sich das

Skriptorium. In diesem Schreibsaal arbeiteten die Zisterzienser an ihren Manuskripten. Er war durch die Nähe der sich anschließenden Wärmehalle, in der als einzigem Abteiraum Feuerstellen zugelassen waren, auch im bitterkalten Winter einigermaßen beheizt. Rechts gegenüber der Wärmehalle steht das Gefängnis des Klosters, das auch in der Gerichtsbarkeit völlig autark war. Selbst in diesem finsteren Verlies sollten die Insassen meditieren. So ist denn auch der für heutige Verhältnisse zynische Spruch zu verstehen: »Die Sonne wird dich nicht verbrennen, noch der Mond bei der Nacht.«

Hinter der Klosteranlage befand sich der Kräutergarten der Abtei. An seiner rechten Seite lag das Krankengebäude, das heute (als Privathaus) nicht mehr zugänglich ist. Rechts vom Hospiz schließt sich die **Schmiede** an, ein für damalige Verhältnisse geradezu ›industrieller‹ Betrieb. In dem 53 m langen Gebäude wurde das Erz eines nahegelegenen Bergwerks verarbeitet. Die mechanischen Hämmer sowie das Gebläse der Essen wurden vom Wasser des vorbeifließenden, kanalisierten Baches getrieben. Sie sind noch immer funktionstüchtig.

Gegenüber der Schmiede stand einst neben dem Kerker das heute zerstörte **Refektorium**, der Speisesaal der Mönche mit Küche und Vorratsräumen. Es muß ein prächtiges Gebäude mit zwei Schiffen und zwölf Gewölbefächern mit Spitz-

bogenfenstern gewesen sein. 1745 wurde es abgerissen. An seiner Stelle steht jetzt ein Bau von 1845. Gegenüber dem Refektorium befindet sich noch heute der Fischteich. Zur Selbstversorgung der Abtei wurden hier Forellen und andere Fische gehalten. Das letzte Gebäude auf unserem Rundgang durch Fontenay ist das Gästehaus rechts neben der Eingangspforte. Es diente als Unterkunft für Pilger und Reisende. Der gute Erhaltungszustand Fontenays verdankt sich der Tatsache, daß in seinen Gebäuden nach der Revolution eine Papiermühle eingerichtet worden war.

Ausflüge in die Umgebung

Saulieu: Knapp 40 km südlich von Fontenay liegt Saulieu (3200 Einwohner) am Ostrand des Berg- und Waldgebietes Morvan. Aus diesem Grund ist die kleine Stadt auch einer der wichtigsten Weihnachtsbaumlieferanten in Frankreich. In der Römerzeit hieß der Ort Sidolicus, und die Legende besagt, daß ein griechischer Priester mit Namen Andoche der Gegend die christliche Botschaft brachte, weswegen er und seine Begleiter Felix und Thyrsus auch im Jahr 179 den Märtyrertod fanden. Bald wurde dann über den Gräbern der Heiligen eine Kapelle gebaut, die im 8. Jh. zur Abteikirche erweitert wurde. Dieser Bau geriet zu einem weiteren Cluny III en miniature; Papst Calixtus II. vollzog 1119 ei-

La Côte d'Or

Gourmet-Freuden in Saulieu

Wir wollen ja nicht unseren Prinzipien untreu werden – aber was soll's: Als sich unsere gebeutelte Kasse nach dem Besuch bei Marc Meneau im L'Espérance (St-Père-sous-Vézelay, s. S. 164 f.) einigermaßen erholt hatte, haben wir bei Maître Bernard Loiseau gegessen. Und schon gaben wir uns dem Opportunismus der grenzenlos glücklich Satten hin. Ist nicht doch der Chef des Côte d'Or in Saulieu der Beste im Land? Zumindest ist der witzige Küchenzauberer (»Ich esse am liebsten Fritten«) eine echte Alternative. Der Gault Millau charakterisiert ihn als »einen der gelehrtesten und klügsten Köche Frankreichs«. So gelingen ihm die mittlerweile klassischen Kompositionen wie Brunnenlachs aus dem Morvan mit Kartoffelfladen, Goldbrasse an Rotwein mit geschmelzten Schalotten und knusprigen Rotbarbenfilets, Kaninchenkeule und -rücken mit Knoblauch, grünem Kohl, Nieren und Leber in einem Senfjus mit Walnußöl oder Dampfhuhn mit Trüffeln. Die Käse im Côte d'Or sind sublim gereift. Als Dessert sei der Kirschenkuchen mit einem Tropfen Balsamessig und Kirschwassereis empfohlen. Da schwelgen die Gault-Millau-Kollegen in Speisenkarte und Sprache, daß es nur so eine Pracht ist.

Zu den Preisen: Wir speisten im Sommer 1996 ein siebengängiges Mittagsmenü (nur werktags), hatten zwei halbe Flaschen Wein (Puligny-Montrachet, Vosne-Romanée) plus zwei Glas Champagner als Apéritif und abschließend zwei Kaffee. Die Rechnung: um 1600 FF. Da ging das Herz noch einmal auf. Zum Restaurantkomplex gehört ein wunderschöner Innengarten und ein kleines, feines Hotel mit 15 hübschen Zimmern. Die drei Michelin-Sterne des Côte d'Or signalisieren: Der Betrieb von Bernard Loiseau ist eine Reise wert.

genhändig die Weihe der Basilika St-Andoche. Die Benediktinerkirche kam schließlich in den Besitz des Bistums Autun. Während des Hundertjährigen Krieges wurde sie mehrfach von den Engländern geplündert und verwüstet. Chor (1704) und Fassade (1869) wurden neu gestaltet bzw. restauriert. Dennoch ist das Gotteshaus, nunmehr nur noch 23 statt ursprünglich 65 m lang, einmal mehr ein beeindruckendes Beispiel der romanischen Baukunst in Burgund.

Besonders wertvoll sind die rund 50 Säulenkapitelle, die u. a. die

Flucht nach Ägypten, die Versuchung Christi, den Selbstmord des Judas, Fabelwesen und kämpfende Tiere darstellen. Unter dem Hauptaltar befindet sich der Sarkophag mit den Gebeinen des hl. Andoche aus dem 4. Jh.

Auf der Place de l'Etape am Ortsausgang steht die berühmte Stierplastik des in Saulieu geborenen Tierbildhauers François Pompon. Im Museum neben der Basilika werden neben gallorömischen und romanischen Skulpturen auch Werke Pompons ausgestellt (geöffnet Mai und September 15–18 Uhr, 1. Juni – 31. August 10–12 und 15–18 Uhr, Di und feiertags geschlossen).

Fresko in der Abteikirche von St-Seine-l'Abbaye (Ausschnitt)

Restaurant: La Côte d'Or, 2, Rue d'Argentine, ✆ 03 80 90 53 53 (Luxus, unbedingt vorbestellen). Eines der besten Restaurants in Burgund. Hier kocht Bernard Loiseau.

Information: Syndicat d'Initiative, Rue d'Argentine, ✆ 03 80 64 00 21 (nur im Sommer).

St-Seine-l'Abbaye: Mit der Seine, die tatsächlich nur wenige Kilometer entfernt entspringt, hat dieser kleine Ort ca. 40 km südöstlich von Fontenay nichts zu tun. Bei dem *Seine* handelt es sich lediglich um eine Lautverschiebung vom Namen des hl. Abtes Sigo, der an diesem Fleck bereits im 6. Jh. eine Abtei gegründet haben muß. Die sehenswerte Abteikirche wurde ab 1210 im romanisch-gotischen Übergangsstil begonnen, dann ging das Geld aus, und eine Feuersbrunst zerstörte das bislang Geschaffene. Schließlich wurde das Gotteshaus im 14. und 15. Jh. im Stile der Spätgotik vollendet.

Besonders schön sind die Fresken im Chorabschluß. Sie stammen aus dem 15. Jh. und berichten, gleichsam ein mittelalterlicher ›Comic-Strip‹, aus dem Leben des hl. Sigo. Aus dem 16. Jh. stammt der ebenfalls gemalte Baum Jesse, der den Stammbaum Christi darstellt; an seiner Spitze ›wächst‹ die Jungfrau Maria heraus. Ferner wird der Ritter Jean de Fontette dargestellt, ein Freund und Beschützer der Abtei. Unter den Grabsteinen der Mönche im Querschiff befindet sich auch derjenige des Abtes Jean de Chandenay-Blaisy, der sich, einer makabren ›Mode‹ des Spätmittelalters gehorchend, als skelettierter Toter darstellen ließ.

Schlösser und Burgen

Talmay: Kraft und Anmut vereint

La Rochepot: mustergültig restauriertes Mittelalter

Sully: das ›Fontainebleau von Burgund‹

Châteauneuf-en-Auxois und Commarin

Bussy-Rabutin: Sitz des amourösen Grafen Roger

Ancy-le-Franc und Tanlay: Renaissanceschlösser nach italienischem Vorbild

Château de Talmay

Eine Rundreise zu den schönsten Schlössern und Burgen in Burgund, von mittelalterlichen Trutzburgen über anmutige Wasserschlösser bis zu prächtigen Residenzen inmitten kunstvoll angelegter Gärten.

Talmay

Die Rundreise zu den schönsten Schlössern und Burgen in Burgund beginnen wir in Talmay (Côte d'Or) in der Nähe von Pontailler-sur-Saône östlich von Dijon. Schon von weitem sind die Konturen des mächtigen mittelalterlichen Turms zu erkennen, der 46 m in die Höhe ragt. Dieser quadratische Donjon mit seinem steilen Giebeldach aus dem 13. Jh. ist das einzige Überbleibsel einer Festung, die 1760 zerstört wurde. An ihrer Stelle entstand eines der schönsten klassizistischen Schlösser Burgunds. Der merkwürdige Gegensatz – eleganter Klassizismus und mittelalterliche Wucht – stört keineswegs. D'Aviler, der Baumeister der Kathedrale von Langres, war auch der Architekt dieses ungewöhnlich anmutigen *Château*. Die Anlage liegt eingebettet in einen sehr schönen französischen Garten.

Während der Sommermonate sind die einzelnen Stockwerke des Turms mit ihrem wertvollen Mobiliar und den Holzvertäfelungen sowie die Bibliothek zu besichtigen (Juli–September 15–17 Uhr, Mo geschlossen). Von der obersten Etage können Sie bei gutem Wetter einen unvergleichlichen Blick über die Landschaft bis zur Côte d'Or im Süden, dem weiten Hochplateau von Langres im Nordwesten und dem Jura-Gebirge im Osten genießen.

La Rochepot

Von den Höhen über der südlichen Côte d'Or grüßt die imposante Schloßanlage La Rochepot mit ihrem bunten ›flämischen‹ Dach. Die mittelalterliche Burg präsentiert sich dem heutigen Besucher wieder völlig intakt, eine der wenigen Festungen in Frankreich, die im wesentlichen originalgetreu rekonstruiert wurden. Die Burg blickt auf eine lange Geschichte zurück: Die vermutlich im 12. Jh. entstandene Anlage erwarb zu Beginn des 15. Jh. der Seigneur Régnier Pot und baute sie zu seinem Wohnsitz um; die heutige rekonstruierte Anlage spiegelt diesen spätmittelalterlichen Zustand wider.

Régnier diente den burgundischen Herzögen als Kammerherr und Kanzler. Er galt als erfahrener

Route zu den Schlössern und Burgen von Burgund

Ritter, der 1396 bei Nikopolis im heutigen Bulgarien gegen die Türken gekämpft hatte. Sein Enkel Philippe Pot (1428–1494) war einer der engsten Ratgeber von Karl dem Kühnen und Marschall von Burgund. Sein kostbares Grabmal mit den typischen *Pleurants* (Trauernde) des burgundisch-flämischen Stils steht heute im Louvre.

Wie viele historische Bauwerke wurde La Rochepot während der Französischen Revolution als verabscheuungswürdiges Zeugnis des Feudalismus bis auf die Grundmauern geschleift. Nur Teile der Türme und eine verfallene Wohnanlage waren im 19. Jh. übriggeblieben. Zudem hatten die Dorfbewohner die Ruine als billigen Steinbruch benutzt.

1893 erwarb dann Madame Carnot, die Witwe des französischen Staatspräsidenten, das völlig verwahrloste Gemäuer für ihren Sohn Sadi Carnot. Der führte mit einem Schweizer Architekten den Wiederaufbau mit Stuckdecken, Holzvertäfelungen, Kaminen und Wendeltreppen durch – schon mancher vermögende US-Tourist wollte aus der ›Märchenburg‹ ein Hotel machen.

Über die schwere Zugbrücke betritt man den Innenhof mit seinem tiefen Brunnen. An der rechten Seite befindet sich ein Wohnturm mit verschiedenen rekonstru-

Schloß Sully

ierten und mit zeitgenössischem Mobiliar eingerichteten Schlafzimmern. Der Ausblick von der obersten Turmplattform reicht bei schönem Wetter über Berge und Felsen bis zu den edelsten Weinlagen Burgunds im Norden. Links neben der Hauptpforte liegt die kleine Kapelle, daneben ein prächtiger Rittersaal mit riesigem Kamin, altem Mobiliar und einer kleinen Waffensammlung. Prunkstück von Rochepot ist die prächtige Burgküche mit einem gewaltigen Herd, wo noch bis Ende des Zweiten Weltkriegs gekocht wurde.

Heute sind hier z. T. recht kuriose Exponate ausgestellt, z. B. eine Uhr, die König Ludwig XVI. selbst gebastelt hat, eine alte Kaffeemaschine, ein mittelalterlicher Baby-

sitz sowie der sog. Steuerstuhl: Er hat unter der Sitzfläche ein Geheimfach, in dem der Burgherr seine Barschaft versteckte; wenn Steuerinspektoren kamen, nahm die Dame des Hauses darauf Platz – die höflichen Beamten hätten es nie gewagt, Madame von ihrem Stuhl zu bitten! (Nur mit Führung zu besichtigen, 27. März–Mai 10–11.30 und 14–17.30 Uhr, Juni–August 9–11.30 und 14.30–18.30 Uhr, September/Oktober 10–11.30 und 14–17 Uhr, Di und Rest des Jahres geschlossen)

Sully

Unsere nächste Station liegt etwa 20 km nordöstlich der alten Römerstadt Autun: Das Château Sully wird gern als das ›Fontainebleau de Bourgogne‹ bezeichnet. Es ist das größte Renaissanceschloß Burgunds, eine der beeindruckendsten Anlagen. Die Bauarbeiten begannen unter Jean de Saulx bereits im 16. Jh. Sein Sohn, der Marschall von Tavannes, führte das Werk fort.

Der riesige Gebäudekomplex, ein vierflügeliger, rechteckiger Wohntrakt mit vier Ecktürmen und Innenhof, liegt inmitten eines bisweilen melancholisch stimmenden Landschaftsparks. Um die Anlage sind Wassergräben gezogen, vom Flüßchen Dree frisch gespeist, in denen sich die klaren, strengen Konturen des Schlosses spiegeln. Von der Nordterrasse mit ihrer wertvollen Balustrade schaut man auf einen kleinen See (geöffnet Innenräume: Mitte Juni–September nachmittags, nur im Rahmen einer Führung; Park: Ostern bis 1. November)

Châteauneuf-en-Auxois

Über Arnay-le-Duc kommen wir nach Châteauneuf-en-Auxois, das oberhalb des Canal de Bourgogne liegt. Es ist ein hübsches, mittelalterliches Städtchen, in dem sich früher reiche Weinhändler aus Beaune und Dijon ihre Landsitze und Sommerresidenzen errichten ließen. Heute wohnen hier nur noch knapp 100 Menschen. Über allem droht das *Château,* kein Lustschloß, sondern eine mittelalterliche Burg mit Zugbrücke aus dem 13.–15. Jh. Die dicken Mauern und Türme wirken recht abweisend.

Cathérine de Châteauneuf, eine der Burgherrinnen, soll im 15. Jh. ihren Gatten mit Gift ermordet haben. Sie wurde angeklagt und öffentlich verbrannt. Dann nahm der burgundische Herzog Philipp der Gute die auf so praktische Weise freigewordene Burg in seinen Besitz und gab sie an seinen Seneschall Philippe Pot weiter, der auch das nahegelegene Schloß La Rochepot besaß. Philippe Pot, Ritter des Ordens vom Goldenen Vlies und zeitweise auch Botschafter Burgunds in England, war Berater des letzten großen Burgunderherzogs, Karls des Kühnen. Sein Porträt hängt im Kaminsaal der Burg.

Besonders sehenswert sind die Salle des Gardes und die alte Schloßkapelle, die mit seltenen Wandmalereien aus dem 15. Jh. verziert wurde (geöffnet April bis September täglich 9.30–12.30 und 14–18 Uhr, Oktober–März Do–Mo 10–12 und 14–16 Uhr).

Commarin

6 km nördlich von Châteauneuf erreichen wir das Château Commarin, ein imposantes Wasserschloß inmitten eines herrlichen Parks mit altem Baumbestand. Von der einstigen mittelalterlichen Festung blieben nur die runden Ecktürme übrig. Die Dreiflügelanlage im Stil des französischen Barock wurde zu Beginn des 18. Jh. errichtet. Im Haupttrakt sind besonders die Möbel und Tapisserien sowie einige Gemälde aus der Zeit um 1750 sehenswert (geöffnet April–September 10–12 und 14–18 Uhr, Di geschlossen; 45minütige Führung).

Bussy-Rabutin

In diesem Dorf im Auxois steht eines der interessantesten Schlösser Burgunds, ein gewaltiger, festungsartiger Bau, dessen Rundtürme noch unübersehbare Zeugen aus dem Mittelalter sind – in der Tat stand hier bereits im 12. Jh. eine Burg. Durch den Abriß eines Flügels wurde aus der quadratischen Festung eine Renaissanceresidenz, die aber später auch Elemente des französischen Barock erhielt.

1610 kam das *Château* in den Besitz der Familie Rabutin, eines alten burgundischen Adelsgeschlechts. Der berühmteste Sproß der Familie war Graf Roger de Bussy-Rabutin, ein Sohn des Schloßkäufers. Roger de Bussy war nicht nur ein glänzender Militärfachmann, sondern auch berüchtigt für seine spitze Zunge und Feder, galt neben Restif de la Bretonne als einer der besten und frechsten Schreiber seiner Zeit. Dieses Talent sollte ihn auch seine Karriere kosten: Der Graf hatte heimlich die »Histoire amoureuse des Gaules« verfaßt, eine Aufzeichnung erotischer Vorzimmerepisoden vom Hof des jungen Sonnenkönigs. Vor allem ließ er sich hier über die Liebesbeziehung zwischen Ludwig XIV. und Maria Mancini, eine Nichte des Kardinals Mazarin, aus. Der erboste König schickte ihn unter einem Vorwand sechs Jahre in die Bastille und danach für 27 Jahre ins Exil in die Provinz.

Letzteres dürfte ihm nicht schwergefallen sein, immerhin konnte er von Bussy-le-Grand zu anderen Landsitzen reisen. Sein Stammschloß wurde ausgebaut, und der Graf beglückte zahlreiche, meist verheiratete Damen der benach-

Château de Bussy-Rabutin, Stammsitz
des Grafen Roger

barten Adelshäuser mit seiner Lie-
besgunst. Zunächst ließ er die
Fassade des Hauptgebäudes neu
gestalten. Im Innern entwarf und
malte er teilweise eigenhändig Al-
legorien oder ließ Bilder berühmter
Kriegsherren anfertigen. Im goldenen Turmsaal stellte sich der Graf
wie ein Hahn als römischer Feldherr im Kreise seiner zahlreichen
Geliebten dar. Die meisten Damen-
porträts zieren Kommentare von
Roger de Bussy-Rabutin, z. B.: »Berühmt nicht nur ihrer Schönheit,

sondern des Gebrauchs wegen,
den man von ihr machte« oder
»Die Netteste und Treuloseste«.

Besonders sehenswert sind die
Salle des Devises im Erdgeschoß
mit Ansichten der Königsschlösser,
der Salon des Grands Hommes de
Guerre im Obergeschoß mit den
berühmten Heerführern, die er-
wähnte Tour dorée mit den Porträts
der schönen Frauen, die Schloßkapelle, die Bibliothek des legendä-
ren Schloßherrn sowie der großzü-
gige Terrassengarten mit Bassin
und Springbrunnen (nur mit Führungen immer zur vollen Stunde zu
besichtigen, April–September 9–12
und 14–18 Uhr, Di, Oktober–März
Di und Mi geschlossen).

Ancy-le-Franc

Das hübsche Städtchen Ancy-le-Franc steht ganz im Zeichen des gewaltigen, vierflügeligen Renaissanceschlosses, malerisch inmitten einer gepflegten Parklandschaft gelegen. Markante Punkte an den vier Ecken sind die wuchtigen, vierstöckigen Türme mit quadratischen Grundrissen. Graf Antoine III. von Clermont-Tonnerre begann 1546 mit dem Bau des Schlosses nach Plänen des italienischen Architekten Sebastiano Serlio. 66 Jahre später war die Anlage fertig. Zahlreiche hohe Persönlichkeiten weilten in Ancy-le-Franc, darunter die Könige Ludwig XIII. und Ludwig XIV.

Wir betreten das Schloß und gelangen in einen quadratischen Innenhof: Schlagartig ist es vorbei mit der Kühle und Strenge der Außenfassaden. Die Wände des Hofs tragen einen überbordenden Dekor. Reicher Prunk herrscht auch in den Salons und Sälen des *Château* vor. Besonders der italienische Renaissancemaler Francesco Primaticcio wirkte in Ancy-le-Franc. Seine mythologischen Gemälde sind überall im Schloß zu sehen. In der Chambre des Arts sind sämtliche Bilder Primaticcios den schönen Künsten gewidmet. Hier empfiehlt sich auch ein Blick nach oben, denn dieser Raum besitzt die schönste Kassettendecke Burgunds (geöffnet 27. März bis 1. November, Führungen täglich 10, 11, 15, 16, 17, 18 Uhr).

Tanlay

Das Château Tanlay liegt etwa 10 km östlich von Tonnerre (D 965). Mit seinen weitläufigen Parkanlagen und breiten Wassergräben ist es eines der größten Schloßanlagen Burgunds. François de Coligny d'Andelot, ein Bruder des berühmten französischen Admirals Coligny, begann 1559 mit dem Bau. Während der Religionskriege des 16. Jh. wurde es zum Versammlungsort der hugenottischen Verschwörer. 1640 ging das Schloß in den Besitz von Michel Particelli d'Hémery über. Erst dieser bedeutende französische Finanzfachmann und Berater König Ludwigs XIII. ließ Tanlay zu einer beeindruckenden Renaissanceanlage ausbauen. Seit dem Ende des 17. Jh. befindet sich das *Château* im Besitz der Familie Thévenin de Tanlay.

Wir erreichen Tanlay über eine wunderschöne alte Lindenallee. Sie führt direkt auf das Petit Château zu, das 1610 von einem Schwiegersohn d'Andelots gebaut wurde. Wir gehen durch ein Eingangsportal in der Mitte des ›Kleinen Schlosses‹ und stehen auf der Cour Verte, einem großen Innenhof. Rechts wird er durch Wirtschaftsgebäude begrenzt, links blicken wir auf das eigentliche *Château*, inmitten einer großen Wasserfläche gelegen, einen prächtigen Bau mit zwei Seitenflügeln. An allen vier Ecken stehen wuchtige Rundtürme, von Kuppeldächern gekrönt. Das Schloß

Das Wasserschloß von Tanlay

selbst erreichen wir über eine Wasserbrücke, begrenzt von zwei Obelisken und einem Eingangspavillon. Zwischen dem Hauptgebäude und den etwas niedrigeren Seitenflügeln stehen ebenfalls Rundtürme (Treppenhäuser).

In einem der Ecktürme liegt die Schloßkapelle, deren kostbare Täfelung aus dem 17. Jh. stammt. Tanlay blieb von den Zerstörungen der Französischen Revolution weitgehend verschont, so daß noch heute die zahlreichen Salons mit ihren Fresken, ihrer hölzernen Vertäfelung, ihren Kaminen und Originalmöbeln besichtigt werden können. Besonders sehenswert ist der ›Runde Saal‹ im 2. Stock der Tour de la Ligue. Hier trafen sich einst heimlich die Hugenottenführer Frankreichs. Den Raum ziert ein Fresko der Fontainebleau-Schule, das die Häuser Valois und Medici allegorisch verherrlicht. Hinter dem Schloß erstreckt sich der weite Schloßpark mit einem über 500 m langen Kanal (nur mit Führung zu besichtigen April – 1. November 9.30 bis 11.30 und 14.15 – 17.15 Uhr, Di und 2. November–März geschlossen).

Durch den
Morvan

Château-Chinon

**Lac des Settons –
Paradies für Wassersportler**

Landschaft im Morvan

Auf einer Rundreise durch die einsame Gebirgslandschaft des Morvan lernt man das ›andere‹ Burgund kennen: dunkle Wälder, stille Seen, dazwischen versteckt kleine Ortschaften – ideal zum Wandern und Naturgenießen.

Der Morvan ist geologisch betrachtet ein Ausläufer des Zentralmassivs, das die Erosion vieler Millionen von Jahren abgeschliffen hat. Immerhin erreichen seine höchsten Gipfel noch über 900 m Höhe. Dieses 3500 km² große Gebiet erinnert mal an den Schwarzwald, mal an den Jura oder die Vogesen. Der Name Morvan stammt aus dem Keltischen und bedeutet ›schwarzer Berg‹. Das Wort macht Sinn: weite schwarze Tannen- und Laubwälder, Berge oder eher Hügel ohne dramatische Konturen, idyllische Täler, Wildbacheinschnitte, Wasserfälle und immer wieder die weiten, blinkenden Flächen der Morvan-Seen.

Die grüne Lunge Burgunds ist kein klassisches Reisegebiet. Hierher zieht es denjenigen, der Abgeschiedenheit sucht, den Wanderer, den Angler. Flußkrebs, Forelle, Hecht, Barsch, Karpfen etc. tummeln sich in den zahlreichen Gewässern – man muß schon ein ziemlich mieser Fischer sein, um im Morvan keinen Fang zu machen.

Im Herbst, wenn aus den Tälern die Nebelschwaden steigen, ist Jagdzeit, Hauptsaison im Morvan. Rot- und Schwarzwild hausen in den dichten Wäldern. An den schilfbestandenen Ufern der Seen liegen die Reviere von Wildenten, Wachteln und Schnepfen. Dann wird es ganz einsam im Morvan: Einige letzte Sonnenstrahlen im November, die Eßkastanien prasseln zu Boden, Eichen, Buchen, Eschen werfen ihr blaßgelbes Blattwerk ab, über den Kaminen der Dörfer stehen dünne, würzig riechende Rauchsäulen – vielleicht die beste Zeit, um hierher zu kommen. In diesen Tagen vor dem ersten Schnee zeigt sich der Morvan am ursprünglichsten: eine Landschaft der Ruhe, der souveränen Abgeschiedenheit. Die Wintersaison wird wieder reichlich von Touristen genutzt, denn der Morvan verfügt über eine ganze Reihe passabler Abfahrtspisten, Lifte und Langlaufloipen.

Den Reichtum dieser Landschaft machten schon immer die weiten Wälder aus. Die Langhölzer wurden über die wilde Cure in die Yonne und schließlich in die Seine geflößt, ein gefährliches Unternehmen – die Flößer aus dem Morvan galten als die besten Frankreichs. Diese umsichtigen wie auch mutigen Burschen wurden später die begehrtesten Steuerleute in der Binnenschiffahrt.

Route durch den
Morvan

Geflößt wird heute nicht mehr, der Holztransport über Straße und Schiene ist schneller, billiger und weniger gefährlich. Nur die vielen Stauseen, im Sommer beliebte Ziele der Wassersportler, erinnern an dieses uralte Handwerk. Stauseen wurden in Frankreich bereits Mitte des letzten Jahrhunderts errichtet. Sie dienten zum Ausgleich der Wasserzufuhr von der sprudelnden Cure in die breitere Yonne. In den 30er Jahren wurden dann neue Talsperren errichtet, die mit ihren Wassermassen Kraftwerke speisen. Auch sie lohnen einen Ausflug in den Morvan, doch sollte man im Sommer die Wochenenden meiden. Dann nämlich werden die künstlichen Seen Burgunds von den sonnenhungrigen ›Wasserratten‹ der Großstädte heimgesucht.

Hier ein Routenvorschlag durch den Morvan, der dem Besucher Ursprünglichkeit und Charakter dieser eigentümlich reizvollen Landschaft nahebringt. Die Rundfahrt ist in einem Tag zu bewältigen – Sie können jedoch daraus ohne Mühe eine Woche machen.

Wir beginnen im Süden in **St-Honoré-les-Bains,** einem kleinen verträumten Thermalbad, gut für Patienten mit Asthma- und Bronchitisbeschwerden. In den radioaktiven Quellen badeten schon die alten Gallier und Römer. Besonders sehenswert ist der schattige Kurpark in einem kleinen Tal.

Von St-Honoré fahren wir die D 985 entlang, vorbei an den Höhen-

zügen der **Vieille Montagne** mit herrlichem Ausblick. Bei Les Montarons geht es weiter auf der D 502, D 229, D 227 und D 192 nach **Larochemillay.** Hier steht das Schloß der Familie Montesquiou-Fezensac. Aus ihr stammt der berühmteste Dandy der *Belle Epoque,* Robert Comte de Montesquiou, ein schrullig-witziger Edelmann, der gleich einem eleganten und reichen Don Quijote die ritterliche Lebensform seiner Vorfahren bis ins 20. Jh. retten wollte.

Wir fahren weiter auf D 27 und D 18 um den Mont Beuvray (s. S. 88) durch die herrliche Landschaft des Parc Régional du Morvan. Über das kleine **St-Léger-sous-Beuvray** mit einem sehenswerten Schloß aus dem 18. Jh. kommen wir durch den Forêt de Glenne zu den Canche-Schluchten, den **Gorges de la Canche** (D 179). Von hier geht es wieder ein Stückchen zurück und durch den **Forêt de St-Prix** mit seinen immens hohen Bäumen in Richtung Arleuf, von wo wir auf der großen D 978 nach **Château-Chinon,** der inoffiziellen ›Hauptstadt‹ des Morvan, gelangen. Schon ein gallisches Oppidum und Stützpunkt römischer Legionen, verdankt der Ort seinen Namen einer mittelalterlichen Burganlage, die König Ludwig XI. allerdings schleifen ließ. Die **Porte Notre-Dame** ist der einzige Zeuge dieser Vergangenheit. Ein Fußweg führt vom Square d'Aligre zu einer Anhöhe über dem Städtchen. Dort stehen drei alte, bemooste Steinkreuze, weswegen dieser Platz auch Kalvarienberg heißt. Von hier bietet sich eine wundervolle Aussicht über die Höhenzüge des Morvan.

Château-Chinon ist also kaum ein bedeutendes Zentrum Burgunds, doch hier war der heutige französische Staatschef François Mitterrand Bürgermeister, hier unterhält er noch heute einen Wohnsitz. Es heißt jedoch, daß Mitterrand trotz seines Amtes nicht sehr häufig in Château-Chinon weilte, sondern mehr in Paris. Die Leute von Chinon sind jedenfalls stolz auf ihn und haben im **Musée du Septennat** (6, Rue du Château) eine Abteilung eingerichtet, in der alle Staatsgeschenke ausgestellt werden, die Mitterrand seit 1981 als Präsident erhalten hat. Das zweite sehenswerte Museum der Stadt, das **Musée du Costume** in derselben Straße, zeigt einen Überblick über die französische Kleidermode vom 18. Jh. bis zur Gegenwart sowie die verschiedensten Trachten (beide Museen geöffnet 10–12 und 14–18 Uhr, Di geschlossen).

 Restaurant: Du Parc, Route Nevers, ☎ 03 86 79 44 94.

 Information: Office de Tourisme, Place Gudin, ☎ 03 86 85 06 58.

Von Château-Chinon fahren wir weiter auf der D 37 in Richtung Norden, biegen dann auf die D 12 nach links ab und erreichen die ersten Ausläufer des **Barrage de Pannesière-Chaumard,** des größten Stausees im Morvan (8 km lang). Sein Wasserkraftwerk erzeugt 18 Mio. kWh pro Jahr. Die Staumauer ist 340 m lang und 50 m hoch.

Es geht weiter über D 12 und D 17 vorbei an **Ouroux-en-Morvan,** von wo sich eine großartige Aussicht bietet, dann rechts ab auf die D 977 bis nach **Montsauche-les-Settons.** Hier liegt der älteste Stausee. Seine Granitmauer, 277 m lang, wurde 1861 gebaut. Damals diente das Wasserreservoir noch zur Regulierung der Cure für die Flößer. Heute ist der **Lac des Settons** ein Paradies für Wassersportler und Sportfischer.

Wir fahren weiter auf der D 977 *bis* in Richtung Norden und erreichen den **Saut de Gouloux.** Ein beschilderter Pfad führt uns in weniger als 15 Minuten zu einem großartigen Naturschauspiel: Das Flüßchen Caillot stürzt hier in einem Wasserfall in die Tiefe. Unsere Strecke geht weiter Richtung Norden (Vallon), über die D 6, durch den **Forêt de Breuil-Chenue,** vorbei am Felspanorama des **Rocher de la Pérouse.** Wir kommen nach **Quarré-les-Tombes,** unserer letzten Station auf der Morvan-Route. Das kleine, malerisch gelegene Dorf hat eine eigenartige Sehenswürdigkeit zu bieten: In einem Gräberfeld wurden 112 Sarkophage aus Kalkstein vom 7.–10. Jh. gefunden – an die 1000 sollen es gewesen sein. Entweder lag hier eine Nekropole oder das Zentrum einer florierenden ›Sarkophagindustrie‹.

Auf Bacchus' Spuren

Durch die ›goldenen Rebhänge‹ der Côte d'Or

Die Côte de Nuits: wo die besten Burgunder reifen

Beaune: Hauptstadt des Weins

Die Côte de Beaune von Aloxe-Corton bis Chagny

Ringsum nur Wein: Château du Clos de Vougeot

Auf der *Route des Grands Crus* geht es von Dijon durch die Weinorte der Côte d'Or über Château du Clos de Vougeot, wo die Ritter des Weinschmecker-Ordens tagen, nach Beaune mit dem bekannten Hospiz und Gelegenheit zur Weinprobe. Durch die Weinhänge von Pommard und Meursault führt die Strecke weiter bis Chagny.

Die Côte d'Or besteht aus drei Gebieten: Côte de Nuits, Haute Côte und Côte de Beaune – das edelste Anbaugebiet Burgunds. Die Reise durch die stillen Dörfer und Städtchen (Ausnahme Beaune), durch die Weinberge und *Climats* ist für jeden Burgund-Reisenden ein absolutes Muß. Wer die Côte d'Or nicht gesehen hat, kennt die Bourgogne nicht. Die Route führt von Dijon in Richtung Süden bis nach Santenay, wobei wir die Weinberge der Haute Côte vernachlässigen werden. Die Strecke ist nicht sehr lang, mit allen Umwegen etwa 80 km, doch sollte man sich viel Zeit lassen, denn hier – falls die alten burgundischen Legenden stimmen – soll einst der Garten Eden gelegen haben.

Die Côte de Nuits

Wir fahren von Dijon in Richtung Süden, nehmen aber nicht die dichtbefahrene Nationalstraße N 74, sondern die D 122 *(Route des Grands Crus)*, die Straße der großen,

der besten Weine. Wir passieren **Chenôve,** mehr noch ein südlicher Vorort von Dijon (alte Weinpressen und herzogliche Gärkeller), fahren durch den Ort **Marsannay-la-Côte,** ein hübsches Weindorf mit gutem Rosé (Ausflug zum 7 km entfernten Mont Afrique mit einer wundervollen Aussicht über die Weinlandschaft), und kommen nach Fixin.

Fixin ist der erste Ort der Côte de Nuits, dem besten Anbaugebiet innerhalb der Côte d'Or. Der kleine Ort (unter 1000 Einwohner) ist denn auch wegen seines Weins bekannt, weniger wegen der Sehenswürdigkeiten wie der Kirche aus dem 14. Jh. mit einem glasierten Ziegeldach. Besuchen Sie aber in jedem Fall das Napoleon-Denkmal, die ›Apotheose Napoleons‹ im Parc Noisot oberhalb von Fixin, das der burgundische Bildhauer François Rude 1846 geschaffen hat. Auftraggeber war ein gewisser Monsieur Noisot, ein ehemaliger Hauptmann der Garde Napoleons, dem Kaiser treu ergeben. Nach dem Sturz seines Idols wollte ihm Noisot in Fixin ein Denkmal für alle Zeiten schaffen. Er kaufte einen Hügel außerhalb des Dorfes und ließ auf einem

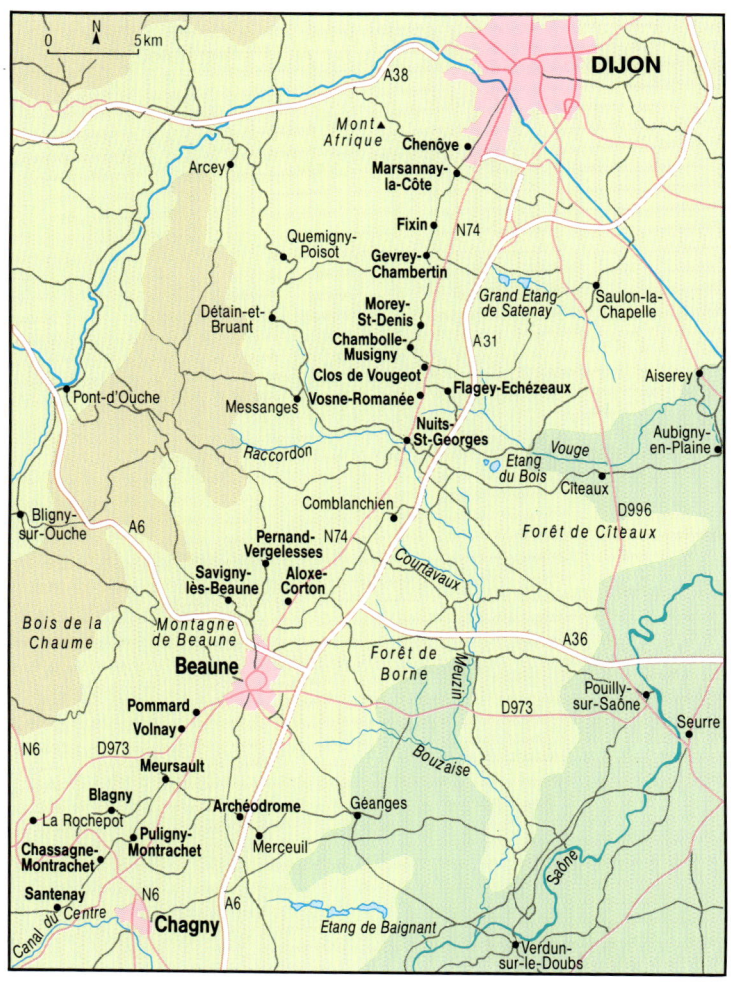

Route durch die Côte d'Or über Beaune bis Chagny

schwarzen Marmorsockel in Bronze den *Réveil de Napoléon* (›Napoleon erwacht zur Unsterblichkeit‹) errichten, der gravitätisch über die Lande blickt. Capitaine

Château du Clos de Vougeot

und die
›Ritter vom Weinschmecker-Orden‹

Einsam wie eine Perle in der Muschel liegt das Schloß Clos de Vougeot inmitten eines Meeres von Weinbergen. Kein Baum, kein Feldstein stört die Ordnung. Im Winter ist es umgeben von kahlen, streng geraden und manchmal auch weiß bepuderten Rebenzeilen, die ihrem Mittelpunkt entgegenstreben, im Frühling von zart sprießenden endlosen Beeten, in denen in frostigen Mainächten eiserne Kohleöfen glühen, im Sommer vom verschwenderischen, aber exakt beschnittenen Grün des Rebenmeeres. Und im Herbst rahmt eine schier unübersehbare, orgiastische Farbenpracht die schlichten, nüchternen Konturen des *Château* zu einem unvergeßlichen Bild: Clos de Vougeot, das schönste Weinschloß der Côte d'Or.

Zisterziensermönche aus dem benachbarten Kloster Cîteaux begannen hier um 1100 mit dem Weinbau. Die Kapetinger hatten ihnen einige Morgen überlassen, die sie fleißig bestellten und auch mehrten: Heute umfaßt das Anbaugebiet 50 ha. 1551 wurde das *Château* von Jean Loysier, dem Abt von Cîteaux, eingeweiht – eine beeindruckende Anlage reinster französischer Renaissance. Der quadratische Grundriß wird von gedrungenen Türmen flankiert, was der Anlage das Aussehen einer Festung verleiht.

Die Revolutionäre von 1789 enteigneten zunächst die Zisterzienser und taten sich an den Produkten des Hauses gütlich. Dann aber wußten sie nicht mehr allzuviel mit Schloß und Weinbergen anzufangen, so daß das prächtige Anwesen allmählich immer mehr verwahrloste. Da taten sich 1934 auf dem Höhepunkt der französischen Wirtschaftskrise eine Handvoll Männer in einem Weinkeller im benachbarten Nuits-St-Georges zusammen, die einen Kreuzzug für die Qualität und den besseren Absatz des burgundischen Weins antraten. Sie nannten sich *Confrérie des Chevaliers du Tastevin,* auf deutsch – frei übersetzt: ›Bruderschaft der Ritter des Weinschmecker-Ordens‹.

Nun gab es zu fast allen Zeiten ›Werbekampagnen‹ und vehemente Fürsprecher in bezug auf den Wein der Côte d'Or. Einer der ›Großen Herzöge des Abendlands‹, Philipp der Kühne, selbst Weinbergbesitzer in Beaune, Pommard, Volnay und Monthélie, verbot den Anbau der Rebsorte Gamay, die ihm den Geschmack des echten Burgunders zu sehr verfälschte (womit er nicht ganz unrecht hatte). Außerdem beklagte der Fürst, daß zu viele Winzer auswärtige Weine einlagerten. Und auch Philipp der Gute zeigte sich fest entschlossen, den Ruf der Herzöge als »Herren über die besten Weine der Christenheit« zu verteidigen.

Auch Frankreichs Könige wußten den Tropfen zu schätzen: Bei der Krönung Philipps VI. wurde 1328 an die Bevölkerung von Reims Burgunderwein ausgeschenkt, bis keiner mehr trinken konnte. Und König Ludwig XI., bekannt für seine Sparsamkeit und seine Verhandlungskünste, versäumte es nie zu beteuern, daß er täglich etliche Gläser des Rotweins von Volnay trinke, weswegen der Wein aus Burgund auch stets reichlich, vor allem aber ohne Rechnung kam. Zur Zeit Ludwigs XIV. propagierte ein *Ordre de la Boisson* das reichliche Pokulieren feiner Burgunderweine. Und im Jahre 1812 hielt die Gesellschaft der *Francs-Buveurs bourguignons* (burgundische ›Freitrinker‹) trotz der katastrophalen Niederlage von Napoleons Armee in Rußland eifrig die Tassen hoch.

Die *Chevaliers du Tastevin* also retteten Clos de Vougeot vor dem endgültigen Untergang und kauften 1944 das *Château.* Es ist unbestritten der Verdienst der ›Ritter‹, daß Vougeot-Weine wieder auf allen Tafeln der Welt ihren gebührenden Platz gefunden haben und auch die übrigen Weine der Côte d'Or Preiskategorien entgegenstreben, die nicht nur Kritiker als himmelschreiend empfinden. Das Vougeot-Anbaugebiet verteilt sich heute auf 90 Besitzer. Hergestellt werden nur beste Qualitätsweine, doch nur Clos de Vougeot besitzt das *Grand Cru*-Prädikat. Von den *Premiers Crus* sind die besten Weine Les Petits Vougeot, Vougeot-Clos Blanc und Les Gras.

Es ist gar nicht so einfach, Ritter vom Orden des *Tastevin* zu werden. Nur bekannte (und wohlhabende) Persönlichkeiten haben eine Chance, ausgewiesen kultivierte Kenner und Liebhaber edler Tropfen, die ein amtierender *Chevalier* vorschlagen muß. Aber auch illustre Gäste aus Politik, Kunst und Literatur werden zur Tafelrunde oder sogar zum Ritterschlag gebeten, ein farbenprächtiges Schauspiel. Nach Fanfarenklängen halten die Ritter, allen voran Großmeister und Großkanzler, in hermelinbesetzten, purpurroten Roben und barettartigen *Chapeaux* ihren Einzug. In den 800 Jahre alten Schloßkellern mit den mächtigen Monolithsäulen ist bereits eine festliche Tafel für über 500 *Chevaliers* und die Kandidaten gedeckt. Zunächst wird bei Kerzenschein stundenlang gegessen und getrunken. Traditionsgemäß gibt es *Porcelets en gelée,* ›Spanferkel in Gelee‹, eine burgundische Schlemmerei erster Güte. Über die Klasse der gereichten Weine brauchen wir an dieser Stelle kein Wort verlieren. Nach dem *Disnée* (mittelfranzösisch für *Dîner*) erfolgt der Ritterschlag.

Er wird nach Regeln zelebriert, die Molières ›Eingebildetem Kranken‹ – vermutlich zwecks Selbstironie – entnommen sind. Auf einem Podium über den Weinfässern stehen die Knappen, in deren Richtung der Großmeister in einem französisch-lateinischen Kauderwelsch äußerst würdevoll deklamiert, z. B. *Savantissimi doctores,/oenophili professores,/qui hic assemblati estis,/et vos, altri Messiores/Tastevini Facultatis,/non possum, docti Confreri,/en mois satis admirari,/qualis bona inventio/consiste à humer le piot:/quam bella Chosa est, et bene trovata,/une vielle bouteille benedicta.* (Zu deutsch: »Hochgelahrte Doktoren, weinliebende Professoren, die ihr allhie versammelt seid, und Ihr hohen Herren der tastevinischen Fakultät, nie kann ich, gelahrte Brüder, genug bewundern, welch treffliche Erfindung das Weinschlürfen und welch gute und wohldurchdachte Sache eine alte gesegnete Flasche ist.«)

In diesem Sinn muß der Novize antworten, so originell wie nur irgend möglich – schließlich wollen die Ritter beim Wein auch etwas zu schmunzeln haben. Fand die Rede Anklang (sie findet immer Anklang), antwortet der Chor der alten Chevaliers: *Vivat, vivat, cent fois vivat,/novus Chevalierus Tastevini/qui tam bene parlat.* (»Vivat, vivat, hundertmal vivat/dem neuen Ritter vom Tastevin,/der so gut gesprochen hat.«) Dann klingen erneut die Gläser, und der neue Ritter erhält seine Waffe – den Probiernapf: eine flache Schale, oft versilbert, mit der die Chevaliers Geschmack und Buketts der zu prüfenden Weine beurteilen. Und diese Waffe ist oft schärfer als ein Schwert …

Noisot verfügte darüber hinaus in seinem Testament, daß er in diesem Park aufrecht stehend in seiner Gardeuniform beerdigt werden wollte – mit direktem Blick auf das Denkmal seines Kaisers.

Wir fahren weiter und kommen nach **Gevrey-Chambertin,** dem ersten großen Höhepunkt unserer Tour durch die Côte d'Or. Der Dichter Gaston Roupnel hat den Ort literarisch verewigt, und die Tropfen aus den *Grand Cru*-Lagen des Ortes gehören tatsächlich zu den besten dieser Erde. Übrigens war auch Napoleon ein glühender Verehrer des Rotweins aus Gevrey-Chambertin. Die berühmtesten Lagen sind Chambertin-Clos-de-Bèze, Chapelle, Griotte, Latricières und Charmes-Chambertin. Das hübsche Weindorf (3000 Einwohner) besitzt zwei erstklassige Restaurants (Michelin-Stern) mit herausragender burgundischer Küche (rechtzeitig reservieren!).

Hotel: ***Château-Hotel André Ziltener, Chambolle-Musigny, ✆ 03 80 62 41 62 (reizvolle Kombination: Hotel und Weingut).

Restaurants: Les Millésimes, 25, Rue Eglise, ✆ 03 80 51 84 24 (gehoben); La Rôtisserie du Chambertin, ✆ 03 80 34 33 20.

Information: Office de Tourisme, Place Mairie, ✆ 03 80 34 38 40 (nur 15. Mai–15. September geöffnet).

Der nächste Ort, **Morey-St-Denis,** stellt für Weinfreunde ebenfalls ein paradiesisches Etappenziel dar (*Grand Cru*-Lagen: Clos de la Roche, Clos de Tart, Bonnes Mares, Clos-St-Denis). Das gilt auch für das inmitten einer reizvollen Landschaft gelegene **Chambolle-Musigny,** das ein Schloß aus dem 19. Jh. aufweist. Die nächste Perle dieser Kette von Weinorten ist das kleine **Vougeot.** Von hier stammt der berühmte *Grand Cru* Clos de Vougeot. Unbedingt sollte man das Schloß mit seinen mittelalterlichen Weinpressen und Kellern besuchen (geöffnet täglich April–September 9–19; Oktober bis März 9–11.30 und 14–17 Uhr).

Wir kommen nun nach **Flagey-Echézeaux,** etwas östlich von Vougeot gelegen. In diesem kleinen Dorf wird ein Wein hergestellt, der ebenfalls zu den besten Burgunds gehört: Les Grands Echézeauxs. Auch **Vosne-Romanée** ist Musik in den Ohren der Weinkenner. Auf 25 ha werden hier Weine angebaut, die, je nach Jahrgang, zu den teuersten der Welt zählen – und auch zu den besten: Romanée-Conti, La Tâche, Romanée-St-Vivant, Richebourg. ›Adliger‹ kann Wein nicht mehr sein.

Wir beenden die erste Etappe unserer Reise durch die Côte d'Or in **Nuits-St-Georges.** Dieses kleine Städtchen (etwa 5600 Einwohner) gab der Côte de Nuits, die hier mit dem südlichen Vorort Premeaux endet, seinen Namen. Eigenartigerweise erreichen die Weine von Nuits-St-Georges nicht mehr die Klasse und Rasse ihrer ›Kollegen‹

aus den nördlichen Gemeinden: Es gibt eine ganze Reihe guter *Premiers Crus,* aber keinen *Grand Cru.*

Bereits die Römer hatten sich hier niedergelassen. Im Vorort Les Bolards wurde eine gallorömische Siedlung ausgegraben. Die wertvollsten Funde kann man sich im **Musée archéologique** in der Rue Camille-Rodier ansehen (geöffnet Mai–September, Do geschlossen). Sehenswert ist neben den Gassen, Winkeln und Märkten auch die Kirche St-Symphorien, ein spätromanischer Bau aus dem 13. Jh.

 Hotel: **Host. Gentilhommière, Route Meuilley, etwa 1,5 km außerhalb, ✆ 03 80 61 12 06 (sehr ruhig, mit Pool und Tennis).

 Restaurant: Côte d'Or, Rue Thurot, ✆ 03 80 61 06 10 (Feinste Küche, Spezialität: Taube auf Spinatcreme, günstiges Mittagsmenu).

 Information: Syndicat d'Initiative, Rue Sonays, ✆ 03 80 61 22 47.

Die Côte de Beaune bis Beaune

Die Côte de Beaune ist wie die Côte de Nuits ein lieblicher Landstrich mit vielen kleinen Dörfern und sanft geschwungenen Weinbergen, die besonders im Herbst in den prächtigsten Farben glühen. Die Weine erreichen nicht ganz die Klasse des nördlichen Teils der

Château de Aloxe-Corton

Côte d'Or, abgesehen von einigen wenigen Ausnahmen.

Und auf die stoßen wir gleich zu Beginn: **Aloxe-Corton.** Hier werden sowohl Rot- als auch Weißweine angebaut, die jeweils zu den besten ihrer Klasse gehören. Die besten Lagen sind Corton-Bressandes, Le Corton und Corton Clos du Roi. Letzterer sollte beim Trinken wenigstens zehn Jahre alt sein. Berühmt ist auch der Weißwein Corton-Charlemagne, ebenfalls ein *Grand Cru.* In Aloxe haben bereits die Römer und Gallier Wein getrunken. Später pflegten die Zisterzienser den Weinbau, bis die ›Großen Herzöge‹ von Burgund sich in dem Ort Ländereien und Kellereien zulegten. Der Ruf Aloxe-Cortons als Weinort ist also schon weit über 1000 Jahre alt.

Der nächste Ort ist **Pernand-Vergelesses,** ein hübsches altes Dorf mit einer mittelalterlichen Kirche. Man sollte sie vorsichtshalber aufsuchen, denn wer hier vor dem Altar betet, erhält, so die Legende, Ablaß für 300 Tage. Wer das nicht glaubt, kann sich an den köstlichen Weinen von Pernand gütlich tun; sie ähneln denen aus Aloxe-Corton, erreichen jedoch nicht ganz deren Klasse – und Preis.

Wir fahren weiter nach **Savigny-lès-Beaune,** ein Dorf, das schon in Richtung der Montagne liegt, also nicht nur von Weinbergen eingerahmt ist, sondern auch von Wäldern und Wiesen. Die Weine Savignys sind verhältnismäßig leicht und erreichen keinesfalls die Klasse der umliegenden *Climats*. Man sollte sie relativ jung trinken. Savigny-lès-Beaune besitzt ein sehenswertes Schlößchen aus dem 17. Jh. in einem weitläufigen Park. Wir gelangen nun nach Beaune, der Hauptstadt der Côte de Beaune – sie verdient ein eigenes Kapitel.

Beaune

Wenn die Côte d'Or die Krone Burgunds ist, so ist Beaune die Perle, nach Dijon die bedeutendste Stadt des Landes. Beaunes mittelalterlicher Kern blieb weitgehend erhalten, entsprechend hoch ist die Zahl der Touristen, die Beaune das ganze Jahr über besuchen. In den Gassen und Straßen von Dijon verlaufen sie sich noch, doch in Beaune (rund 21 000 Einwohner) sind sie allgegenwärtig, vor allem um das *Hôtel-Dieu,* den Hauptanziehungspunkt der Stadt. Beaune ist Burgunds Zentrum des Qualitätsweinhandels, der Küfereien (Faßherstellung), der Weinmärkte und Auktionen, der Traktorfabriken, aber auch der Schmuckindustrie. Ähnlich wie Dijon ist Beaune bekannt für seine guten Restaurants und die vielfältige Senfproduktion.

Rund um die Stadt erstrecken sich einige der besten Weinberge der Côte de Beaune. In den Lagen der Greves gedeihen Spitzenweine wie Clos de Mouche, Bressandes, Marconnets, Champimonts. Es sind überwiegend Rotweine, wenn auch keine *Grands Crus.*

Das milde Klima der Gegend hatte schon die Römer mit ihren Weinreben angelockt. Ursprünglich war der Ort ein gallisches Heiligtum, das die Römer dann zum Castrum Belena ausbauten. Die Grafen von Mâcon besaßen die Stadt, bis schließlich die Herzöge von Burgund Beaune zu ihrer Sommer- und Weinresidenz machten. 1203 erhielt die Stadt in einer Urkunde der Kapetinger-Herzöge ihre städtischen Freiheiten verbrieft.

Der Dichter Alexis Piron (1689 bis 1773), gebürtig in Beaune und ein geistvoller Zeitgenosse von Voltaire, machte die Weinmetropole mit ›Negativschlagzeilen‹ weit über die Grenzen Burgunds bekannt. Der Sohn eines Apothekers hatte sich in Dijon niedergelassen, das mit Beaune eine traditionelle Rivalität verband. Bei einem Wettschießen waren die Schützen aus dem Süden erfolgreicher als die der alten Herzogsstadt. Piron, der immerhin auch Stücke für die Comédie Française verfaßte, fühlte sich nun bemüßigt, eine vor Spott triefende Schmähschrift auf die Bürger von Beaune zu schreiben. An das ihm daraufhin erteilte Stadtverbot hielt sich Piron nicht, und als man ihn bei einer Theateraufführung erkannte,

Beaune 1 Hôtel-Dieu 2 Kirche Notre-Dame 3 Weinmuseum im ehemaligen Herzogspalast 4 Hôtel de Ville/Musée des Beaux-Arts 5 Stadtmauer 6 Porte St- Nicolas/Kirche St-Nicolas 7 Office de Tourisme

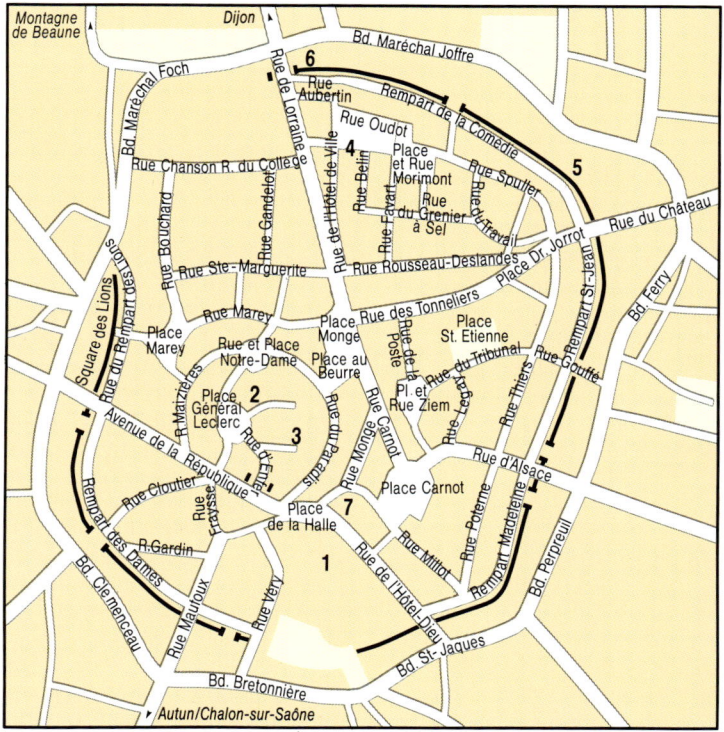

entging er dem Zorn der aufgebrachten Beauner nur um Haares-
breite: Piron hat Beaune künftig ge-
mieden.

Bei unserem Rundgang durch
die Stadt erkennen wir sofort, wie
wohlhabend der Handel mit den
kostbaren Burgunderweinen den
Ort gemacht hat: Überall stehen
gepflegte Stadtpalais aus Spätmittelalter, Renaissance und Barock.

Baulicher Höhepunkt ist jedoch
unbestritten das **Hôtel-Dieu,** ein
Krankenhaus und Altenheim, das
1443 von Nicolas Rolin und seiner
Gattin Guigone de Salins für ihr
Seelenheil gegründet wurde. Bis
zum Ende des Zweiten Weltkriegs
diente es noch als Krankenhaus:
Über 500 Jahre hatten die Ordensschwestern die Armen und Alten
der Stadt kostenlos betreut. Auch
heute ist der Eindruck überwälti-
gend, wenn wir den Hof des Pracht-
baus betreten. Wir stehen vor einer
eindrucksvollen Fachwerkgalerie
der späten Gotik, die von einem
bunt glasierten Dach mit Türmchen und Erkern gekrönt wird.
Nicht nur enthusiastische Burgunder behaupten, daß dies das berühmteste Dach der Welt sei.

Wir betreten bei der Führung
den Krankensaal, einen weiten
Raum mit offenem, hölzernem
Dachstuhl. In zwei Reihen stehen
28 Krankenbetten mit roten Vor-
hängen, in denen im Mittelalter jeweils zwei Patienten lagen. An der
Schmalseite trennen Chorschranken den Saal von einer kleinen Kapelle ab, auf deren Altar die Kran-

ken jederzeit blicken konnten – ein
tröstender Akt der Seelsorge. Wir
gehen weiter durch die Kapelle, einen Raum mit altem medizini-
schem Gerät und den Porträts der
Oberinnen und kommen in die historische Küche mit Kaminen und
einem automatischen Bratspieß aus
dem 17. Jh. Hier wurde noch bis
zum Zweiten Weltkrieg gekocht.
Die Apotheke wurde im 18. Jh. mit
Steinguttöpfen aus Nevers ausgestattet. Hier wurden Tinkturen und
Medizin für die Patienten ange-
rührt.

Wir kommen nun in einen Saal
mit prächtigen Gobelins. Auch hier
standen früher Krankenbetten. Durch
eine Tür gelangen wir in einen Ne-
benraum, ins ›geistige Herz‹ der

Nicolas Rolin

Der undurchsichtige Kanzler

Eine der faszinierendsten Figuren in der Epoche der *Grands Ducs d'Occident*, der ›Großen Herzöge des Westens‹, ist Nicolas Rolin. Er war ein Kanzler von eklatanter Machtfülle und unermeßlichem persönlichem Reichtum. Rolin wurde 1376 in Autun geboren. Er war bürgerlicher Abstammung, studierte Rechtslehre und avancierte rasch. Aufgrund seiner Skrupellosigkeit und seines Durchsetzungsvermögens machte Rolin rasch Karriere als Jurist, Diplomat und Ratgeber für Finanzen. Er beriet den englischen und französischen Hof zu Paris und muß bereits in dieser Zeit ein enormes Vermögen angesammelt haben.

Die zeitgenössischen Geschichtsschreiber charakterisieren ihn als herrschsüchtig, hochmütig und habgierig. Jacques du Clerq weiß zu berichten: »Besagter Kanzler stand im Ruf eines der weisen Männer des Königreichs, was das Zeitliche angeht. Was aber das Geistige betrifft, so schweige ich lieber.«

Schließlich trat der erfolgreiche Mann in die Dienste Philipps des Guten und wurde zum mächtigsten – und reichsten – Mann nach dem Herzog, zum Kanzler, Vorsitzenden des Hofrats und Bewahrer der herzoglichen Siegel. Von 1422 bis zu seinem Tod 1462 bestimmte Nicolas Rolin die Geschicke des herzoglichen Hofs und der burgundischen Politik, für einen Bürgerlichen eine bemerkenswerte, wenn in jener Zeit auch nicht mehr einzigartige Karriere.

Um auch für das zukünftige himmlische Heil vorzusorgen, tat Rolin am 3. August 1443 einen Schwur, schlug dem Himmel einen für die Mentalität der damaligen Zeit charakteristischen ›Tauschhandel‹ vor: Am 4. November 1443 verkündete er die Stiftung eines Armenhospitals, eines Hôtel-Dieu, in Beaune. Rolin beauftragte die besten Baumeister und Künstler seiner Zeit, das Hospiz zu errichten, das heute zu

Anlage. Hier wird das »Jüngste Gericht« des flämischen Malers Rogier van der Weyden (1399–1464) ausgestellt, ein riesiges Altarbild, das noch heute in den prächtigsten Farben leuchtet. Es stellt den Weltenuntergang und Christus als Weltenrichter dar und gilt als eines der bedeutendsten Gemälde Frankreichs.

Übrigens besitzt das *Hôtel-Dieu* etliche gute Weinlagen, die seit 500 Jahren durch Schenkungen zusammenkamen. Hier werden auch all-

Das Hôtel-Dieu in Beaune, eine Stiftung des Kanzlers Rolin

den größten kunsthistorischen Schätzen Frankreichs gehört. Herzog Philipp der Gute schenkte der Einrichtung einige Hektar feinster Weinlagen, und mit dem Verkauf des kostbaren Rebensafts konnte sich das Hôtel-Dieu auch nach dem Tod Rolins finanzieren.

Im großen Krankensaal, für die damalige Zeit eine medizinische wie hygienische ›Revolution‹, standen 28 Betten, in denen jeweils zwei Patienten lagen. An Sonn- und Feiertagen waren meist Nicolas Rolin und seine Gattin selbst anwesend und lauschten gnädig den Gebeten der Armen und Leidenden für die edlen Stifter. Dann wurde der Altar im Krankensaal geöffnet und ein Gemälde sichtbar, das Rolin selbst beim Meister Rogier van der Weyden aus Tournai 1443 bestellt hatte: Das »Jüngste Gericht« zeigt einen kühlen Erzengel Michael und über ihm auf der Weltenkugel den Gottessohn, der Recht spricht. In ›bescheidener‹ Grisaille-Malerei knien auf den Außenflügeln des Klappaltars der Stifter und seine Gattin zu Füßen von Schutzheiligen.

jährlich im Spätherbst die schönen Weine des *Hospice de Beaune* versteigert, deren Erlöse nach wie vor der Krankenpflege und Medizin zufließen (s. S. 24; 1. Jan.– 21. März 9 – 11.30 und 14 – 17.30 Uhr, 22. März – 16. Nov. 9 – 18.30 Uhr, 17. Nov.– 31. Dez. 9 – 11.30 und 14 – 17.30 Uhr).

Nur wenige hundert Meter entfernt steht die **Kirche Notre-Dame,** ein romanischer Bau des 12. Jh. Die nach dem Vorbild Clunys errichtete Kollegiatskirche wurde im

13. und 14. Jh. teilweise im gotischen Stil verändert (Vorhalle und Langschiff). In einer der Kapellen des linken Seitenschiffs erkennt man Fresken des 15. Jh., die Auferstehung des Lazarus darstellend, die dem burgundischen Maler Pierre Spicre zugeschrieben werden. Im Chor hängen fünf großartige flandrische Wandteppiche zum Leben Marias, für die Spicre 1474 ebenfalls verantwortlich zeichnet; gestiftet wurden sie von Kardinal Jean Rolin, dem Sohn des berühmten Kanzlers. An der Südseite der Kirche haben sich noch die (restaurierten) Reste des Kreuzgangs und des Kapitelsaals erhalten. Neben der Kirche stehen die Gebäude der Stiftsherren mit einer Fassade aus dem 13. Jh.

Weil die Sehenswürdigkeiten in der Altstadt von Beaune so eng beieinanderliegen, sind es auch nur wenige Schritte bis zur ehemaligen Residenz der Herzöge in der Rue d'Enfer. In dem Stadtpalais aus dem 15.–16. Jh. ist heute das **Weinmuseum (Musée du Vin de Bourgogne)** untergebracht. Es zeigt alles zur Geschichte des burgundischen Weins, Gemälde, Flaschen, Dokumente, Gläser, Keller, Keltern (geöffnet 1. April–30. Nov. 9–18 Uhr, 1. Dez.–31. März, Di geschlossen; Führungen dauern 45 Min.).

Das **Hôtel de Ville**, ein ehemaliges Kloster der Ursulinen, das um 1695 erbaut wurde, gruppiert sich um einen schönen Innenhof. Teile werden noch immer als Rathaus genutzt. Im überwiegend größten Teil der Anlage ist jedoch das **Musée des Beaux-Arts** untergebracht. Ausgestellt werden Skulpturen, Malerei sowie Exponate aus Archäologie und Kunsthandwerk. Der Saal Marey ist dem aus Beaune stammenden Arzt Dr. Etienne Jules Marey gewidmet, einem Pionier des Films (geöffnet 1. April–1. Nov. 14–18 Uhr, 16. und 17. Nov. 14–18 Uhr, Rest des Jahres geschlossen).

Die sehenswerte Altstadt von Beaune wird von einer kreisrunden **Stadtmauer** aus dem 15. Jh. umgeben, die man Anfang des 17. Jh. teilweise einriß. Seit dieser Zeit, so witzelt der Volksmund, sei die Reblaus der einzige Feind gewesen, der die Stadt erobert habe. (In den Kellern unter der Stadtmauer wird übrigens noch heute Wein gelagert.) In der Avenue du 8. Septembre blieben noch zwei Türme von dem Schloß übrig, das König Heinrich IV. gebaut hatte und das später zerstört wurde. Die **Porte St-Nicolas** in der Wallanlage ist ein hübscher Triumphbogen von 1760, benannt nach der kleinen Kirche St-Nicolas in der Nähe des Stadttores. **St-Nicolas** besitzt hinter der Vorhalle aus dem 15. Jh. ein romanisches Portal mit einem beachtenswerten Tympanon. Es zeigt die Geschichte des hl. Nikolaus, der einem Vater seine drei Töchter abkauft, die dieser zum Kauf ›angeboten‹ hatte. So wollte der Heilige die Tugend der jungen Frauen vor drei Liebhabern schützen – eine Legende aus dem kleinasiatischen Raum.

Ein Ausflug von Beaune führt zum **Archéodrôme** an der Autobahn A6 (Mautstelle Tailly-Merceuil). Hier wurde die burgundische Geschichte von neolithischen Hütten um 4000 v. Chr. bis zum Nachbau eines gallorömischen Landhauses rekonstruiert (geöffnet April–Oktober täglich 10–20, November–März 10–18 Uhr).

🛏 **Hotels:** ***Le Cep, 27, Rue Maufoux, ✆ 03 80 22 35 48; **Belle Epoque, 15, Faubourg Bretonnière, ✆ 03 80 24 66 15; **Central, 2, Rue V. Millot, ✆ 03 80 24 77 24.

✗ **Restaurants:** Auberge Bourguignonne, 4, Place Madeleine, ✆ 03 80 22 23 53; Auberge St-Vincent, Place Halle, ✆ 03 80 22 42 34; La Ciboulette, 69, Rue de Lorraine, ✆ 03 80 24 70 72; Bernard Morillon (Hotel le Cep), 31, Rue Maufoux, ✆ 03 80 24 12 06; Ermitage de Corton (4 km außerhalb), Route de Dijon, ✆ 03 80 22 05 28 (Luxus); **L'Écusson, (wunderbare Desserts), Place Malmédy, ✆ 03 80 24 03 82; Hostellerie de Levernois (5 km nach Levernois), Route de Verdun-sur-le-Doubs D 970 und D 111, ✆ 03 80 24 73 58 (gehoben, reservieren); Jardin des Remparts, 10, Rue Hôtel-Dieu, ✆ 03 80 24 79 41 (Gartenlokal); Relais de Saulx, 6, Rue L. Véry, ✆ 03 80 22 01 35 (gehobene burgundische Küche).

ⓘ **Information:** Office de Tourisme, gegenüber vom Hôtel-Dieu, ✆ 03 80 26 21 30.

🚌 **Busse:** Nach Dijon, Mâcon, Pommard, Meursault, Chalon-sur-Saône.

Die Côte de Beaune bis Chagny

Wir verlassen Beaune in Richtung Süden, nehmen aber nicht die Nationalstraße in Richtung Mâcon, sondern fahren auf der D 973 über die Weindörfer der Côte de Beaune: eine Kette berühmter Namen. Der erste ist **Pommard,** der Weinort der Könige. Hier gedeiht ein berühmter roter Burgunder, in aller Welt bekannt. Pommard-Weine gelten als Inbegriff des schweren, erstklassigen Burgunders. Es sind auch gute Tropfen, die allerdings nie mit den *Grands Crus* der Côte de Nuits konkurrieren konnten. Die nächsten *Grand Cru*-Lagen, die wir an der südlichen Côte de Beaune treffen, sind ausnahmslos Weißweine. Die roten *Pinots Noirs* bringen es ›nur‹ zum *Premier Cru,* die freilich eine Klasse für sich sind und in guten Jahrgängen paradiesisch ausreifen.

Pommard ist ein hinreißendes Dörfchen und besitzt ein Schloß, in dem weiland die Herzöge von Burgund wohnten, wenn ihnen der Rückweg nach Dijon zu beschwerlich erschien. Aus jener Zeit stammen auch die Beschreibungen des Pommards, er sei *loyal, vermeil et marchand,* also ›ehrlich, hochrot und geschäftstüchtig‹. Die Könige Heinrich IV. und Ludwig XV. waren Pommard-Kunden, die Dichter Victor Hugo und Ronsard ließen ihren Geist vom Pommard be- oder überflügeln. Die Spitzenlagen sind

Les Rugiens und Les Epenots. Noch ein Wort zum Ortsnamen: Pomona hieß die gallorömische Göttin der Früchte und Gärten, und so wurde auch die kleine Kirche des Dorfes benannt, die ja eigentlich ein ganz normales christliches Gotteshaus ist.

Der nächste Ort auf unserer Reise ist **Volnay** gleich hinter Pommard, ebenfalls ein sehr hübscher Ort inmitten der Weinberge: Alte Gutshöfe und kleine *Châteaux,* umrahmt von alten Bäumen und Parks, gepflegte Gassen, der dezente Charme großbürgerlichen Wohlstands. Volnays gehörten jahrhundertelang zu den Lieblingsweinen der französischen Krone. Die besten sind Les Caillerets, Les Champans, Les Chevrets. In Volnay werden im Gegensatz zu Pommard auch Weißweine produziert. Sie tragen allerdings den Namen der Nachbargemeinde, wiederum einen berühmten:

Meursault, eines der Zentren des Chardonnay-Anbaus an der Côte d'Or, ist bekannt für fruchtige bis feinnervige Weißweine. Zu der Gemarkung gehört auch **Blagny.** Beide Orte verfügen mit 500 ha über die größte Anbaufläche der Côte d'Or. Jährlich werden über 2 Mio. Flaschen abgefüllt, die für gute Preise in alle Welt gehen (die besten: Les Charmes, Les Perrières, Les Genevières). Das reizende Meursault mit seinen gepflegten Weinhöfen bietet zudem eine sehenswerte Kirche und ein hübsches Rathaus. Auf jeden Fall lohnen die gewaltigen Weinkeller des Château Meursault einen Besuch.

Hotel: **Les Charmes, Place Murger, ✆ 03 80 21 63 53 (sehr ruhig, sehr empfehlenswert).

Restaurant: Relais de la Diligence, etwa 2,5 km außerhalb von Meursault an der D 23, ✆ 03 80 21 21 32 (empfehlenswert).

Information: Syndicat d'Initiative, Place de l'Hôtel de Ville, ✆ 03 80 21 25 90.

Die beiden Hochburgen des Weißweins an der Côte d'Or sind die benachbarten Dörfer **Puligny-Montrachet** und **Chassagne-Montrachet.** Das ›t‹ in der Mitte des Namens gehört zu ›mont‹ und wird daher nicht ausgesprochen (richtig: Monrachet). Die Könige des Chardonnay, des wohl besten Weißweins der Bourgogne (vielleicht sollte man hier den Corton-Charlemagne noch dazuzählen), gehören zu den teuersten Gewächsen Frankreichs. In beiden Dörfern, sehr schön, aber ohne bauliche Höhepunkte, werden jährlich nur etwa 1 Mio. Flaschen hergestellt, die auf Jahre hinaus ausverkauft sind. Die *Grands Crus* heißen Bâtard-Montrachet und Criots-Montrachet, weitere Spitzenweine sind Bienvenue-Bâtard-Montrachet und Chevalier-Montrachet. Man hat sogar die Klassifizierung *Cru sans Catégorie* eingeführt, was soviel bedeutet wie ›Lage ohne Vergleich‹. Preise? Ab 150 Mark aufwärts pro Flasche.

Blick auf den Weinort Pommard in der Côte de Beaune

Wir kommen zu unserer letzten Station auf der Route entlang der Côte d'Or, ebenfalls die letzte Station der Côte de Beaune: **Santenay** und **Chagny.** In Santenay sollten Sie sich die Burg aus dem 14. Jh. mit sehenswertem Bergfried und die Kirche St-Jean ansehen, die beachtenswerte Glasfenster und ein barockes Relief der Jungfrau mit Drachen vom lokalen Bildhauer J. Bésullier besitzt. Hier wiederum wird überwiegend Rotwein, *Pinot Noir,* produziert (beste Lagen: Les Gravières, La Maladière). Auf gut 400 ha werden nur 120 000 Flaschen abgefüllt, denn ein Großteil der Ernte wird mit anderen Sorten der Côte de Beaune vermischt und kommt als Côte de Beaune Villages auf den Markt, ein prima Wein, aber ohne Klasse.

Das Dorf Chagny besuchen wir nur aus einem Grund: Da wir rechtzeitig einen Tisch bestellt haben, werden wir bei Monsieur Lameloise speisen. Der Chef in dem weißen Gasthaus am Dorfplatz zelebriert eine Küche vom Feinsten. Bei solchen Genüssen ist der Preis einerlei (Lameloise, 36, Place d'Armes, Chagny, ✆ 03 85 87 08 85).

Auf stillen Kanälen

Eine Fahrt auf dem Canal du Nivernais

An der Schleuse von Sardy-lès-Epiry am
Canal du Nivernais

Eine Bootsfahrt ist vielleicht die schönste, sicher aber die beschaulichste Art, Burgund kennenzulernen. Der romantische Canal du Nivernais zwischen Auxerre an der Yonne und Decize an der Loire führt an Felsen, Schlössern und kleinen, ursprünglichen Dörfern vorbei.

Die beste Art des Reisens durch Burgund ist zweifelsohne eine Tour über die Flüsse und Kanäle des Landes, der Wasserscheide Frankreichs. Die Region wird umrahmt von den Flüssen Saône, Seine, Yonne und Loire, die untereinander mit Kanälen verbunden sind. Von Burgund aus kann man in jede Himmelsrichtung auf dem Wasser fahren: Über den Canal du Rhône au Rhin zum Rhein, über die Loire an den Atlantik, über Saône und Rhône ans Mittelmeer, über Canal de Bourgogne, Yonne und Seine nach Paris und weiter bis zum Ärmelkanal. Jachtbesitzer aus dem Norden überführen übrigens so ihre Schiffe ins Mittelmeer.

Das Kanalnetz Burgunds ist über 1200 km lang, die Wasserstraßen führen durch die reizvollsten Landschaften. Man muß nur entsprechend Zeit mitbringen, denn diese Form des Reisens ist sehr intensiv, will heißen: langsam. Die z. T. beträchtlichen Höhenunterschiede werden mit Schleusen überwunden – keine Angst, die hat bisher noch jeder geschafft.

Die Kanäle wurden teilweise schon im 17. Jh. angelegt. Früher waren sie Verkehrswege von enormer wirtschaftlicher Bedeutung. Das gilt heute nur noch für den Canal du Centre, der die Loire mit der Saône verbindet und auf dem noch Lastkähne verkehren. Auf allen anderen Kanälen ist die touristische Schiffahrt daheim. Die Boote können in zahlreichen Städten gemietet werden, sind auch von ›Landratten‹ simpel zu bedienen und kosten während der Sommermonate zwischen 1300 und 1500 Francs pro Woche und Person. Ein Luxusschiffchen bekommt man für etwa 9000 Francs pro Woche. Auf so einem ›Dampfer‹ können dann acht Personen gut wohnen. Außerhalb der Saison reduzieren sich die Preise um bis zu 50 %. Bequem und familiengerecht sind die flachen Hausboote mit Sonnendeck. Es empfiehlt sich, mit dem Boot auch gleich noch Fahrräder zu mieten, was Landausflüge erheblich erleichtert.

Eine Fahrt auf dem Canal du Nivernais

Für unsere Routenbeschreibung haben wir den Canal du Nivernais ausgewählt. Diese alte Wasserstraße, mit deren Bau schon im 18. Jh. begonnen und die 1841 vom ›Bürgerkönig‹ Louis Philippe eingeweiht wurde, verbindet die Yonne mit der Loire bzw. dem Canal latéral à la Loire. Sie ist von Auxerre im Norden bis Decize im Süden 174 km lang und hat 110 Schleusen. Das Boot sollte man für 14 Tage mieten, um die großartige Landschaft, z. T. Naturschutzgebiete von außergewöhnlichem Charakter, genießen zu können.

Wir beginnen unsere Schiffsreise in Auxerre, dem Zentrum der burgundischen Kanalschiffahrt (s. S. 123). Unser Diesel tuckert gemütlich in Richtung Süden, in ein berühmtes Weinbaugebiet – man sollte gleich festmachen und in die nächsten Weinorte radeln. Früher war die Umgebung von Auxerre ein einziger riesiger Weinberg. Nach der Reblausplage ging der Anbau indes dramatisch zurück, so daß südlich der alten Bischofsstadt nur noch um die beiden Dörfer **Irancy**

Eine Fahrt auf dem Canal du Nivernais

und **Bris-le-Vineux** Wein angebaut wird. Beide Orte sind berühmt wegen ihrer roten und hellroten Weine mit einem fruchtig-intensiven Bouquet von Himbeeren und Rapunzeln. Bris-le-Vineux hat zahlreiche schöne Wohnhäuser, eine sehenswerte Kirche aus dem 13.–16. Jh. und ein Schloß aus dem 16. Jh. Die Keller kann man besichtigen.

Irancy gilt als einer der schönsten Weinorte Burgunds. Er liegt in einem sanft geschwungenen Rebenmeer und besitzt hübsche Fachwerkhäuser. In Irancy wurde Germain Soufflot, der Architekt des Pariser Pantheons, geboren. Das Renaissancehaus, in dem er zur Welt kam, kann besichtigt werden. Ein Tip, falls Sie im Frühsommer reisen: In dieser Gegend reifen die besten Kirschen Burgunds.

Wir fahren mit unserem Hausboot auf dem Canal du Nivernais weiter in Richtung Süden, vorbei an **Mailly-le-Château,** einer imposanten Burgruine aus dem 12. Jh., hoch auf einem Felsen über dem Kanal thronend. Die Landschaft hat sich verändert. Wälder dominieren nun – und Felsen: **Les Rochers du Saussois.** Direkt neben dem Kanal ragen die Kalkriesen aus dem Grün der Laubbäume. Vor allem an den Wochenenden hängen hier die Bergsteiger der Region in den steilen Wänden.

Die erste größere Stadt, die wir erreichen, ist **Clamecy.** Der berühmte Schriftsteller und Literaturnobelpreisträger, Romain Rolland, wurde hier 1866 geboren (s. S. 62 f.).

Clamecy (5300 Einwohner) ist ein hübscher mittelalterlicher Ort mit einer sehenswerten Altstadt und zahlreichen Fachwerkhäusern. Früher war die Stadt ein wichtiger Ort des Holzhandels. Die Stämme aus dem Morvan wurden von hier über Yonne und Seine nach Paris geflößt oder verschifft. Ab 1923 brachten Schleppkähne die Ware nach Norden. Die *Triqueurs* (Flößer) sind jedoch noch in zahlreichen Geschichten und Anekdoten gegenwärtig, werden sogar auf den örtlichen Töpferarbeiten dargestellt.

Auf einer Anhöhe über dem idyllischen Städtchen liegt die Kirche St-Martin aus dem 13. Jh. mit einer reich verzierten Flamboyantfassade. Von ihrem Kirchturm hat man einen wundervollen Ausblick über Clamecy und das Yonne-Tal. St-Martin ist eine Kirche von außergewöhnlichen Ausmaßen, denn sie sollte einmal Kathedrale und Bischofssitz werden. Im Mittelalter hatte ein Graf von Nevers in seinem Testament festgelegt, daß Clamecy Exil der Bischöfe von Bethlehem werden sollte, falls der Geburtsort Christi in die Hände der ›ungläubigen‹ Muslime fallen sollte, was dann ja auch geschah. Also vererbte er den Kirchenfürsten einen großzügigen Gebäudekomplex, in dem dann die Palästina-Bischöfe recht gerne residierten. Bisweilen waren es bis zu 50 an der Zahl.

Der Canal de Bourgogne, dahinter Schloß Châteauneuf

Das ärgerte natürlich die einheimischen Bischöfe von Auxerre und Nevers, die schließlich das Exilnest Clamecy schlossen.

  Hotel/Restaurant: *Host. de la Poste, 9, Place Emile Zola, ☎ 03 86 27 01 55.

Information: Office de Tourisme, Rue du Grand-Marché, ☎ 03 86 27 02 51 (während der Frühjahrsferien und Juni bis September geöffnet).

Wir fahren weiter auf dem Kanal bis **Corbigny,** einer kleinen, hübschen Stadt am Westrand des Morvan. Corbigny ist bekannt für seine schönen, bunten Märkte. Außerdem kann man von hier aus mit dem Fahrrad drei sehenswerte Schlösser erreichen:

7 km nördlich von Corbigny steht das **Château Villemolin,** seit 1528 von der gleichnamigen Familie bewohnt. Der östliche Teil des Gebäudes stammt aus dem 15. Jh. Südlich von Corbigny wartet das **Château Lantilly,** angeblich auf den Fundamenten einer gallorömischen Villa errichtet, auf einen Besuch. Während des 14. Jh. soll es den burgundischen Hexenmeistern als Schlupfwinkel gedient haben; im 17. Jh. wurde es im Stil der Renaissance umgebaut (heute Schloßhotel; Reitmöglichkeit). Bei einer Radtour auf der D 147 stoßen wir auf das **Château Marcilly,** das malerisch auf einem Felsvorsprung thront. Es stammt ebenfalls aus dem 15. Jh. und wurde von Herzog Karl dem Kühnen erbaut.

Wir tuckern nun auf die berühmte Schleusentreppe von Sardy zu und erreichen kurz danach den Kanaltunnel von **La Collancelle.** 20 Minuten dauert die Fahrt durch die Berge – für Kinder ein besonderes Vergnügen, denn das Echo ist wirklich phänomenal. Bei **Baye** sollten Sie eine Pause einlegen. Die herrlichen Badeseen Lac de Vaux und Lac de Baye lohnen im Sommer in jedem Fall einen kleinen Ausflug.

Wir haben nun den höchsten Punkt unserer Kanalfahrt überschritten und beginnen mit dem ›Abstieg‹. Gemütlich tuckert unser Schiff durch die Weidelandschaft des Bazois, vorbei an den Städtchen **Châtillon-en-Bazois** mit einem sehenswerten Schloß und **Cercy-la-Tour.** Die letzte Station unserer Reise ist **Decize.** Hier treffen der Canal du Nivernais, die Loire und der Canal latéral à la Loire aufeinander. Decize liegt auf einer kleinen Anhöhe zwischen zwei Loire-Armen, eine Insel-Stadt, einst vom Schloß der Grafen von Nevers bekrönt. Sehenswert ist die Kirche St-Aré mit einem romanischen Chor aus dem 11. Jh. und einer merowingischen Doppelkrypta aus dem 7. Jh., die einst die Gebeine des hl. Aré barg. Er hatte in seinem Testament verfügt, man möge seinen Leichnam auf einer Barke auf der Loire treiben lassen. Der Leichnam landete in Decize, wo ihm Mönche sofort eine Grabkirche bauten. Übrigens wurde in Decize Saint-Just, einer der ›Väter‹ des revolutionären Terrors, geboren.

TIPS & ADRESSEN

Alle wichtigen
Informationen rund
ums Reisen – von
ärztlicher Versorgung
bis Zoll – auf einen
Blick.

Wissenswertes zur
Landesküche und
zum Wein, zu
Urlaubsaktivitäten,
zu Festen und Veran-
staltungen

INHALT

REISEVORBEREITUNG & ANREISE

Informationsstellen

... in Deutschland

Maison de la France, Westendstrasse 47, 60325 Frankfurt/Main, ☎ 01 90-57 00 25, Fax 01 90-59 90 61 (Service-Nr. 6 Sek./12 Pf.)

... in Österreich

Französisches Fremdenverkehrsamt, Argentinierstr. 41 a, 1030 Wien, ☎ (01) 50 32 89 00, Fax 5 03 28 71

... in der Schweiz

Maison de la France, 2, Rue du Thalberg, 1201 Genève (Genf), ☎ (022) 9 09 89 77, Fax 9 09 89 71

Französisches Fremdenverkehrsamt, Löwenstraße 59, 8023 Zürich, ☎ (01) 2 11 30 85, Fax 2 12 16 44

Diplomatische Vertretungen Frankreichs

In Deutschland

An der Marienkapelle 3
53179 Bonn
☎ (02 28) 9 55 60 00

In Österreich

Technikerstraße 2
1040 Wien
☎ (01) 50 27 50

In der Schweiz

Schosshaldenstraße 46
3006 Bern
☎ (031) 3 59 21 11

Einreise- und Zollbestimmungen

Reisende aus den EU-Staaten und der Schweiz benötigen einen gültigen Personalausweis oder Reisepaß; Autofahrer zusätzlich den Führerschein und die Fahrzeugpapiere, die Mitnahme der Grünen Versicherungskarte wird empfohlen.

Innerhalb des europäischen Binnenmarkts gelten für die Ein- und Ausfuhr von Waren zum privaten Gebrauch folgende Richtmengen pro Person (älter als 17 Jahre): 800 Zigaretten, 400 Zigarillos, 200 Zigarren, 1000 g Tabak, 10 l Spirituosen, 20 l Likör, 90 l Wein, davon höchstens 60 l Schaumwein, 110 l Bier. Für Urlauber aus der Schweiz gilt weiterhin: Geschenke bis zum Gesamtwert von 200 sfr, 200 Zigaretten oder 50 Zigarren oder 250 g Tabak, 1 l Spirituosen über 15 %, 2 l unter 15 %.

Drei Haustiere, die älter sein müssen als drei Monate, dürfen eingeführt werden, jedoch nur ein junger Hund. Die Tiere müssen tollwutgeimpft sein, die Impfung darf nicht älter als ein Jahr sein und muß mindestens 30 Tage vor der Einreise erfolgt sein. Hunde müssen außerdem gegen Staupe und Hepatitis contagiosa, Katzen, die noch kein Jahr alt sind, gegen Katzenseuche geimpft sein.

Reisen für Behinderte

Informationen über behindertengerechtes Reisen in Burgund (Hotels,

Restaurants, Museen etc.) erteilen: Comité Régional du Tourisme de Bourgogne, BP 1602, F-21035 Dijon Cédex, ✆ 03 80 50 90 00 sowie die französische Behindertenverband Association des Paralysés, 22, Rue du Père-Guérin, F-75013 Paris, ✆ 01 40 38 28 96.

Der Reiseführer ›Tourisme quand même‹ ist erhältlich beim Comité National pour la Réadaptation des Handicapés, 38, Boulevard Raspail, F-75007 Paris; in größeren Buchhandlungen finden Sie den Führer ›H comme Handicapés‹ aus dem Verlag Hachette.

Karten

Für das Reisen mit dem Auto durch Burgund empfehlen sich auf jeden Fall die gelb-blauen Straßenkarten von Michelin im Maßstab 1:200 000 Nr. 61, 65, 66, 69, 70, 73. Sie sind in Buchhandlungen sowie allen größeren Tankstellen zu haben.

Reisezeit

In Burgund beginnen Frühjahr und Sommer früher, der Herbst dauert länger als in Deutschland, Österreich und auch weiten Teilen der Schweiz. Juli und August empfehlen sich jedoch weniger für einen Burgund-Besuch, denn dann sind französische Schulferien, und auch diese Region wird von Touristen überflutet. Besonders geeignet für Burgund-Reisen sind Frühjahr (ab April) und Herbst (bis November). Zur Weinlese und auch danach leuchtet das Land in besonders üppigen Farben. Im Reisege-

päck sollten jedoch auch warme Sachen berücksichtigt werden, denn am Abend sinken die Temperaturen empfindlich.

Anreise

... mit dem Flugzeug

Burgund ist mit dem Flugzeug über folgende Verbindungen zu erreichen:

Direktflüge von Frankfurt nach Lyon und von München nach Lyon, von Berlin, Bremen, Düsseldorf, Frankfurt, Hamburg, Hannover, Köln/Bonn, München, Nürnberg und Stuttgart nach Paris, von Salzburg, Wien, Zürich und Genf nach Paris.

Wichtig: Von Paris fliegt die AIR INTER, die Inlandstochter der Air France, regelmäßig den Flughafen von Dijon an. Auskünfte erteilen die Büros der Air France in Deutschland, Österreich und der Schweiz.

... mit der Bahn

Burgund besitzt ein dichtes Eisenbahnnetz, und Dijon ist einer der wichtigsten europäischen Knotenpunkte. Mit den Hochgeschwindigkeitszügen des TGV erreichen wir direkt Beaune, Chalon-sur-Saône, Dijon, Montbard und Mâcon. Der TGV aus Lausanne und Besançon hält in Dijon, der aus Genf in Mâcon. Beide fahren westwärts nach Paris. Weitere Fernzugverbindungen führen von Wien über München nach Zürich – Bern – Genève – Dijon, Saarbrücken – Metz – Dijon, Karlsruhe – Strasbourg – Dijon, Karlsruhe – Basel – Bern – Genève – Dijon.

... mit dem Fernbus

Aus Deutschland, Österreich und der Schweiz verkehren regelmäßig Fernautobusse nach Frankreich. Auskünfte erteilt: Deutsche Touringgesellschaft, Am Römerhof 17, 60486 Frankfurt/Main.

... mit dem Auto

Burgund ist mit dem Auto bestens zu erreichen. Die Autobahngebühren in Frankreich sind indes hoch. Das Reisen auf den gutausgebauten Nationalstraßen geht ebenfalls zügig voran und kostet nichts. Allerdings dauert dann die Anreise etwas länger.

UNTERWEGS IN BURGUND

Mit der Bahn

Abgesehen von den großen nationalen und internationalen Schienentrassen wird das Land von zahlreichen Bahnlinien durchquert. Wir unterscheiden: **Rapides:** Schnellzüge, die nur in den großen Städten halten; **Directs:** Eilzüge, die in allen größeren Orten halten; **Omnibus:** Personenzüge, die an fast allen Stationen halten; **Autorail:** Schienenbusse, Dieseltriebwagen, die an jedem Bahnhof halten.

Für ausländische Besucher ist besonders die Ferienkarte ›France Vacances‹, ein ermäßigtes Pauschaltikket, interessant. Sie berechtigt zu Reisen auf dem gesamten Streckennetz der französischen Bahngesellschaft S.N.C.F., einschließlich der Pariser Vorortstrecken. Für zuschlagpflichtige Züge braucht kein Zuschlag gezahlt zu werden, bei Vorlage der Karte ›France Vacances‹ gibt es Ermäßigungen auf Boots- und Stadtrundfahrten sowie bei Eintrittspreisen für die *Monuments nationaux*. Die Karte (für 1. oder 2. Klasse) gilt einen Monat lang. In diesem Zeitraum sind Zugfahrten an neun bzw. 16 Tagen möglich. Nähere Auskünfte erteilen die nationalen Eisenbahngesellschaften Deutschlands, Österreichs und der Schweiz.

Mit dem Bus

Burgund ist von einem dichten Busliniennetz überzogen. Die Linien werden überwiegend von privaten Unternehmern betrieben. Auskünfte erteilen das jeweils örtliche *Office de Tourisme* sowie das *Syndicat d'Initiative*. Fahrpläne gibt es an den größeren Bahnhöfen.

Mit dem Auto

Die Straßen in Burgund sind, wie auch in den anderen Teilen Frankreichs, im allgemeinen gut ausgebaut. Man unterscheidet folgende Straßen:

Autoroute (A): gebührenpflichtige Autobahn *(péage)*, Höchstgeschwindigkeit 130 km/h.

Route nationale (**N** plus Nummer oder nur Nummer): Nationalstraße, entspricht den deutschen Bundesstraßen; Höchstgeschwindigkeit 90 km/h, wenn vierspurig mit Mittelstreifen 110 km/h.

Route départementale (**D** plus Nummer): Departementstraße, entspricht der deutschen Landstraße, Höchstgeschwindigkeit 90 km/h.

Bei Nässe beträgt die Höchstgeschwindigkeit außerhalb von Ortschaften generell 80 km/h. Auf schmalen Bergstraßen hat das bergauffahrende Kfz Vorfahrt. Wer seinen Führerschein noch kein Jahr lang hat, darf nicht schneller als 90 km/h fahren. Vor Kreuzungen und Straßeneinmündungen ist das Überholen verboten. Innerhalb von Ortschaften ist, falls nicht anders angezeigt, eine Höchstgeschwindigkeit von 50 km/h gestattet. Vor Krankenhäusern, Postämtern und Polizeirevieren ist das Parken verboten. In den sog. *Zones bleues*, den ›Blauen Zonen‹, ist das Parken nur mit Parkscheinen gestattet, die Automaten in der Nähe entnommen werden können (Kleingeld bereithalten!). In Orten mit guter Straßenbeleuchtung darf nachts nur mit Standlicht gefahren werden. In Frankreich (auch im Weinland Burgund) gilt die Alkoholgrenze 0,7 Promille.

Wichtig: Bitte halten Sie sich peinlich genau an die französischen Verkehrsregeln. Auch ausländische Sünder werden mit noch kürzlich drastisch erhöhten Geldbußen bestraft.

UNTERKUNFT

Hotels

Burgund verfügt über eine gute touristische Infrastruktur, d. h. es gibt genügend Hotels, vom Luxus-Etablissement (Kategorie: L) in einem alten Kloster oder Schloß bis zum einfachen Ein-Stern-Hotel. Besonders zahlreich sind die Übernachtungsmöglichkeiten entlang der großen Verkehrsadern und in Dijon. In den einsameren Gegenden (z. B. Morvan) liegen sie weit entfernt auseinander.

Eine komplette Liste aller Hotels in Burgund verschickt das Comité Régional de Tourisme de Bourgogne, Conseil Régional – BP 1602 – 21035 Dijon Cédex, ✆ 03 80 50 90 00.

Hotelempfehlungen und Buchungsservice bieten die örtlichen Fremdenverkehrsbüros wie *Office de Tourisme* und *Syndicat d'Initiative*. Über die Logis de France Services (✆ 01 45 84 83 84) können Sie sich auch beraten lassen bzw. buchen. Logis de France (Emblem grüner Kamin auf gelbem Grund) ist eine Vereinigung meist preisgünstiger Ein- und Zwei-Sterne-Hotels, die im allgemeinen empfehlenswert sind.

Besonders beliebt sind die nicht ganz billigen Hotels in Schlössern, z. B. das Château de Momont in Pougues-les-Eaux bei Nevers. Sie sind meist außergewöhnlich behaglich und komfortabel und bieten eine gute bis exzellente Küche. Auskünfte und Beratung: Centre d'Information Relais et Châteaux, Hôtel de Crillon, 10, Place de la Concorde, F-75008 Paris. Die beste Auswahl an Hotels enthalten jedoch die Gastronomieführer Bottin Gourmand, Gault Millau und Michelin.

Einen Hotelführer für Behinderte mit dem Titel ›Où ferons-nous étape‹ erhalten Sie bei: Association des Paralysés de France (A.P.F.), Délégation de Paris, 22, Rue du Père-Guérin, F-75013 Paris.

Ferienhäuser

Es gibt sie vor allem in den ländlichen Gegenden. Auskünfte erteilen die örtlichen Fremdenverkehrsämter. Eine Adresse in Deutschland: Maison de la France, siehe Französische Fremdenverkehrsämter Maison de la France, S. 219; Info-Adresse in Burgund: Comité Régional du Tourisme de Bourgogne, Conseil Régional, B.P. 1602, 21035 Dijon cedex, ☎ 03 80 50 90 00, Fax 03 80 30 59 45, Internet: http:// www. bourgogne-tourisme.com, E-mail: crt. bourgogne@hol.fr; Gites de France – Côte d'Ôr, 16,rue La monnoye - B.P. 2696, 21058 Dijon cedex, ☎ 03 80 38 24 44, Fax: 03 80 38 24 30.

Ferien auf dem Land

Die ›Gîtes ruraux‹ (Ferienwohnungen und Ferien auf dem Bauernhof) erfreuen sich in allen vier Departements von Burgund größter Beliebtheit. Sie sind für Familien konzipiert und möbliert, enthalten alle Einrichtungsgegenstände außer Bettwäsche und Handtüchern. Einziger Nachteil: Sie müssen einen Aufenthalt in einer Ferienwohnung lange vorher buchen. Nähere Auskünfte bei den Reservierungszentren der einzelnen Departments:

Côte d'Or: Relais des Gîtes de France, 42, Rue de Mulhouse, 21000 Dijon, ☎ 03 80 38 24 44.

Nièvre: Service Réservation Loisirs Accueil, 3, Rue du Sort, 58000 Nevers, ☎ 03 86 59 14 22.

Saône-et-Loire: Relais des Gîtes de France, Chambre d'Agriculture, Esplanade du Breuil, BP 522, 71000 Mâcon, ☎ 03 85 29 55 60.

Yonne: Relais des Gîtes de France, Chambre d'Agriculture, 14 *bis*, Rue Guynemer, 89015 Auxerre Cédex, ☎ 03 86 46 01 39.

Service Réservation Loisirs Accueil, 1–2, Quai de la République, 89000 Auxerre, ☎ 03 86 72 92 10.

Feriendorf

Château de Gigny, Tazilly, 58170 Luzy, ☎ 03 86 30 10 80, Fax 03 86 30 09 22: eine kinderfreundliche Anlage bei einem alten Schloß im Herzen Burgunds, mit Restaurant, 2 Pools, See, Fischgewässer, Minigolf, modern eingerichteten Holzhäusern und Apartments im Schloß für 4–6 Personen.

Jugendherbergen

Touristen von 14 bis 30 Jahren können mit einem deutschen oder internationalen Jugendherbergsausweis in Jugendherbergen übernachten. Z. B. bietet das Centre de Rencontres Internationales in Dijon 320 Betten an und organisiert Jugendaufenthalte mit Sprachkursen und Rundfahrten (C.R.I.S.D. 1, Boulevard Champollion, 21 000 Dijon, ✆ 03 80 72 95 20). Jugendherbergen in Burgund:

Côte d'Or: Maisons Amies, Francheville, ✆ 03 80 35 05 11; Maisons Amies in Semur-en-Auxois, ✆ 03 80 97 10 22.

Saône-et-Loire: Auberge de Jeunesse, Chalon-sur-Saône, Rue d'Amsterdam, ✆ 03 85 46 62 77; Auberge de Jeunesse, Cluny-Séjour, Rue Porte de Paris in 71250 Cluny, ✆ 03 85 59 08 83.

Nièvre: Foyer Le Vignot in Imphy bei Nevers, ✆ 03 86 90 95 20.

Alle Jugendherbergen sind im ›Guide Officiel des Auberges de Jeunesse‹ enthalten, die die Fédération Unie des Auberges de Jeunesse jährlich herausgibt (FUAJ, 27, Rue Pajol, 75018 Paris).

Informationen in Deutschland: Deutsches Jugendherbergswerk, Bismarckstr. 8, 32756 Detmold, ✆ (0 52 31) 7 40 10.

Österreich: Österreichischer Jugendherbergsverband, Schottenring 28, A-1010 Wien, ✆ (01) 5 33 53 53.

Schweizer Jugendherbergen, Postfach 161, CH-8042 Zürich, ✆ (01) 3 60 14 14 .

Camping

Burgund hat genügend Campingplätze. Besonders beliebt sind die an Seen und Flußläufen. Wildes Campen ist auch in Frankreich verboten, doch kann man jederzeit sein Zelt auf einer Wiese aufschlagen, falls der Bauer oder Eigentümer nichts dagegen hat. Bitte stets fragen! Die Liste der offiziellen Campingplätze, ›Guide Officiel Camping et Caravaning‹, wird jährlich neu herausgegeben vom FFCC (Fédération Française de Camping et Caravaning), 78, Rue de Rivoli, 75004 Paris. Außerdem ist sie beim burgundischen Fremdenverkehrsamt in Dijon sowie im Französischen Fremdenverkehrsamt in Frankfurt/Main oder Düsseldorf erhältlich. Auch die nationalen Automobilclubs wie ADAC, DCC und AvD geben Auskunft.

ESSEN & TRINKEN

Die Küche Burgunds

Die burgundische Küche genießt weltweites Renommee. Die Burgunder lieben gutes, wenn auch nicht raffiniertes Essen, ihre Küche ist recht schwer; man fühlt sich der Tradition verpflichtet, und da ist ein Braten noch ein Braten. In die Saucen der Bourgogne fließen Rahm, Butter und Wein in Strömen, dazu werden die schweren, kraftvollen Weine des Landes gereicht. Wer den seligen Erschöpfungszustand nach einem burgundischen Mahl fürchtet, sollte dieses Land nie bereisen.

Der natürliche Reichtum der Bourgogne beschert der Küche auch exzellente Naturprodukte: Rinder aus dem Charolais, Bazois und Auxois, Geflügel aus der Bresse, Pilze, Kastanien und Honig aus dem Morvan, Wildbret selbstredend, edles Gemüse aus dem Tal der Saône, Süßwasserkrebse und Fische aller Art aus den zahlreichen Gewässern des Landes und vor allem die Weinbergschnekken von der Côte d'Or. Um die Vielzahl der Spezialitäten auseinanderhalten zu können, wollen wir streng nach der Menüfolge vorgehen.

Vorspeisen

Andouillettes: Das sind Würste mit einer feinen Kalbfleisch- oder Innereienfüllung; rein äußerlich gleichen sie der bayrischen Weißwurst, sie schmecken nur unendlich delikater. Es gibt sie in vielerlei Variationen: Les Andouillettes de Chablis, de Clamecy und Mâconnaises, die Andouillette Vigneronne, nach Winzerart.

Escargots à la Bourguignonne: Weinbergschnecken nach Burgunderart mit Butter, Knoblauch und Petersilie.

La Galette aux Grattons: Fladengebäck.

La Gougère: Windbeutelteig von Eiern und Käse, wird lauwarm vor dem Essen serviert.

Jambon persillé: Gekochte Schinkenstückchen mit Kalbshaxenstückchen in einem Gelee aus fein gehackten Kräutern und Wein, eine besondere Delikatesse, die man auch in guten Metzgereien *(Charcuterie)* für ein Picknick kaufen kann – mit einer *Saupiquet*, einer Rahm-Weinsauce, einfach unwiderstehlich.

Oeufs en Meurette: Pochierte Eier in brauner Weinsauce – unbedingt probieren.

Pochouse: Diese burgundische Fischsuppe aus Süßwasserfischen wird mit Weißwein gekocht und soll am besten in Chalon-sur-Saône schmecken.

Fischgerichte:

Carpe gratinée au Morvan: Karpfen aus den Morvan-Seen.

La Meurette de Poissons: Fische mit Weinsauce.

Suprême de Brochet Dijonnais: Filets vom Saône-Hecht.

Natürlich gibt es noch eine Vielzahl von delikaten Fisch- und Schalentiergerichten, erwähnt seien nur die Flußkrebse aus dem Morvan.

Geflügel:

Das beliebteste Hauptgericht in Burgund sind die Hühner aus der Bresse.

225

Senf aus Dijon

Der Marquis Alexandre Davy de la Pailleterie (1802–1870), besser bekannt unter seinem Pseudonym Alexandre Dumas, verschlief eines Tages in seinem Zugabteil die Station Mâcon. Er mußte in Dijon aussteigen und übernachten, und diesem späten Diner verdanken wir eine einzigartige Studie über den weltberühmten Senf dieser Stadt.

Im Hôtel du Parc verlangte ich um elf Uhr nachts zu speisen. Man bot mir zwei Hammelkoteletts und ein kaltes Huhn. »Welchen Mostrich wünschen Sie?«, fragte mich der Kellner. – »Dijoner, welchen sonst«, sagte ich. Mit beleidigter Miene antwortete er: »Wir haben 84 Sorten für Herren und 29 für Damen.« – »Was ist der Unterschied zwischen Damen- und Herrensenf?«, fragte ich. – »Damen haben einen feineren Geschmack als Herren. Deswegen haben wir in Dijon eine saftigere Kollektion für die Damen vorrätig.« – »Dann bringen Sie mir am besten von beiden«, befahl ich. Er ging und brachte auf zwei Tabletts zu meinen Koteletts je sechs Sorten Senf.

Ich bin kein großer Mostrich-Liebhaber und brauchte bisher dieses ›Vorwort des Appetits‹ nur selten. Aber jetzt häufte ich mir zwölf kleine Senfpyramiden auf den Tellerrand und begann zu essen. Was ich erlebte, war eine Offenbarung: Kapern- und Sardellen-Mostrich, mit Knoblauch, mit Estragon, mit feinen Kräutern, mit Zitronenöl, mit Pilzen, süßsauer, à la ravigote und à la grecque, roter Senf und pulverisierter.

Ich schob das zweite Kotelett beiseite, ließ es warmstellen und orderte Thunfisch und Ölsardinen, die ich auf meinem Teller zu einem feinen Brei zerdrückte. Zwei hartgekochte, feingeschnittene Eier fügte ich hinzu, schnitt ein Cornichon klein, würzte mit zwei Sorten Senf ab – mildem und scharfem –, schmeckte mit Tafelessig und Maille ab und ließ mir alles durch ein Sieb streichen. Was ich jetzt auf kleinem Teller zurückbekam, war eine himmlische Sauce, die zu meinem Kotelett nicht übel war, zu Austern und Schalentieren jedoch ideal sein mußte.

So entstand die ›Sauce Dumas‹, noch heute wichtiger Bestandteil der großen burgundischen Küche. Der Mostrich freilich wurde keineswegs in Burgund erfunden. Bereits die Griechen würzten im 4. Jh. v. Chr. mit Senf ihre Salate, Fisch- und Fleischgerichte. Die Römer übernahmen die Würzpaste, die leider später in eine 1000jährige Vergessenheit geriet und dann um so heftiger wiederentdeckt wurde.

Im Mittelalter setzte eine regelrechte Senfsucht ein. Papst Clemens VI. ernannte in Avignon seinen Neffen zum *Grand Moutardier du Pape,* zum ›päpstlichen Obersenfmeister‹. Bei einem Fest der Kapetinger-Herzöge von Burgund wurden 1336 für 1000 Gäste 70 Gallonen Senf gereicht, was einem Verbrauch von einem halben Pfund pro Kopf entspricht!

Die Gourmands des Mittelalters taten instinktiv das Richtige, denn Senf ist gesund; er hilft bei der Verdauung schwerer, fetter Speisen, bei älteren Menschen entlastet er den Kreislauf. Gegen Rheuma, Ischias und Gicht verschreibt die Medizin Senfpflaster, bei Muskelschmerzen, Verrenkungen und Verstauchungen Senfspiritus zum Einreiben und zur Behandlung fiebriger Bronchitis den Senfwickel. Sogar bei Potenzschwierigkeiten soll er helfen.

Die Burgunder sehen ihren Senf weniger als Aphrodisiakum. Er gilt als edles Gewürz und Appetitanreger. »Senf ist mit unserer Stadt so eng verbunden wie Efeu mit einem Stamm«, hat Robert Poujade, der Bürgermeister von Dijon, gesagt. Man muß nur einmal den hübschen Senfladen in der Fußgängerzone der Rue de la Liberté betreten, ein Paradies für Feinschmecker. Wer sich die Mühe macht, wird auf noch mehr Sorten kommen als die 84 für Herren und 29 für Damen, von denen uns Dumas berichtete.

Der richtige *Moutarde de Dijon* muß nach alter Tradition *à la meule de pierre* hergestellt werden: Die Senfkörner werden mit Mühlsteinen gemahlen, denn nur dieses Verfahren garantiert einen Senf bester Qualität. Die Steine mahlen sehr langsam; dadurch bleiben die hitzeempfindlichen Öle erhalten, die scharf, fruchtig und fein schmecken. Früher gab es Hunderte dieser Senfmühlen, heute stellt nur noch die Firma Fallot den Mostrich so her. Sitz des Betriebs ist allerdings die Weinstadt Beaune 50 km südlich von Dijon – es schmerzt die Dijoner schon sehr, daß Fallot einen Teil seines Senfs als ›Moutarde de Beaune‹ verkauft und alle bedeutenden Köche Frankreichs damit beliefert.

Ein *Maître Moutardier* (Senfmeister) überwacht die Herstellung nach traditioneller Art. Zunächst werden die Senfkörner gereinigt, dann kommt in einem streng geheimen Mengenverhältnis Wasser, Essig, Zucker und Salz dazu, und diese breiige Masse wird auf die Mahlsteine gepumpt. Die gemahlene Paste kommt dann in große Zylinder und wird durch ein Netz gepreßt. Schließlich lagert der Senf vier Tage in Holzfässern, wobei er seinen bitteren Geschmack verliert. Danach wird der passierte und gesiebte Brei noch einmal sorgfältig umgerührt, bis alle Luft entwichen ist. Erst jetzt kann er abgefüllt werden. *Bon appétit!*

Man ißt sie in allen nur erdenklichen Zubereitungsarten.

Hier die populärsten:

Coq au Vin: Huhn oder Hahn in Burgunderweinsauce. Das Gericht kann sehr teuer werden, wenn man z. B. einen *Coq au Chambertin* zubereitet, einen Hahn gekocht in einer Sauce aus einer Flasche Chambertin.

Poulet Sauté de Bresse à la Crème: Bresse-Huhn in Sahne.

Poulet Sauté aux Ducs de Bourgogne: Huhneintopf nach Art der Herzöge von Burgund.

Salmis de Pintadeau au Bourgogne: Eintopf aus jungem Perlhuhn in rotem Burgunder.

Fleischgerichte:

Die meisten Fleischgerichte werden in Burgund in einer Weinsauce mit einem Schuß *Marc* (Branntwein) geschmort, z. B. das *Bœuf bourguignon.* Weitere Spezialitäten:

Jambon Braisé à la Nuitonne: Geschmorter Schinken.

Potée à la Bourguignonne: Fleischeintopf.

Côte de Charolais grillé aux Sarments: Steaks vom Charolais-Ochsen mit Weinblättern.

Lapereau à la Moutarde: Kaninchen in einer Sauce mit Dijon- oder Beaune-Senf.

Civet de Lièvre à la Bourguignonne: Hasenpfeffer nach Burgunderart mit viel Wein.

Râble de Lièvre à la Piron: Hasenrücken mit einer Rahm-Weinsauce mit Trauben.

Käse:

In Burgund gibt es eine Vielzahl von aromatischen Käsesorten. Man ißt sie als Dessert oder als Gang vor dem Dessert: Zunächst kommen die milden, man hört mit dem stärksten auf. Hier eine kurze Auswahl:

Autun: halbweicher, relativ milder Käse aus der Gegend um Autun.

Chambertin: würziger Kuhmilchkäse aus der Gegend des gleichnamigen Weindorfes.

Charolais: Ziegenkäse aus der Region Charolais.

Chèvre: In Burgund sind besonders die frischen, milden Ziegenkäse zu empfehlen, wie sie auf jedem Markt und in jedem besseren Geschäft in kleinen ›Hütchen‹ angeboten werden. Eine frische, aromatische Delikatesse, die man bald nach dem Kauf essen sollte, auch gut geeignet für Brotzeiten unterwegs.

Epoisses: würziger, stark duftender Käse aus Kuhmilch, der reif sein muß.

Fromage blanc du Morvan: Kuhmilch-Quark aus dem Morvan.

Fromage fort: scharfer Käse aus Ziegenmilch.

St-Florentin: Käse aus dem Departement Yonne.

Soumontrain: Käse aus Burgund und der Champagne, der dem Munster-Käse aus dem Elsaß ähnelt.

Dessert:

Poires au Cassis: Birnen in Likör aus Schwarzen Johannisbeeren.

Poires au Vin: Birnen in rotem Burgunderwein.

Sorbette: Halbgefrorenes aus Himbeeren.

Welcher Wein zu welchem Essen:

Hors d'Œuvre: leichter Mâcon.

Austern: Pouilly-Fuissé, Chablis.

Meerestiere, Fisch: Meursault, Montrachet.

Geflügel: feine, leichte Rotweine von

Weinprobe

Tricks und Träume

Weinproben werden an der Côte de Nuits oder Côte de Beaune, speziell in Beaune, zu Hunderten angeboten, so daß die Entscheidung schwer fällt – es gibt einfach zu viele dunkle Keller, in denen kostbare Schätze lagern. Doch wer sie kosten möchte, muß schon ein sehr guter Kunde sein. Immerhin kosten Grands Crus mittlerer Jahrgänge von etwa umgerechnet 100 DM aufwärts!

Eines der schönsten unterirdischen Gewölbe befindet sich im Herzen von Beaune: der Keller des *Marché aux Vins*, direkt neben *Hôtel-Dieu* und Touristenbüro. Sie zahlen im Gegensatz zu vielen anderen Weinproben 40 Francs Eintritt plus 10 Francs für die Probierschale – ein eher symbolischer Preis, denn dafür gibt es hier von allem zu kosten, was gut und teuer ist. Erste Lagen von der Côte de Nuits, Vougeot, Gevrey-Chambertin, Vosne-Romanée, Romanée-Conti, Weine aus Beaune, Corton, Pommard, Mercurey, rund 40 verschiedene edle Tropfen für nur 50 Francs. Doch je mehr ein potentieller Kunde probiert, um so enthemmter wird auch sein Griff zu Brieftasche, Scheckheft oder Kreditkarte.

Winzer sind äußerst gewitzte Menschen, besonders die burgundischen. So ist es z. B. kein Zufall, daß in den vorderen Abschnitten des Kellers einige Hostessen überaus zuvorkommend Wein anbieten. Wir wollen keineswegs unterstellen, daß hier der erste Durst mit weniger exzellenten Tropfen abgelöscht werden soll – aber es kann ja auch nicht schaden, wenn die besseren Flaschen durch weniger Besucher geteilt werden.

Wir jedoch steuern nach einem Höflichkeitsschluck mit den charmanten Damen zielstrebig die hinteren dunklen Nischen und sodann die feierlich mit Kerzen erleuchtete Chapelle des Cordeliers an. Und dort warten sie bereits, fachmännisch entkorkt: Spitzenweine, deren Preise uns zuvor schon in den Schaufenstern der zahlreichen Weinhandlungen geschockt hatten. Wie angenehm ist es doch, unter überzeugten Kennern, Liebhabern und Halbprofis zu stehen, die sich mit gedämpften Stimmen in den geläufigen Sprachen Europas unterhalten, am Glas zu schnüffeln und schmatzend zu suckeln – eine Stunde sanfter Träume (✆ 03 80 22 27 69).

der Côte d'Or (Beaune, Volnay, Santenay, Aloxe-Corton).

Braten und Wild: schwere Rotweine von der Côte de Nuits oder Pommard, Corton.

Käse: schwere, alte *Grands Crus* von Chambertin oder Clos de Vougeot.

Wer die Küche Burgunds ›mit nach Hause nehmen‹ möchte, dem sei einer der Kochkurse bei den Meistern des Landes empfohlen. Kochkurs ›Chez Camille‹, Arnay-le-Duc, ✆ 03 80 90 01 38. Kochvorführung bei Jean-Pierre Billoux in Dijon. Anmeldung bei: Bourgogne Tour Incoming, 14, Rue du Chapeau Rouge, 21000 Dijon, ✆ 03 80 30 49 49. Kochschule ›La Varenne‹ in einem Schloß im Departement Yonne. Auskünfte erhalten Sie bei: La Varenne, Chateau du Feÿ, 89300 Villecien, ✆ 03 86 63 18 34 (Kurse in Englisch).

URLAUBSAKTIVITÄTEN

Angeln

Es gibt vielerlei Möglichkeiten, in Burgund zu angeln. Die Informationen erhalten Sie neben den örtlichen Fremdenverkehrsbüros bei der Union des Fédérations Départémentales de Pêche et de Pisciculture, 17, Rue Bergère, 75009 Paris.

Fahrradtouren

Der französische Fahrradclub Fédération Française de Cyclotourisme, 8, Rue Jean-Marie Jégo, 75013 Paris, ✆ 01 44 16 88 88, informiert über Radtouren auch in Burgund.

Weitere Informationen über Verleih etc. beim *Loisirs Accueil* der jeweiligen Departements. Der S.N.C.F.-Service ›Train + Velo‹ bietet die Möglichkeit, an über 280 Bahnhöfen Fahrräder zu leihen.

Golf

18-Loch-Plätze finden Sie im:

Côte d'Or: Norges-la-Ville, ✆ 03 80 35 71 10; Levernois: Golf de Beaune, ✆ 03 80 24 10 29 und Golf du Château de Chailly-sur-Armançon, ✆ 03 80 90 30 40.

Nièvre: Magny-Cours: Golf Public du Nivernais, ✆ 03 86 58 18 30.

Saône-et-Loire: Golf Privé de la Salle, ✆ 03 85 36 09 71; Crottet: Golf Privé de la Commanderie, ✆ 03 85 30 44 12; Chalon-sur-Saône: Golf Municipal de Chalon-sur-Saône, ✆ 03 85 93 49 65.

Yonne: Aillant-sur-Tholon, Golf Privé de Roncemay, ✆ 03 86 73 50 50; St-Valérien, Golf Privé de Claris, ✆ 03 86 86 33 90.

Hausboote

Großer Beliebtheit erfreuen sich Bootsfahrten auf den Flüssen und Kanälen des Landes (s. S. 212). Die Hausboote können ohne Bootsführerschein gemietet werden. Einige wichtige Adressen:

Bateaux de Bourgogne: 1–2, Quai de la République, 89000 Auxerre, ☏ 03 86 72 92 10.

Blue Line Bourgogne: La Gare d'Eau, St-Usage, 21170 St-Jean-de-Losne, ☏ 03 80 29 12 86.

Kühnle-Tours GmbH, Abt. V, Nagelstr. 4, 70182 Stuttgart, ☏ (07 11) 16 48 20, zum Nulltarif: 01 30 85 55 05.

Netz der Wasserwege in Burgund

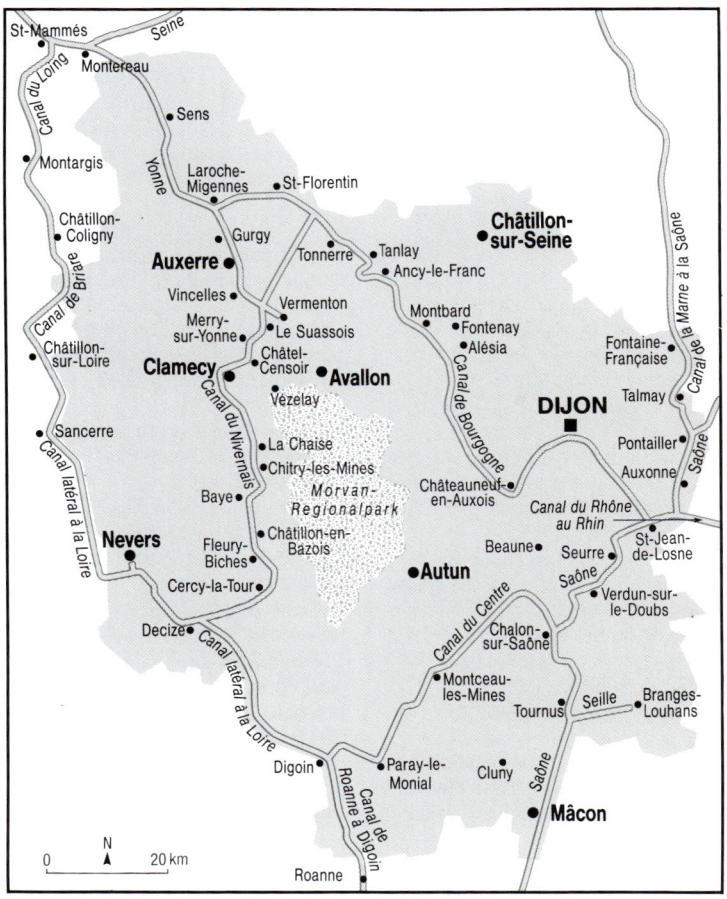

Locaboat Plaisance: Quai du Port-aux-Bois, 89300 Joigny, ☎ 03 86 91 72 72.

Nièvre Tourisme, Service Réservation Loisirs Accueil, 3, Rue du Sort, 58000 Nevers, ☎ 03 86 59 14 22.

Daneben verkehren auf den Wasserstraßen der Bourgogne Hotelboote, oft gastronomische Luxuskreuzfahrten mit Vollpension.

Château la Chassagne, 21410 Pont-de-Pany/Dijon, ☎ 03 80 49 76 00, Fax 03 80 49 76 19;

Le Duc de Bourgogne, Mme Benoit, Maison Eclusière, 21370 Verlars-sur-Ouche, ☎ 03 80 33 66 49;

Penelope, M. Duck, Rue de Locrerie, 89000 Auxerre, ☎ 03 86 46 22 96;

Société de Navigation Touristique, 1, Promenade du Rhin, 21000 Dijon, ☎ 03 80 42 12 71, Fax: 03 80 41 67 73

Heilbäder

Burgund hat vier Thermalbäder. An der Côte d'Or in Santenay und Maizières, in St-Honoré-les-Bains (-Nièvre) und in Bourbon-Lancy (Saône-et-Loire). Informationen beim Syndicat d'Initiative St-Honoré-les-Bains, ☎ 03 86 30 71 70; Bourbon-Lancy, ☎ 03 85 89 18 27.

Heißluftballonfahren

Burgund bietet ein besonderes Vergnügen: Fahrten mit dem Heißluftballon über die Landschaft. Die Air Escargot veranstaltet in der Nähe von Beaune einstündige Ballonrundfahrten – zu buchen als Flug allein oder

mit Aufenthalt in Drei- bis Vier-Sterne-Hotels mit festlichem Dinner. Auskünfte und Buchung: Air Escargot, 71150 Chagny, ☎ 03 85 87 20 20.

Drei- bis sechstägige Luxusaufenthalte mit Ballonrundfahrten werden von der Air Aventure angeboten: Château Laborde, 21200 Meursanges, ☎ 03 80 26 63 30. Wochenendaufenthalte mit Ballonfahrt bei: Climat de France in Nevers, ☎ 03 86 21 42 88. Weitere Ballonfahrtmöglichkeiten bei: Verkehrsamt Chalon-sur-Saône und im Aéroclub Bourgogne, ☎ 03 85 48 37 97.

Kinderspaß

Die Bourgogne bietet ein abwechslungsreiches Sommerprogramm für Familien mit Kindern. Hier die wichtigsten Parks:

Cardoland: Freilichtmuseum der Vorgeschichte mit Nachbildungen von Dinosauriern in Chamoux, ☎ 03 86 33 28 33.

Touro-Parc: Freizeitpark mit Tiergehege in Romanèche-Thorins, ☎ 03 85 35 51 53.

La Yerlande: Freizeitpark mit Angelmöglichkeiten, Kindergolfplatz u. Mini-Moto-Cross, St-Germain-du-Bois, ☎ 03 85 72 04 81.

Boutissaint: Wildpark mit Hirschgehege in St-Fargeau, ☎ 03 86 74 07 08.

Tropfsteinhöhlen von: Azé, ☎ 03 85 33 32 23 (s. S. 148); Blanot, ☎ 03 85 50 03 59; Arcy-sur-Cure, ☎ 03 86 81 90 63 (s. S. 60); Bèze, ☎ 03 80 75 31 33.

Schwimmzentren in: Decize, ☎ 03 86 25 16 79 und Cap Vert bei Dijon, ☎ 03 80 46 14 44.

Automobilrennstrecken von Prenois und Magny-Cours.

Museums-Eisenbahnen von:
Association du Rail de la Vallée de l'Ouche, ☎ 03 80 22 86 35;
Association Petit Train de la Cote d'Ôr, ☎ 03 80 45 88 51;
Petit Train Touristique des Lavières, ☎ 03 80 95 36 36

Schiffsausflüge Schiffsausflüge auf dem Canal de Bourgogne und der Saône: Mairie de Bourgogne, 9,rue Jean-Renaud, 21000 Dijon, ☎ 03 80 50 10 22; Le Béatrice SARL Tourisaône, 1,place d'Armes BP 93, 21170 St-Jean-de-Losne, ☎ 03 80 39 22 61.

Pferdewagen

Kutschfahrten durch Beaune und die umliegenden Weinberge, verbunden mit Besuchen von Weinkellern, erfreuen sich wachsender Beliebtheit. Auskünfte und Buchungen bei:

Ferme de Cussigny, Gorgoloin, 21700 Nuits-St-Georges, ☎ 03 80 62 97 23.

Touren im Pferdeplanwagen durch den Morvan: ›A hue et à dia‹: Sommant, 71540 Lucenay-l'Evêque, ☎ 03 85 82 66 48; ›Les Attelages du Morvan‹: 71540 Cussy-en-Morvan, ☎ 03 85 82 69 12; Tagesausflüge im Wohn- und Planwagen nach Vézelay: Roulottes en Morvan, BP 21, 89450 Vézelay, ☎ 03 86 33 25 74.

Reiten

Dem Reiter erschließen sich die burgundischen Landschaften unter ganz anderen, ›hautnahen‹ Blickpunkten. Folgende Reitzentren geben nähere Auskunft:

Association Bourguignonne d'Equitation de Loisirs (ABEL): M. Fourneau, Corlay, 71240 Sennecy-le-Grand, ☎ 03 85 92 22 94 oder 03 86 20 18 85.

Association Régionale de Tourisme Equestre (ARTE): M. Ramillon, Château de Lantilly, 58800 Corbigny, ☎ 03 86 20 18 85.

Wandern

Durch Burgund führen mehrere Haupt- und Nebenwanderwege sowie zahlreiche kleine Strecken. Das gilt für alle Departements des Landes. Am schönsten ist es jedoch, in der Gebirgslandschaft des Morvan zu wandern. Die reizvollste und wohl auch bestausgestattete Tour mit sog. *Gîtes d'étape* (Wanderhöfen, die bis zu 30 Personen aufnehmen können) ist die Tour du Morvan, die an den großen Seen vorbeiführt. Es sind freilich 220 km, für die man zehn Etappen rechnen sollte. Die Route wird genau im Wanderführer ›Topoguide‹ der Fédération Française de la Randonnée Pédestre, 8, Avenue Marceau, 75008 Paris, ☎ 01 44 89 93 90, beschrieben. Nähere Informationen erhalten Sie bei: La Maison du Parc, St-Brisson, 58230 Montsauche, ☎ 03 86 78 79 00.

Wenn Sie von einem Wanderführer begleitet werden wollen oder sich einer organisierten Wanderung anschließen möchten (mit Gepäcktransport), hier die Adresse: La Peurtantaine, Ecole du Bourg, 71550 Anost, ☎ 03 85 82 77 74.

Wassersport

Neben den zahlreichen Frei- und Hallenbädern eignen sich auch die Seen und Stauseen für Wassersportarten wie Schwimmen, Boot- und Kanufahren, Surfen und Segeln. In den Flüssen ist das Schwimmen größtenteils verboten.

Weinseminare

Über Wein haben wir in diesem Reiseführer genug geschrieben. Wer jedoch eine weitergehende Unterweisung in der Kunst des Weinprobierens wünscht, wende sich an Winzerorganisationen, die Kurse organisieren. Bureau Interprofessionnel des Vins de Bourgogne: Rue Henri-Dunant, 21200 Beaune, ✆ 03 80 25 04 80 und 389, Avenue de Lattre de Tassigny, 71000 Mâcon, ✆ 03 85 38 20 15.

Kommentierte Weinproben veranstalten: Cave Coopérative de Pouilly-sur-Loire, 58150 Pouilly-sur-Loire, ✆ 03 86 39 10 99; Ambassade du Vin: 20, Rue de la Chaussière, 21420 Pernand Vergelesses, ✆ 03 80 21 53 72 – eine Weinprobierschule (Weinprobe, s. S. 229).

Die Gräfin von Loisy empfängt in ihrem Haus Weinfreunde zu Empfängen und Weinproben (28, Rue Général de Gaulle, 21700 Nuits-St-Georges, ✆ 03 80 61 02 72).

REISEINFORMATIONEN VON A BIS Z

Auskünfte

Fast jeder Ort hat ein Fremdenverkehrsbüro (*Office de Tourisme* oder *Syndicat d'Initiative*). Darüber hinaus informiert Sie das Comité Régional de Tourisme de Bourgogne, Conseil Régional – BP 1602 – 21035 Dijon Cédex; ✆ 03 80 50 10 20.

Detaillierte Informationen über die touristischen Attraktionen der jeweiligen Departements erhalten Sie bei: Comité Départemental de Tourisme de Cote d'Or, Hôtel du Département, B.P. 1601, 21035 Dijon Cédex, ✆ 03 80 63 66 00

Comité Départemental de Tourisme de la Nièvre, 3, Rue du Sort, 58000 Nevers, ✆ 03 86 36 39 80

Comité Départemental de Tourisme de Saône-et-Loire, 389, Avenue Maréchal-de-Lattre-de-Tassigny, 71000 Mâcon, ✆ 03 85 21 02 20

Comité Départemental de Tourisme de l'Yonne, 1–2, Quai de la République, 89000 Auxerre, ✆ 03 86 72 92 00

Parkverwaltung des Morvan: Maison du Parc Naturel Régional du Morvan, St-Brisson, 58230 Montsauche, ✆ 03 86 78 79 00.

Ärztliche Versorgung und Apotheken

Nach der Versorgung verlangen französische Ärzte von ausländischen Touristen in der Regel sofortige Bezahlung. Die Rechnung können Sie zu Hause bei Ihrer Krankenversicherung einreichen. Sie müssen dann aber auch vor Reiseantritt einen Auslandskrankenschein bei Ihrer Krankenkasse beantragen und mitnehmen. Eine absolut problemlose ärztliche Versorgung wird durch eine private Reise-Krankenversicherung gewährleistet, die natürlich vor Reiseantritt abgeschlossen werden muß.

Die französischen Apotheken *(Pharmacies)* sind schon von weitem durch das grüne Kreuz erkennbar. In der Regel sind sie Mo bis Sa 9–19 Uhr geöffnet und nur über Mittag geschlossen.

Banken

Die Geldinstitute sind von Mo–Fr von 9–16 Uhr abzüglich der Mittagspause geöffnet. Manche Banken haben sogar Sa auf, sind dann aber Mo geschlossen. Zum Einlösen von Euro- oder Reiseschecks sind Paß, Personalausweis oder Identitätskarte vorzulegen.

Diplomatische Vertretungen in Frankreich

Botschaft der Bundesrepublik Deutschland
13, Avenue Franklin D. Roosevelt
75008 Paris
✆ 01 53 83 45 00

Botschaft der Republik Österreich
6, Rue Fabert
75007 Paris
✆ 01 40 63 30 63

Botschaft der Schweiz
142, Rue de Grenelle
75007 Paris
✆ 01 49 55 67 00

Einkaufen

Die Geschäfte sind Di–Sa 8/ 8.30–12 und 14/14.30–19 Uhr geöffnet. Mo haben die meisten Geschäfte geschlossen. Manche Lebensmittelgeschäfte haben auch am So vormittag geöffnet.

Feiertage

Neujahrstag, Ostermontag, 1. Mai, 8. Mai (Waffenstillstand von 1945), Christi Himmelfahrt, Pfingstmontag, 14. Juli (Nationalfeiertag), 1. November, 11. November (Waffenstillstandstag von 1918), 1. Weihnachtsfeiertag. An diesen Tagen sind viele Museen geschlossen.

Feste und Veranstaltungen

Januar:
Überall an der Côte d'Or wird das Fest des hl. Vincent, des Schutzpatrons der Winzer, am ersten Samstag nach dem 22. gefeiert.
Februar:
Chalon-sur-Saône: Karneval.
März:
Dijon: Florissimo, Internationale Blu-

menausstellung.
Nevers: Jahrmarkt und Messe.

April:
Nuits-St-Georges: Öffentliche Versteigerung der Hospizweine.
Cluny: Rencontres Musicales, Kammermusik-Festival.

Mai:
Mâcon: Französische Weinverkaufsmesse.
Magny-Cours: Großer Preis von Frankreich (Formel 1, Motorräder).
Semur-en-Auxois: Course des Chausses und Course à la Timbale d'Argent (Trabrennen), Fête de la Bague (Pferderennen).

Juni:
Auxerre: Jazz-Festival
Dijon: Musikalischer Sommer
Paray-le-Monial: *Sacré-Cœur*-Wallfahrt (s. S. 151 ff.)
St-Jean-de-Losne: Fest der Flußschiffer.

Juli:
Autun: Musique en Morvan (Chormusik)
Beaune: Rencontres Musicales (Festival für alte Musik).
Chalon-sur-Saône: Gauklerfest.
Clamecy: Schifferstechen.
Decize: Wassersportfest.
Givry: Ballett-Festival.
Meursault: Festival der *Grands Crus* mit klassischer Musik.
Paray-le-Monial: Magnificat (Festival christlicher Kunst).
Vézelay: Magdalenenwallfahrt.

Juli–August:
Anzy-le-Duc: Musikalischer Sommer.
Autun: Historisches Spektakel in der römischen Arena (s. S. 89).
Dijon: L'Estivade (Sommer-Festival).
St-Fargeau: Historisches Schauspiel.
Semur-en-Auxois: Festival de Haute-Bourgogne (Musik, Ballett, Theater).

Tournus: Musikalischer Sommer
August:
Cluny: Les Grandes Heures (geistliche Musik).
Château-Chinon: Morvan-Fest mit Radrennen.
Etigny: Erntefest.
Glux-en-Glenne: Heidelbeerfest.
Rogny-les-sept-Ecluses: Feuerwerk an den Schleusen.
Pouilly-sur-Loire: Weinmesse.
St-Honoré-les-Bains: Blumenfest.
Saulieu: Fest des Charolais-Rindes
Les Vaux d'Yonne: Großes Schifferstechen.
Vitteaux: Pferderennen.

September:
Dijon und Côte d'Or: Internationales Folklore-Festival.
Cosne-sur-Loire: Fest des hl. Michael.
Alise-Ste-Reine: Wallfahrt in historischen Kostümen.
Villefranche-sur-Saône: Wallfahrt der Beaujolais-Winzer zur Kapelle von Brouilly am 8. September.

Oktober:
Auxerre: Mongolfiade (Festival der Heißluftballone).
Paray-le-Monial: Wallfahrt am Todestag (17.) der hl. Marguerite-Marie (s. S. 153).

November:
Dijon: Internationale Gastronomie- und Feinschmeckermesse.
Les Trois Glorieuses am 3. Wochenende (s. S. 24 f.):
 Clos de Vougeot: Kapitelsitzung des Ordens der *Chevaliers du Tastevin* am Samstag.
 Beaune: Hospizauktion am Sonntag.
 Meursault: La Paulée am Montag.
Chablis: Weinfest am 4. Sonntag.
Nevers: Internationales Jazz-Festival.

Dezember:
Brancion: 24. Dezember Mitternachtsmesse der Bruderschaft der Winzer, Beleuchtung des Dorfes, Volkslieder aus dem Mâconnais.

Geld und Geldwechsel

Die französische Währungseinheit ist der Franc (FF). 1 FF = 100 Centimes. Im Umlauf sind Münzen zu 10, 5, 2, 1 FF und 50, 20, 10 und 5 Centimes. Als Banknoten gibt es 500, 200, 100, 50, 20 und 10 FF. Den aktuellen Umwechselkurs erfahren Sie bei Banken und aus Tageszeitungen.

Von deutschen Postsparbüchern können in Frankreich an einem Tag maximal 1000 DM in FF abgehoben werden, innerhalb von 30 Tagen 2000 DM in FF.

Es gibt keine Bankfeiertage außer den gesetzlichen und kirchlichen Feiertagen. Außerhalb der Schalterstunden kann man Geld in Wechselstuben (Dijon, Beaune, Autun) umtauschen sowie an den Rezeptionen der besseren Hotels.

Das Netz der Geldautomaten wird auch in Burgund ständig ausgebaut. In Dijon, Beaune, Chalon-sur-Saône, Mâcon etc. haben die größeren Bankfilialen Geldautomaten. Bei einem Vorgang kann man so viel Geld abheben wie auf einem Eurocheque: 1400 FF. Wenn Sie einen Eurocheque bei der Post einlösen, sparen Sie die Kommissionsgebühren.

Wechselmöglichkeiten haben Sie außer in Banken auch in den meisten Hotels. Nur ist dort der Wechselkurs etwas ungünstiger.

Junge Leute

Das Nachtleben ist in der Bourgogne nicht sonderlich ausgeprägt. Außerhalb der Saison werden die Bürgersteige ziemlich früh hochgeklappt, wenn man einmal von Dijon absieht. Doch es gibt in den größeren Städten wie Chalon, Mâcon, Nevers, Auxerre, Autun oder Sens auch Treffs und Diskos für junge Leute (Informationen bei den einzelnen Touristenbüros).

Daneben gibt es Jugendprogramme mit Sprachkursen etc., veranstaltet vom Centre International d'Etudes Françaises, 36, Rue Chabot-Charny, 21000 Dijon, ✆ 03 80 39 35 60, sowie Jugendlager für freiwillige Helfer an archäologischen und historischen Stätten Burgunds (Direction Régionale des Affaires Culturelles, 39, Rue Vannerie, 21000 Dijon, ✆ 03 80 68 50 00).

Hierzu gehören Rekonstruktionen im Archéodrôme von Tilly bei Beaune: Befestigungsanlagen von Alesia, gallischer Bauernhof, Experimente in antiker Technik, ✆ 03 80 21 46 99.

Hier einige Adressen für jugendliche Kanu- und Kajakfahrer:
Nièvre Tourisme, 3, Rue de Sort, 58000 Nevers, ✆ 03 86 36 39 80; man erhält hier auch Auskünfte über die alljährliche Kanu- und Kajak-Rallye von St-Hilaire nach Cosne-sur-Loire. L'Olympique Auxerroise, Avenue Hyver Prolongée, 89000 Auxerre, ✆ 03 86 52 13 86 (für Fahrten auf der Yonne).
Rennschule auf dem Racingkurs von Magny-Cours: Ecole de Pilotage Winfield, ✆ 03 86 58 10 84.

Notruf

Polizei: 17
Feuerwehr: 18

Deutschsprachiger Notruf des ADAC in Frankreich: Lyon ℰ 04 72 17 12 22 Auslands-Notruf des ADAC von Frankreich aus (auch für Nichtmitglieder): (00 49–89) 22 22 22

Post

Die Postämter (PTT) sind in den Städten Mo–Fr 9–19, abzüglich einer unterschiedlich gehandhabten Mittagspause, Sa 9–12 geöffnet. Das Hauptpostamt in Dijon ist durchgehend geöffnet.
Postgebühren: Postkarten und Briefsendungen bis 10 g in alle EU-Länder, in die Schweiz und nach Liechtenstein kosten 3 FF.

Souvenirs

Aus Burgund können Sie vielerlei Geschenke, Andenken etc. mitbringen. In erster Linie denken wir da natürlich an Wein, der überall im Land in allen Preisklassen angeboten wird. Des weiteren bieten sich die delikaten Senfsorten aus Dijon und Beaune an.

Wer nicht zu lange auf seiner Heimreise unterwegs ist, dem sei ein Bummel durch die Markthallen von Dijon empfohlen: Hier gibt es Käsesorten aus allen Teilen der Bourgogne, Pasteten in schier unüberschaubarer Fülle, exzellente Gemüse, aber auch die mit Anis gewürzte Wurst ›Jésus de Morteau‹, Süßigkeiten wie der be-

rühmte Honigkuchen aus Dijon und natürlich Honig aus dem Morvan.

In St-Amand-en-Puisaye sollte man auf die hübsche Gebrauchskeramik, in Nevers auf die wertvolleren (und auch teureren) Fayencen achten. Nachbildungen der schönsten burgundischen Kapitelle sind in Tournus, Vézelay und Berzé-la-Ville zu erstehen.

Strom

Die Netzspannung beträgt in Frankreich 220 V. Für die Benutzung von Elektrorasierer und Fön in Hotelzimmern empfiehlt es sich aber, einen Adapter mitzunehmen.

Tankstellen

Mittlerweile haben alle französischen Tankstellen bleifreies Benzin im Angebot.

Telefon

Die meisten öffentlichen Telefone in Frankreich funktionieren nur noch mit der Télécarte. Diese Telefonkarte mit 120 oder 50 Einheiten erhalten Sie auf den Postämtern oder in den Tabacs und Bars.

Seit Herbst 1996 sind alle französischen Telefonnummern zehnstellig. Die Vorwahlnummer (z. B. 01 für den Großraum Paris, 03 für den Nordosten) ist in jeder Telefonnummer enthlten und wird immer mitgewählt.

Die Landesvorwahl für Frankreich ist die 00 33, gefolgt vom Teilnehmeranschluß ohne die erste 0. Von Frankreich ins Ausland wählt man die 00, die jeweilige Landesvorwahl (49 für Deutschland, 43 für Österreich, 41 für die Schweiz), die Ortsvorwahl ohne die erste Null und die Teilnehmernummer.

Trinkgeld

Es ist in Frankreich üblich, auf Rechnungen in Restaurants 10 bis 15 % Trinkgeld zu geben. Auch Taxifahrer, Platzanweiserinnen im Kino und Friseure erwarten ein Trinkgeld.

Uhrzeit

In Frankreich gilt die MEZ; von April–Okt. die Sommerzeit, d. h. die Uhren werden, wie in Deutschland, um eine Stunde vorgestellt.

Bitte schreiben Sie uns, wenn sich etwas geändert hat!
Alle in diesem Buch enthaltenen Angaben wurden vom Autor nach bestem Wissen erstellt und von ihm und dem Verlag mit größtmöglicher Sorgfalt überprüft. Gleichwohl sind – wie wir im Sinne des Produkthaftungsrechts betonen müssen – inhaltliche Fehler nicht vollständig auszuschließen. Daher erfolgen die Angaben ohne jegliche Verpflichtung oder Garantie des Verlages oder des Autors. Beide übernehmen keinerlei Verantwortung und Haftung für etwaige inhaltliche Unstimmigkeiten. Wir bitten dafür um Verständnis und werden Korrekturhinweise gerne aufgreifen:

DuMont Buchverlag, Postfach 10 10 45, 50450 Köln
E-Mail: reise@dumontverlag.de

ABBILDUNGSNACHWEIS

Soweit nicht unten aufgeführt, stammen alle Fotos in diesem Band von Paul Hahn/laif-Bildagentur, Köln.

Archiv für Kunst und Geschichte, Berlin   S. 42, 95 (Erich Lessing), 134, 169
Peter Hollenbach/Das Fotoarchiv, Essen Rückseite oben und unten
Max Grönert, Köln   S. 15
Petra Juling, Bonn   S.130
Jörg Meyer/Das Fotoarchiv, Essen Klappe vorne
Werner Neumeister, München   S. 148

Werner Richner, Saarlouis   S. 69 und 129
Martin Thomas, Aachen Titel, Klappe hinten, Rückseite Mitte, S. 2/3
Das Foto auf S. 45 ist entnommen aus: Burgund. Das Land zwischen Rhein und Rhône, hrsg. v. F. Kerber, Straßburg, 1942.

Karten und Pläne
Berndtson & Berndtson Productions GmbH, Fürstenfeldbruck
© DuMont Buchverlag, Köln

LITERATUREMPFEHLUNGEN

Berndt, Helmut: Die Nibelungen, Bergisch Gladbach 1979

Blanc, Georges: Cuisine Naturelle. Die Entdeckung einer neuen Kochkunst, Köln 1988 (s. S. 119)

Boehm, Laetitia: Geschichte Burgunds, Stuttgart 1979

Braunfels, Wolfgang: Abendländische Klosterbaukunst, Köln 1985

Bußmann, Klaus: Burgund. Burgen, Klöster und Kathedralen im Herzen Frankreichs, Köln 1992[12]

Conant, Kenneth John: Carolingian and Romanesque Architecture 800–1200, Harmondsworth 1966

Dericum, Christa: Burgund und seine Herzöge in Augenzeugenberichten, München 1966

Duijker, Hubrecht: Die großen Weine des Burgund. Chablis, Côte d'Or, Chalonnais, Mâconnais, Beaujolais, Zürich 1981

Feess, Susanne: Richtig Wandern Burgund, Köln 1994[2]

Huizinga, Johan: Herbst des Mittelalters, Stuttgart 1975

Oursel, Raymond: Romanisches Burgund, Würzburg 1987

Paffrath, Arno/Lymant, Brigitte: Bernhard von Clairvaux, Leben und Wirken, Köln 1984

Schelle, Klaus: Karl der Kühne, Burgund zwischen Lilienbanner und Reichsadler, Essen 1981

Schneider, Ambrosius/Wienand, Adam: Und sie folgten der Regel St. Benedikts. Die Cistercienser und das benediktinische Mönchtum, Köln 1981

REGISTER

Ortsregister

DUMONT REISE-TASCHENBÜCHER

»Was den DUMONT-Leuten gelungen ist: Trotz der Kürze steckt in diesen Büchern genügend Würze. Immer wieder sind unerwartete Informationen zu finden, nicht trocken eingestreut, sondern lebhaft geschrieben... Diese Mischung aus journalistisch aufgearbeiteten Hintergrundinformationen, Erzählung und die ungewöhnlichen Blickwinkel, die nicht nur bei den Farb- und Schwarzweißfotos gewählt wurden – diese Mischung macht's. Eine sympathische Reiseführer-Reihe.«

Südwestfunk

»Zur Konzeption der Reise-Taschenbücher gehören zahlreiche, lebendig beschriebene Exkurse im allgemeinen landeskundlichen Teil wie im praktischen Reiseteil. Diese Exkurse vertiefen zentrale Themen der Geschichte, Kunst und des sozialen Lebens und sollen so zu einem abgerundeten Verständnis des Reiselandes führen.«

Main Echo

Weitere Informationen über die Titel der Reihe DUMONT Reise-Taschenbücher erhalten Sie bei Ihrem Buchhändler oder beim DUMONT Buchverlag • Postfach 10 10 45 • 50450 Köln
http://www.dumontverlag.de

DUMONT

RICHTIG-REISEN

»Den äußerst attraktiven Mittelweg zwischen kunsthistorisch orientiertem Sightseeing und touristischem Freilauf geht die inzwischen sehr umfangreich gewordene, blendend bebilderte Reihe ›Richtig Reisen‹. Die Bücher haben fast schon Bildbandqualität, sind nicht nur zum Nachschlagen, sondern auch zum Durchlesen konzipiert. Meist vorbildlich der Versuch, auch jenseits der ›Drei-Sterne-Attraktionen‹ auf versteckte Sehenswürdigkeiten hinzuweisen, die zum eigenständigen Entdecken abseits der ausgetrampelten Touristenpfade anregen.«
Abendzeitung, München

»Die Richtig Reisen-Bände gehören zur Grundausstattung für alle Entdeckungsreisenden.«
Ruhr-Nachrichten

»Zum einen bieten die Bände der Reihe ›Richtig Reisen‹. dem Leser eine vorzügliche Einstimmung, zum anderen eignen sie sich in hohem Maß als Wegweiser, die den Touristen auf der Reise selbst begleiten.«
Neue Zürcher Zeitung

Weitere Informationen über die Titel der Reihe DUMONT Richtig Reisen erhalten Sie bei Ihrem Buchhändler oder beim DUMONT Buchverlag • Postfach 10 10 45 • 50450 Köln
http://www.dumontverlag.de

DUMONT KUNST-REISEFÜHRER

Ingrid Nowel
Berlin
*Vom preußischen Zentrum zur Weltmetropole –
Architektur und Kunst, Geschichte und Literatur*

Ernst Badstübner
Brandenburg
*Das Land um Berlin –
Kunst und Geschichte zwischen Elbe und Oder*

Der Klassiker – neu in Form: »Man sieht nur, was man weiß« – wer gründlich informiert reisen will, greift seit Jahren aus gutem Grund zu den DUMONT Kunst-Reiseführern. Seit 1968 setzen die DUMONT Kunst-Reiseführer Maßstäbe mit sorgfältig recherchierten Informationen von erfahrenen Autoren. Die neue Gestaltung ist übersichtlicher – die Qualität ist geblieben.

Walter Pippke · Ida Leinberger
Gardasee
Verona · Trentino
Kunst und Geschichte im Zentrum des Alpenbogens

Susanne Tschirner
Elsaß
Fachwerkdörfer und historische Städte, Burgen und Kirchen im Weinland zwischen Rhein und Vogesen

»…brillante Fotografien, detaillierte Zeichnungen und farbige Karten machen den neuen zu einem würdigen Nachfolger des alten Kunst-Reiseführers. Wer ihn benutzt, wird keinen zusätzlichen Museumsführer oder Ortsplan brauchen. Der gelbe Teil mit reisepraktischen Tips wurde ausgeweitet.« *Die Zeit*

»…besser kann ein Kunst-Reiseführer heute nicht sein.« *FAZ*

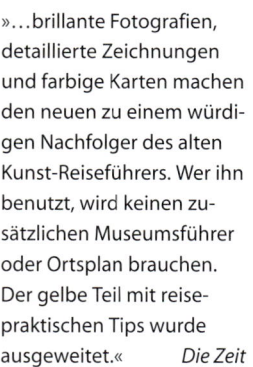

Arnold Betten
Marokko
Antike, Berbertraditionen und Islam – Geschichte, Kunst und Kultur im Maghreb

Klaus Zimmermanns
Venetien
Die Städte und Villen der Terraferma

Weitere Informationen über die Titel der Reihe DUMONT Kunst-Reiseführer erhalten Sie bei Ihrem Buchhändler oder beim DUMONT Buchverlag • Postfach 10 10 45 • 50450 Köln
http://www.dumontverlag.de

Dijon   1 Herzoglicher Palast   2 Musée des Beaux-Arts   3 ehemalige Kirche St-Etienne, heute Handelskammer   4 Musée Rude   5 Kirche St-Michel   6 Hôtel Chambellan/Syndicat d'Initiative   7 Hôtel Aubriot   8 Hôtel Morel-Sauvegrain   9 Kirche Notre-Dame   10 Hôtel de Vogüé   11 Maison des Cariatides   12 Palais de Justice   13 Hôtel Liégeard   14 Hôtel Fyot-de-Mimeure   15 Musée d'Art sacré/Musée de la Vie bourguignonne   16 Stadtbibliothek   17 Musée Magnin   18 Kathedrale St-Bénigne   19 Archäologisches Museum   20 Kirche St-Philibert   21 Kirche St-Jean   22 Coin du Miroir   23 Porte Guillaume   24 Office de Tourisme   25 Musée d'Histoire naturelle/Botanischer Garten   26 Musée de l'Hôpital   27 Chartreuse de Champmol   28 Cité Universitaire   29 Cellier de Clairvaux   30 Parc de la Colombière   31 Bahnhof   32 Busbahnhof   33 Musée Grévin de Dijon